IMPROMPTU SPEECH
CREATING A HIGHLIGHT MOMENT IN LIFE

即兴讲话
造就人生高光时刻

吴与点 —— 著

清华大学出版社
北京

内 容 简 介

《即兴讲话：造就人生高光时刻》一书针对广大读者希望提高即兴讲话能力的迫切需求，从全新的理念和思路出发，对当下中国语境中尤其是职场环境下的即兴讲话进行深度认知和全面审视，对其加以理论剖析、结构分析和方法指引。在阐述即兴讲话能力重要性、准确把握其定位特点的基础上，梳理总结即兴讲话的原则、方法、技巧与核心要素，并从做好准备、把握重点、增强控场能力、规避误区等方面加以讲述，同时指出能力进阶的长效路径以及效果评估与改进方法。在理论与方法讲解之中，穿插使用作者的大量即兴讲话案例，进一步加深读者理解，给予实际指导和借鉴。这是一本集理论探讨、方法解析与案例精粹于一体的书，也是一本兼具创新性、可读性、实用性的书，主要读者对象是对即兴讲话能力提升有需求的社会各界人士。

本书封面贴有清华大学出版社防伪标签，无标签者不得销售。

版权所有，侵权必究。举报：010-62782989，beiqinquan@tup.tsinghua.edu.cn。

图书在版编目（CIP）数据

即兴讲话：造就人生高光时刻 / 吴与点著 . 一北京：清华大学出版社，2022.6
（2024.10重印）
（新时代·职场新技能）
ISBN 978-7-302-60393-1

Ⅰ．①即… Ⅱ．①吴… Ⅲ．①口才学 Ⅳ．① H019

中国版本图书馆 CIP 数据核字（2022）第 047633 号

责任编辑： 刘　洋
封面设计： 徐　超
版式设计： 方加青
责任校对： 王荣静
责任印制： 宋　林

出版发行： 清华大学出版社
　　　　　网　　　址：https://www.tup.com.cn，https://www.wqxuetang.com
　　　　　地　　　址：北京清华大学学研大厦 A 座　　邮　　编：100084
　　　　　社　总　机：010-83470000　　　　　　　　邮　　购：010-62786544
　　　　　投稿与读者服务：010-62776969，c-service@tup.tsinghua.edu.cn
　　　　　质　量　反　馈：010-62772015，zhiliang@tup.tsinghua.edu.cn
印 装 者： 三河市东方印刷有限公司
经　　销： 全国新华书店
开　　本： 148mm×210mm　　印　张：9.5　　字　数：220 千字
版　　次： 2022 年 8 月第 1 版　　印　次：2024 年 10 月第 5 次印刷
定　　价： 89.00 元

产品编号：095720-01

FOREWORD

经济、社会在不断发展，专业分工不断细化，与此同时，走入社会、迈入职场的每个人，人际交往逐渐增多，发展的机会更加多元化，当众表达也成为工作、生活和人际沟通的必需。在这一大的背景下，各类人群对于写作、演讲等表达能力提升的需求呈井喷状，而且这种需求只会越来越强烈。

这种能力不是一朝一夕能提升的，当我们希望寻找到有益的读物作为学习参考和方法论指导时，往往会遗憾地发现，目前市面上缺乏具有较强实用性、指导性的与即兴讲话相关的书籍。仅有的一些，有的年代久远、观点陈旧，对当下缺乏指导性；更多的是国外引进的，体例、写法以及理念、方法均与国内语境有较大差异，存在水土不服的情况。

可以说，在即兴讲话这个领域，存在的主要矛盾是日益增长的社会需求和落后的理论与方法之间的矛盾。针对这一需求，笔者结合自身实践经验和心得体会，精心撰写了《即兴讲话：造就人生高光时刻》这本书，希望它的出版一定程度上能够填补这种空缺。

自从多年前走上管理岗位，笔者就有意识地培养和提升自己的即兴讲话能力，这是履行好工作职责的需要，也是提升自身综合能力素质的重要途径，因此养成的习惯是，除非特别正式的场

合,一般不念稿,都是临场组织、即兴讲话,即便是他人准备好的稿子,也只是作为参考,更多的是即兴发挥。

由于一直处于这种自觉的刻意练习当中,这方面的能力在实践中得到了锻炼,不少即兴讲话也取得了较好的效果。特别是身边的一些同事朋友给了很多谬赞,说笔者的一些即兴发言讲得好,给人启示,在会上讲的内容,开完会就能形成纪要,有一些发言整理后还能在《秘书工作》等权威刊物上发表。这其中有什么方法和秘诀吗?

之所以接下《即兴讲话:造就人生高光时刻》一书的写作任务,正是基于过往的经历和积累,也源于如上的一些契机,希望给求教于笔者的朋友以及更多人一份答案。因此,笔者认真梳理、提炼了实践背后的一些方法、原理和规律,这既是自我的一次总结,也能给更多读者"他山之石,可以攻玉"的借鉴。

本书使用了较多的即兴讲话实际案例,都是笔者在工作中所讲的内容,其中少部分案例是笔者的同事由于工作需要,在笔者讲完之后根据录音整理出来的,大部分案例是在成书之前,笔者根据录音或者在笔记本上所列要点提纲整理而来的。虽然是事后整理,但由于这些内容都是笔者构思、咀嚼和讲述的,每一句话都还留在自己的头脑里,即使在只有提纲和梗概的情况下,笔者依然能够清晰、准确地还原。

由于篇幅的限制,本书所用的案例不到整理出来内容的五分之一。而且基于可以理解的原因,案例做了必要的技术处理。使用自己的案例,并不是说这些就是最好的,只是出于敝帚自珍的心理,而且自己体悟的方法与使用的案例能互相印证,更自洽,同时也省去了使用他人案例的版权问题。想必读者诸君都能理解。

在写作本书时,笔者想达到的效果是:一是用全新理念和思

前言

路来构建即兴讲话理论与方法，呈现一本本土作者写的接地气的书，成为市面上稀缺的类型。二是全面系统地阐述即兴讲话的原理、方法、要素和技巧，从深层次提升读者的认知，达到鱼渔双授的目的。三是书中使用的实际案例，对读者而言，具有较强的实用性、针对性和可借鉴性。

当然，这些是否做到了，还要接受各位读者的检验。

第一章 即兴讲话是职场生涯的必修课

一、工作履职和职场交流的需要 / 4
二、展示形象，获得关注的良机 / 8
三、表达能力和思维能力的锻炼 / 13

第二章 找准定位远胜于盲目开口

一、突然而至，临场即兴 / 19
二、因事制宜，有针对性 / 22
三、内容集中，短小精悍 / 29
四、形式自然，灵活多变 / 32
五、听说并行，注重互动 / 40
六、特色鲜明，辨识度高 / 42

第三章
会讲话是个技术活

一、快速构思 / 53

二、内容组织 / 78

三、结构布局 / 82

四、开头 / 89

五、结尾 / 92

六、即兴发挥 / 96

七、画龙点睛 / 99

第四章
不可或缺的四大支撑要素

一、主题：言之有核 / 110

二、内容：言之有物 / 114

三、结构：言之有序 / 121

四、语言：言之有味 / 125

第五章
瞄准靶心：更受欢迎的讲话术

一、真情实感 / 134

二、准确鲜明 / 137

三、精练简洁 / 143

四、新颖独特 / 146

五、鲜活有趣 / 152

六、发人深省 / 158

第六章 高效控场成就魅力表达

一、角色控制 / 167

二、场面控制 / 171

三、话题控制 / 176

四、气氛控制 / 183

五、情绪控制 / 188

六、语音控制 / 191

七、突发情况控制 / 197

八、形象控制 / 203

第七章 不打无准备之仗

一、知识素养准备 / 205

二、心理素质准备 / 210

三、背景知识准备 / 212

四、临场构思准备 / 218

第八章 一定要避免的误区

一、准备不充分 / 224

二、内容不合题 / 224

三、表达不得体 / 225

四、风格不搭调 / 225

五、缺乏自信心 / 226

第九章 罗马不是一天建成的

一、四种能力 / 228

二、四种思维 / 247

三、四种方法 / 257

第十章 没有最好，只有更好

一、效果标准 / 270

二、效果监测 / 276

三、改进方法 / 281

后记 / 292

第一章 / 即兴讲话是职场生涯的必修课

"

人只要会开口说话,都避免不了即兴讲话的时候。

作为学生,要接受老师的提问,参与课堂讨论,以至于参加辩论比赛、论文答辩、班级竞选、交流访谈等,都常常要在没有过多准备的情况下即兴发言,表达能力好、发言水平高的自然能给人留下深刻印象,得到更多的关注。

作为社会中的一员,每个人都可能遇到需要即兴讲话的时候,在家庭欢聚、活动集会、庆典礼仪、沟通咨询、社会交往等场合,以主持者、参与者、见证者等不同身份,根据需要进行发言的情况可以说十分常见,如在宴席上主持开场、在抽奖现场作为获奖者发表感言、在初次相识的众人前做自我介绍等。具有良好沟通表达能力的人,在即兴讲话方面驾驭能力更强,在社会交往上也更加如鱼得水。

在职场上,即兴讲话更是每个职场人士的必修课。我们回顾一下自己的职场生涯,几乎没有人与即兴讲话是绝缘的,区别只在于讲得多与少、效果好与坏而已。

无论是作为普通员工,出于讨论工作、会议发言、交流分享等工作需要,还是作为管理者,在安排工作、研究部署、对外交往、向上汇报场合,都要用到即兴讲话这一形式,来表达自己的感受和思想,传递自己的想法和意图,从而更好地与人交流,协调行动，取得共识，推动工作的进展，为自己创造更好的职场成果和发展机会。某些岗位如新闻发言人、培训讲师等，以及以管理工作为主的层级人员，即兴讲话更是家常便饭。

在职场中，大部分工作是需要与人交往和沟通的，而交往和沟通的主要载体就是语言，无论是会议、活动还是其他公众场合，都需要根据具体的情境、特定的主题内容和对象特点等，有针对性地进行语言沟通。在这些或长或短的语言沟通中，凡是具有明确主题和清晰内容、形式较为完整而独立、主要依靠临场即兴生发的，我们都可以将其归为即兴讲话的范畴。

即兴讲话出现在工作、生活、社交等各种情形下，本书侧重探讨的职场上的即兴讲话，即在与工作相关的场合，就与工作有关的事务，对与工作相关涉的人员所做的讲话。

对即兴讲话，这里也有必要首先下一个定义，作为后续讨论的基础。本书所界定的即兴讲话，是临场即兴的、事先基本无准备的、脱稿的口头语言表达，包括讲话、发言、演讲、分享、表达等各种形式。在时间上，不做严格的限定，一两分钟的发言，或者长达半天的滔滔讲述，具有即兴发言的典型特点，也在其范畴。但一般而言，即兴讲话短的也有三五分钟，长的则在一两个小时。

对于每一个职场人士来说，即兴讲话的能力，不是需不需要的问题，而是应该如何学习提升的问题。可以说，即兴讲话是职业生涯的必修课，只有具备良好即兴讲话能力的人，才能更好地树立职场形象，把握好职业发展机会，在职业竞争中乘风破浪，达到理想的目标。

一、工作履职和职场交流的需要

　　每个人的性格不一样,有的人天性健谈,热情外向,与人自来熟,能聊的话题特别多,像俗话说的那样碰到一块石头都能聊半天;有的人则沉默寡言,惜言如金,不到不得已的时候不愿开口,平时像个闷葫芦。如果是在生活中,每个人的天性都应该尊重,也没有绝对的好与坏,别人也不应该横加干涉。但在职场上,在工作需要的时候讲适当的话,对大部分岗位来说是必需的,也是工作的内在要求。

　　从这个角度来说,健谈者、话痨并不天然就具有好的即兴讲话能力,因为随意的漫谈式语言输出,与有条件限定和效果要求的即兴讲话有很大差别。如果忽视这一点,以为讲得多就是好,漫无边际,海阔天空,那无疑会陷入误区,其结果是言多必失,讲得越多,错得越多。

　　说得太多固然不好,什么都不说也不行,即便是性格内向、不喜言谈的人,在工作需要时,该说也得说。试想,一个人进入职场,每次开会都不发言,需要说的时候也不说,一两次大家还可以理解,时间久了,别人不会认为是性格的问题、能力的问题、胆量的问题,而会认为是态度的问题,是对待工作是否认真负责的问题。这样的评价一旦形成,职场生涯也就堪忧了。

　　再试想,一个管理者,在工作讨论需要总结的时候,不能很好地加以提炼归纳,在大家讨论的基础上形成正确的结论,在开会研究工作时,不能提出被大家认可的目标方向和让人耳目一新的工作思路,在与外界交往时,不能通过语言表达获得对方的理解和支持,达到预期的沟通意图,那么我们说这样的管理者是不称职的。这种时候,并不适用"行胜于言"这样的箴言。

有人说,我提前准备好,每次都拿着稿子,照着念总可以吧?事实上,这样很难操作,因为工作场合中很多时候没法提前预知和准备,需要因时因地因事制宜,根据具体情况来决定讲什么,提前准备的"战术"经常会遇到失灵的时候。

从实际情况来看,职场人士不可能有那么多的时间和预见性,为每次可能的讲话做好充分准备。即便提前准备了稿件,不管是自己写的,还是别人准备的,也可能因为稿子不够满意,或者到了现场有新的想法产生,临时决定不用稿子,脱稿即兴讲一番。

再者,从效果上讲,照本宣科与即兴发挥给人的感受是完全不一样的,前者让人觉得呆板教条,而后者则能充分反映一个人的知识水平、表达能力、思维层次等素养,是极好的加分项。

在每个职场人士的"工具箱"里,都应该有即兴讲话这一项内容,一旦需要,就能把它拿出来自如地使用。

例如下面这篇例文,是笔者曾作为所在央企办公厅副主任在分管处室两位副处长就任时,与两个处的处长和新任副处长谈话所讲的内容,这就是在履行管理和队伍建设的职能,是工作的需要。

与分管处室处长及新任副处长的谈话

首先祝贺两位新任副处长走上了新的岗位,这是组织的信任和大家的认可。也祝贺两位处长,有了更得力的助手,能替你们分担更多的工作压力。

走上副处长的岗位,意味着角色的转变,要当好处长的副手,

到位不越位，补台不拆台，由做具体工作到承担部分管理责任。处长也要善于发挥副处长的作用，由一个人安排变成两个人商量。既要分头抓，也要一起做；既要带头做，还要带着做，共同抓好全处的工作。今天我主要想对大家提几点希望。

一是以身作则，提高领导力。我们说领导干部要以身作则，这个"则"就是自己所坚持的、能够亮出来的、人人看得到的理念、原则、标准，包括工作标准、管理风格、纪律作风、工作要求和人格修养等方面。有了这些"则"，再以身去做，自己首先做到，再去要求别人，这样领导力自然就有了。领导力不是因为到了哪个岗位就有的，而是个人影响力、感召力、带动力的综合体现。提高自己的领导力，是提高管理效率最便捷、最有效的途径。所谓管理，就是管人和理事，就要在管人的权威和理事的效率上下功夫，这都需要领导力。古话说：人不畏我能，而畏我公；吏不畏我严，而畏我廉。公生明，廉生威。俗话说，领导带头搬石头，群众就能搬山头。这都是说，领导干部时时处处发挥示范表率作用，就能产生强大的领导力。

二是善作善成，提高战斗力。作为管理者，要志存高远，树立具有挑战性的目标，并且努力完成这些目标。从目前来看，完成提出的任务目标还是有挑战性的，我们要抱着临事而惧、好谋而成的态度，付出更大的努力，实现这一目标。要开拓创新，创造性开展工作，在工作内容上、思路上、机制上、手段上大胆创新，形成员工创新、领导担责的文化，而且只要把握好大的方向和政策纪律的底线，也错不到哪儿去。要用心用情用智工作，不要使工作沦为简单重复的劳动，推动工作不断上台阶、上水平。要狠抓落实，再好的思路、计划不抓落实，也是镜花水月。定下的目标任务、交办的工作，要不折不扣地落实，有足够的执行力，敢于打硬仗、打持久仗。

三是搞好团结，提高凝聚力。首先，在认识上要正确看到团队是一个整体，一荣俱荣、一损俱损。只有团结的氛围才会出成绩、出战斗力、出人才，作为管理者，既然在这个位置上，就要对每一个人负责任，《三国演义》里刘皇叔逃难还带着老百姓呢。在一个团队里，只要发生了不团结的事，不管是什么原因导致的，都会对团队造成伤害。所以要分工合作，会商授权，民主集中，促进团结。其次，在态度和方法上，更多时候要真诚地沟通。沟通是最大的激励。人心都是肉长的，真诚与人沟通，就能以心换心，而不愿沟通，就会造成更多的误解。特别是当团队中存在矛盾时，更要通过沟通来解决问题，分析是什么原因，有什么办法，自己怎么做才能让人心服口服，反思一下自己是否任何时候都做到了心平气和、秉公处事，改进自己的一些做法。有句话说：天使之所以会飞，是因为把自己看得很轻。我们职位比普通员工高一点，所以更要把自己姿态放得低一点，正确认识自己，不要总是觉得自己是对的，所有的问题都是别人的。这样才会有好的态度和胸怀来加强沟通。这不是要一团和气、和稀泥，员工有问题，该要求的要要求，该批评的要批评，这个一点不要含糊，但作为管理者，对自己要有更高的要求，要有更大的胸襟和格局来处理这些事。最后，在管理水平和技巧上，也要有方法、有艺术。要始终想到，你们管理的是一群人而不是机器，是人就有心理感受和情绪，就得讲方法，要是人人都很好管，那领导就太好当了。有一些不太好管的、杠精、刺头、心里不服的，我们还能通过自己的所作所为让他们一起干，不说是领着干，至少也能跟着干，这才是本事。在工作和带队伍的过程中难免有压力，要学会排解，要发火的时候，反思一下自己，这些情绪是怎么产生的，怎么样才能克制，把无名火压下去，提高自己的修养，让自己的本事越来越大，脾气越来越小，这才能成为一个好的管理者。

这篇讲话既是对两位新上任的副处长说的,也是对两个处的处长和副处长一起说的,从"以身作则,提高领导力""善作善成,提高战斗力""搞好团结,提高凝聚力"三个方面提出希望,很有针对性,既有对新走上管理岗位的同志如何顺利过渡和履职的指导,也有对工作目标、管理理念和职责要求的阐述,更有在对队伍工作实际和思想实际准确把握上的及时劝勉,能够让人听进去。讲话中说道,"沟通是最大的激励",这番讲话立足通过谈话沟通履行好管理职责,本身就是对这个理念的践行。

二、展示形象,获得关注的良机

在职场上拼搏的每个人,都希望获得更好的发展机会,苦心孤诣为自己打造良好的形象,想方设法展示自己的才华和能力,意图得到伯乐的赏识。但不得不承认的是,职场也是一个僧多粥少的地方,好的职位和资源就那么多,而巴巴看着的人却不断增加,竞争可谓激烈。同时职场也是一个金字塔结构,越往上,职位越少,上升的难度也越大。

在这种情况下,为了体现存在感,展示自我,进入领导的视野,职场人士各出奇招,有的致力于打造人设,宣传造势,为自己招徕名声;有的一心想干出个大项目,出个大成绩,给单位做贡献,给领导分忧添彩,让领导记住自己;当然也有的人琢磨一些歪门邪道,希望走偏门来上位,结果往往是搬起石头砸了自己的脚。

在这种种方式、途径中,有一种特别务实管用,就是锻炼提高自己的即兴讲话能力,使它在某些时候成为有效的"秘密武器"。

在很多单位,有众多的员工和森严的等级制度,即便是勤奋优秀、业绩突出的员工,也不见得被人所熟悉,做出的业绩也不见得被人所熟知,所具有的思想和想法也难以被人所了解。

在一些特定场合如座谈会、讨论会等,由于人员的组成打破了日常的管理间隔,缩短了权力距离,一个普通员工的精彩即兴发言,都能超越层级被难以接触到的高层领导直接听到,从而产生平常达不到的效应,进而使其得到关注和赏识,获得更好的发展机会。

如果有心了解很多职场高位人士的经历会发现,因为一次发言给上级留下深刻印象,而进入领导的视野,获得发展的良机,这样的事例并不鲜见。

除了向上级的展示,向同级、下级以及外界,即兴讲话同样是展示形象的良好途径,有利于得到认可,树立威信,开拓更多的职业机会。

当然,职业发展光靠即兴讲话好也不够,我们提倡的是,干得好也要说得好。干得好是基础,有能力、有业绩、有思路,并且能把它很好地表现和展示出来,那得到更多赏识便是自然而然的。如果光靠说,而缺少了干的基础,即便一时得到青睐,也是不长久的。

下面几篇例文都是在面对领导来调研时汇报交流时的发言,每一次的主题和对象都不一样,但都起到了展示自己想法、引发领导关注和共鸣的作用。

领导调研时的汇报发言之一

我到××公司正好100天,感觉到公司已经和正在发生积极可喜的变化。这主要还是得益于在党组的领导下,全体干部员工进一步提高了政治站位,增强了责任担当意识,焕发了激情干劲。特别是去年,党组各位领导给予了公司空前的重视和有力的指导,集团各部门也给予了大力支持,整个生产的进程以及最后目标的实现,都是与党组的关怀、重视、指导分不开的,今天董事长又亲自带队来慰问员工,给了大家很大的鼓舞。现在公司班子团结协作,员工队伍士气高昂,今年的目标任务与工作思路都已经确定,我们也深深感到公司在集团业务增长中承担的责任,尽管有一些挑战,但大家还是充满了信心。2021年公司将实现产量等各项指标历史新高,进一步发展壮大,在各个方面实现质的提升,这也是集团贯彻落实中央重大决策部署、推动产业发展生动实践的一部分,是集团为中国共产党成立100周年做贡献、实现"十四五"良好开局的具体举措,还是集团推动行业转型、助力"双碳"目标实现的积极探索。有集团作为指引和坚强后盾,公司发展一定会越来越好,我们有信心和决心,请领导放心。

领导调研时的汇报发言之二

领导来公司对巡视整改进行督导,非常及时,非常有必要。我汇报几点体会。

第一,巡视是政治巡视,是对党委政治站位、政治担当、政治能力的检验,没有政治上的坚定和成熟,就没有做好一切工作的前提和基础。去年公司取得了历史最好的业绩,是在党组的正确领导下,党委进一步提高政治站位、增强政治担当、带领干部员工努力奋斗的结果,这里面也离不开巡视起到的作用。从政治上去看巡视反馈的问题,思想认识更到位了,很多问题就会迎刃而解。今年公司的工作任务更加繁重,承担的责任和使命更加光荣,要发挥好在集团业务增长中的决定性关键作用,需要我们进一步提高政治站位,强化政治担当。我们的党建工作也会紧紧围绕这条主线来开展,凝心聚力,促进融合。

第二,公司今年产量增长60%以上,规模快速扩大,处于外延式拓展与内涵式提升并举的阶段,提升公司管理水平至关重要。我们要苦练内功,强化管理,夯实基础,如果没有这些作为保障,公司高质量发展便难以持续。所以巡视是一个很好的契机,指出的一些问题都是我们工作中存在的瓶颈和管理中的痛点,通过深挖根源,举一反三,建章立制,提升管理,能为公司未来发展打一个好的基础。那样就不只是产量上去了,管理也将上一个台阶,公司由此发生质的变化。

第三,巡视是对党委班子的政治洗礼,经过巡视和整改的过程,整个领导班子的政治站位在提升,政治能力不断增强。领导们说我们班子人员整齐,结构和整体素质好,抓不好生产经营没道理,那么抓不好巡视整改也没道理,这两者也是相辅相成的关系。我们将努力抓好整改,用整改的成效促进生产经营创造佳绩,更要用生产经营的业绩来检验巡视整改的成效。我们有信心把这两项工作做好。

领导调研时的汇报发言之三

正像您所评价的,公司目前士气高昂,队伍热情高涨,精神面貌非常好,保持着非常难得的创业状态,不论是直接感受到的,还

是我们通过员工思想状况调查得出的结果,都能看到这一点。所以我觉得,士气可用,树立具有挑战性的目标、保持一定的增长速度是有必要的,可以为集团高质量发展作出更大的价值贡献,也能通过快速发展解决发展中还存在的一些问题。同时在这个过程中,我们可以为集团发挥三个作用:产量贡献的决定性关键作用,清洁能源产业体系塑造的探路者作用,高素质复合型人才的培养基地作用。

随着产量任务增加和工作量的激增,人员稀释和管理资源摊薄的情况比较突出,特别是一线员工工作非常饱满。这种情况下,我们要挖掘潜力,苦练内功,鼓励员工一专多能,但确实有必要增加适量人员,特别是研究力量、部分职能管理力量和基层管理力量,既满足当前工作需要,提高研究质量,加强基层管控,防范风险,也为今后的发展培养和储备人才。

党建工作这一块,我们提出"价值党建"的理念,用党建引领和塑造员工队伍思想与价值观,为生产经营创造价值。由于基层一线任务重,点多面广,人员不足,党建高质量也面临挑战。我们首先还是按照规范化、标准化的要求,在有形的基础上追求有效,以党建融合为目标,有针对性地开展"苦练基本功,提高执行力"主题活动,一体推进作风建设、能力建设、制度建设、执行力建设,夯实"三基"工作,同时加强宣传思想工作,探索形成政治辅导、思想指导、价值引导、心理疏导、利益促导、制度督导的"六导融合"思想整治工作新方法,用宣传工作外树形象、内聚合力,推动党建工作从完成规定动作到发挥应有作用再到提升队伍思想觉悟。

从公司可持续发展和员工最关心的问题来说,目前公司的资源瓶颈亟待突破。要破解这个难题,我个人觉得,一方面要转变观念,从机会导向转变为战略导向,从产业体系塑造的战略维度,从资源获取的方向、投入、决策机制、合作方式等方面总体考虑,明确目标路径；另一方面创新做法，扬长避短，综合施策，发挥好自身优势，加强政企、企地和企企沟通，获得有利机会。

尽管面临一些困难和挑战，但我们还是很有信心，团结带领公司干部员工完成党组交给的各项任务。

这几篇发言的共同特点是：站位高，思路清，内容实，观点新，执行上级决策态度坚决，能够换位思考，在分寸感和对象感的把握上也做得较好，让人容易听进去，提出诉求也有理有据。其体现了思维水平、务实作风、担当精神、大局意识、前瞻思考和战略思维，以及善于学习、善于思考、善于总结提炼的特点，既是工作的汇报，也是个人特质的展示。

三、表达能力和思维能力的锻炼

好的即兴讲话能带来好的发展机会，这在现实中是经常发生的。但是，我们也不能过于功利化，目的性太强，看到有被关注的机会，才好好讲一讲，如果没有，就不当回事。如果每一次即兴讲话都必须兑现成发展机会，这样的话过于短视和实用，也并不现实。

我们用延迟满足的眼光来看的话，提升即兴讲话能力，其实更主要的是对自己综合能力素质的培养和提高，特别是表达能力和思维能力的锻炼。一个好的即兴讲话，是不是马上会得到关注，变成可得的发展机会，是不可控的。但只要自己的能力素质不断提高，从长远来看，获得更好的发展机会是水到渠成的。

一个好的即兴讲话，表面看起来只是语言的输出，但背后是

一个人综合能力素质的支撑,包括:清晰的逻辑、敏捷的思维、良好的分析判断、得体的表达,对语言的驾驭,对工作的了解和认知,甚至包括很高的情商等。如果这些方面都有很好的表现,职场竞争力是不言而喻的。

这些能力的形成不是一蹴而就的,而是在长期不断的训练和培养中锻炼出来的,能力像肌肉一样,需要持续练习才能强健,遵循用进废退的原理。所以作为有追求和有抱负的职场人士,应该重视每一次即兴讲话的机会,将其作为对自己的要求,作为磨砺自己的机会,在这个过程中整理自己的思路,与别人发生思想碰撞,从而提高自己各方面的能力素质,为职场发展奠定更坚实的基础。

下面这篇例文是在公司组织的"青年先锋"评选会上,所做的总结讲话和点评。

"青年先锋"评选会总结讲话

首先祝贺活动取得圆满成功,祝贺各位青年员工取得好成绩,也感谢大家的参与以及各位评委的辛勤劳动。

先谈谈对这个活动的感受,我用三个"好"来概括。一是活动形式好。用这样一种方式,给年轻人提供了展示、交流和成长的平台,也是一个很好的总结、提升和学习的机会。二是青年员工表现好。参加评选的员工很多来自生产、建设、科研一线,具有很好的代表性,所以这也是公司青年员工业绩、能力、素质和潜力的综合展现。从你们身上,从很多感人的事迹当中,我们看到了年轻人的朝气和锐气,看到了踏实的敬业态度、良好的精神风貌、顽强的意志品质、攻坚克难的作风,看到了活跃敏捷的思想、勇攀高峰的志气、敢为人先的魄力、舍我其谁的自信以及强烈的责任感和事业心。这些就是优良传统和行业精神在青年人群体中的传承和发展，这些平凡而不平凡的青年人的故事，凝聚起来就是公司的故事。我要为你们点赞！三是活动效果好。大家的演讲，有的激情澎湃，有的朴实感人，有的逻辑缜密，有的故事曲折，有很强的感染力。而且，活动在年轻人当中营造了创先争优、比学赶帮超的良好氛围，最终优中选优，从中产生了10名"青年先锋"，树立了良好的导向。同时，这个活动从组织到评选，员工的参与度很高，规则程序都很透明，组织也很周密，各位评委认真负责，结果做到了公平公正，保障了活动的质量，提升了在青年人当中的影响力。

然后我想说说对大家演讲的一些观感。我从其中提取了几个关键词，也是大家提及比较多的。一是团队，我们很多工作不是靠一个人，而是靠团队的力量，所以我们提倡一体化，提倡无边界组织。有句话说得好，一个人可以走得很快，一群人才能走得很远。二是挑战，我们工作中会遇到很多难题，只有不怕困难，才能破解难题，挑战越大，成长越大。三是基层，我们始终鼓励大家扎根基层，我们的工作也始终面向基层，基层是成长成才、吸收营养的沃土，这从很多演讲的年轻员工身上都能感受到。四是创新，不管是技术创新、管理创新，还是小改小革等小的突破，都是我们提倡的，也是青年人的优势。

当然，如果从更高的标准来说，我们刚才的演讲中很多都有进一步提升的空间。在这个演讲中，最大的限定条件是8分钟，如何用好这有限的时间，充分展示自己，需要有好的思路和设计。我觉得最好不要只是简单地罗列工作，或者线性地讲述工作的经历，而是要有突出的主题，能够形成聚焦，围绕主题提炼出亮点和与众不同的地方，突出自己的特质，提高演讲的贴近性、故事性和感染力。

我们一部分演讲比较平淡，平铺直叙，不够抓人，开头结尾、起承转合都很随意，一些同志对自己的材料不够熟悉，完成度不高，说明重视程度不够，没有达到很好的效果。

我还特别想说的是，我们的演讲大部分都在讲具体的工作，少了一些思想认识层面的东西，例如成长的心路历程，自身能力、思想、人生成长的理性思考，对工作规律性的探索和把握等。深度上还可以再下一点功夫，包括对优良作风和行业精神的理解，很多同志都提到了，但一说到弘扬行业精神好像就是如何加班、如何背井离乡，甚至996工作制，我看不到对精神的新内涵的理解和阐发。行业精神是在特定的时代背景下形成的，在今天的新形势下，我们讲弘扬精神，不一定要把它和艰苦的环境、物质的匮乏、压力巨大的工作画等号，也不一定就是沉重与悲情。我更希望看到的是，因为热爱而孜孜不倦，因为创造而努力不息，因为事业的追求而带来满足。在这样奋斗拼搏的过程中，感受到激情创造和愉快工作，更好地体会行业精神在新时代的内涵，更好地理解苦和乐的辩证法。事实上也是如此，如果一件工作只有快乐没有辛苦，这样的工作世界上还没有，而一件工作只有辛苦却没有任何快乐，这样的工作谁也坚持不下去。希望青年员工能更好地理解行业精神的内涵，做新时代的传承者，在努力拼搏的过程中感受到成长的喜悦和热爱的动力。

公司发展取得的成绩，有青年员工的付出和贡献，有你们的辛苦和智慧。青年人是公司的生力军，公司未来的高质量发展，同样靠青年员工的责任与担当。再过几年，你们都将成为公司各条战线上的骨干和中坚力量，如果我们不能用几年时间把青年员工接续培养起来，储备一支优秀的、有竞争力的团队，公司发展就没有未来，就无法支撑未来长远发展。所以，员工的发展就是公司的发展，公司的成长，首先离不开员工的成长。

最后我给青年员工提几点希望：要志存高远，坚定理想信念；要锤炼作风，强化责任担当；要加强学习，苦练能力本领；要严于律己，加强自身修养。各单位、各级领导要关心青年，爱护青年，支持帮助青年成长成才，多为青年办实事。党团组织要服务青年、团结青年、带领青年，多为青年搭建平台、创造条件、提供机会，努力成为"青年之家"。

祝愿全体青年员工取得更大业绩，与公司共同成长，实现更大的人生价值。

这篇讲话既是一次对青年员工的勉励，也是一次思想交流和观点碰撞，从正反两面对年轻人加以启发。除了常规的谈活动感受和提希望要求之外，更多的内容是在谈比赛观感，提炼几个关键词进行高度概括，指出演讲中需要改进的地方，既是对参赛者的点拨和提高，也是自我经验的梳理总结。特别是对行业精神进行了深入阐释，赋予其新的内涵，带给人更多的启迪，拓展了思维的层次和深度。从某种程度上，这也是讲话人一次在特定情境中受到激发后快速构思、快速表达的自我思维训练。

第二章 / 找准定位远胜于盲目开口

第二章 找准定位远胜于盲目开口

第一章我们着重谈了具备即兴讲话这一能力的重要性,想必大家看了都跃跃欲试,打算好好提升一下自己这方面的能力,也迫不及待地想尽快逮住个机会,马上操练一番吧。

先别急!在准备大显身手之前,我们要先了解一下即兴讲话的特点有哪些。找准定位,把握特征,才能更加有的放矢,这样远胜于盲目地开口却不得要领。

我们从以下方面来把握即兴讲话的特点。

一、突然而至,临场即兴

即兴讲话最大的特点就是不可预知性,事先没法准确预料现场会有什么样的情况,所以无法有目的地提前做好充分的准备以逸待劳。例如,我们工作中经常遇到这样的情况,被通知参加一个会议,事先可能对这个会议的内容和议题略有所知,但了解得还不够深入和充分,更多的信息要到会场才能知道。而到了会场,话题讨论的范围和细节也远远超过事前能预想的程度,这种时候要在会上发表意见,就属于即兴发言的典型场景。

在这种场合被点名,"某某,你也说两句",这时候要说

的内容主要靠临场组织和随机应变。这种即兴性体现在以下几个方面。

第一，话题是开放的。在大的会议主题统领下，具体怎么讲，讲到什么程度，完全取决于讲话者本人，而不是一开始限定了讲哪些方面内容，这种讲述的弹性显然很大。

第二，程序是灵活的。不像那种特别正式的会议具有程式化的议程，每一个环节、每一个议程都是事先设计好的，甚至连时间都准确掐到几分几秒，没有多大自由发挥的空间。即兴讲话恰恰相反，是无脚本、无设计的，都在随时变化和调整，所以要在变动而非固定的流程当中根据具体情境来发言。

第三，情况是随机的。随机性是即兴讲话最大的特点，事先往往不知道整个会议或讨论的情况和信息，如哪些人、话题范围、持续时间、气氛如何等，大部分时候不能把控进程（会议主持人除外），不知道自己是否要讲，就算知道自己要讲，也事先不知道要讲什么最好，没法充分准备。因为现场情况是不确定的，讲不讲，何时讲，讲多久，讲几次，观点是什么，都是随机的，甚至是猝不及防的。

下面这篇例文，就是参加一个活动时，本来没打算讲话，受到现场氛围所感染而作的即兴发言。

《觉醒年代》观影会即兴发言

今天大家一起观看《觉醒年代》，本来我没准备说什么，但听了大家的发言，被大家所感染，也谈一点感受。

《觉醒年代》这部刚播出的革命历史题材电视剧，身边很多人都在观看和热议，我因为工作忙，没有时间全部看，只抽空看了一

第二章 找准定位远胜于盲目开口

些片段,非常沉浸和感动。这部剧讲的是从《新青年》创办到建党这一段历史,在当时军阀混战、民不聊生、国家积贫积弱的情况下,中国最早的一批马克思主义者,努力寻找真理,探索救国救民的道路,苦苦求索终于找到马克思主义这一科学理论,与中国实际相结合,成立中国共产党,创造了开天辟地的伟业。

我们把那个年代叫作觉醒年代,是因为先进的知识分子最早觉醒,然后用科学和民主启蒙大众,带动了更多人觉醒。觉醒年代从根本上是人的觉醒、思想的觉醒,其中最早觉醒的是青年,当时接受新思想和参与新思想传播的人大部分20～30岁,历史的重任落在了青年身上。这些革命先辈为了真理和信仰,为了国家和民族,为了劳苦大众,抛头颅、洒热血,留下了可歌可泣的故事。李大钊、陈延年、陈乔年、邓中夏、赵世炎等很多人,付出了生命的代价,让我们心灵震撼,也留给我们很多启示与思考。

当时,这些人大部分是家庭条件好、受过良好教育的年轻人,如果他们不选择这条道路,完全可以享受优越的生活,但他们为了救民于水火,救国家于危难,背叛了原有的阶级,逃离了家庭,付出了自己的一切。

大家刚才结合自己的思想和工作实际,谈了很多观剧的感受,表现出了昂扬奋发的精神状态,展现了年轻人应有的志气、朝气和锐气。人是需要一点精神的,大家的发言也让我们感到很欣慰,公司人才济济,发展后继有人,青年人一定会青出于蓝而胜于蓝。

青年强则国家强,青年兴则企业兴。青年是最有活力、最有激情、最有创造力的时期。大家要珍惜青春年华,树立正确的人生观、世界观、价值观,扣好人生的第一粒扣子,很重要的一点就是学习党的历史,传承革命精神,赓续红色血脉,踏着革命先辈的足迹,学习革命先辈大无畏的精神,学习他们的拼搏和奉献精神,学习他

们爱党、爱国、爱人民的崇高情怀,将学习转化为实际行动,积极投身两个一百年的伟大征程,投身建设社会主义现代化国家的宏伟事业中,投身公司高质量发展的伟大实践中。立足岗位做贡献,在实践中成长成才,苦练基本功,提高能力本领,锻炼意志品质,将个人发展与党和国家事业结合起来,不负青春,不负时代,在拼搏奉献中实现大我,创造人生价值。

最后,我用前两天刚刚去世的科学家袁隆平先生的一句话来结尾,他说:人就像种子,要做一粒好种子。希望大家像种子一样扎根,像种子一样吸收养分,茁壮成长,成为参天大树,为社会带来硕果,为他人带来阴凉,立大志,明大德,成大才,担大任,成为国家和公司的栋梁之材。

这种讲话是突然而发的,事先没有什么准备,完全靠临场构思和组织。这篇讲话是以主管领导的身份与青年员工交流,既有对《觉醒年代》电视剧的评价,也有观剧的具体感受,还有对青年的期望和寄语,内容丰满,主线清晰,始终紧扣青年的所思所想,对青年做积极的引导,最后用袁隆平的一句话做结,寓意深远,起到了较好的效果。

二、因事制宜,有针对性

大部分情况,会议或者讨论都会有相对明确的主题和范围,针对某些具体的内容和事项展开,这就要求即兴讲话符合当下当事的具体情形,具有较强的针对性,否则就会游离于题外,甚至离题万里。即便是务虚性的"神仙会"或者开放性的研讨会,也会有大致范围和主线，对讨论的边界会有明确的要求，如果偏离主题太远，毫无针对性，那即便讲得再妙语连珠，也是失败的。

每一次需要即兴讲话的会议活动，主题、场合、时点和对象都可能不一样，都要具体情况具体对待，至少从几个方面把握好针对性的要求。

第一，话题的针对性。会议涉及的话题不是笼统的，而是具体的、及物的，所以即兴讲话要结合现场实际情况来讲，要针对具体的议题来讲，不能讲一些放之四海而皆准的内容，不能过于空泛、大而无当，也不能生搬硬套。

第二，对象的针对性。每一次会议参加的人不同，即兴讲话面对的对象不同，决定了讲法和内容有差别。是内部人员还是外部人员，是上级领导、平级同事还是下级员工，是基层群众还是专家学者，是年轻员工还是资深员工等差异，都要把握和区别。讲述内容风格要有所不同，以更好地适应受众的心理特征、接受方式、情绪感受和愿望期待等，从而更贴近受众。

第三，场合的针对性。每一次即兴讲话所处的场合都不同，场合就是一定的时间、地点、人员、形式等共同构成的情境，它对即兴讲话如何进行有着直接的影响。例如，同样是开会，交流会、讨论会、汇报会、表彰会、动员会、总结会……哪怕是就同一件事情即兴讲话，但由于不同的会议方式构成了不同的场合，讲法都不一样。

第四，基调的针对性。基调就是对事物基本判断、基本趋向所构成的氛围和调门，如总结一项工作，是以肯定为主，还是以反思为主；评价一个人，是以赞扬为主，还是以批判为主；对未来形势的判断，是以乐观为主，还是以悲观为主。大的基调一旦定下来，具体的即兴发言应该符合主基调，而不是相反或偏离。

基调有些是事先明确所以知道的，如知道要参加的是整改会，那肯定是以反思和整改为主，有些是现场感受到的。

下面这篇例文是参加全系统文稿起草培训班时做的即兴开班讲话，就体现了这种针对性。

文稿起草培训班开班致辞

欢迎大家的到来。本次培训是按照党组要求，特别是党组书记、董事长的指示组织的一次专题业务培训，董事长对这次培训非常重视，专门作出了批示，现在我传达一下：

提笔能写是机关干部员工的基本功，练就过硬的公文文稿写作能力，是集团公司总部更好地履行管理与服务职能、推进各项工作的需要，是提升组织效能、传递公司形象的需要，更是机关人员适应岗位要求、增强综合素质、促进自身成长成才的需要。希望集团公司总部干部员工进一步提高对公文文稿写作重要性的认识，正视差距，树立目标，勤学苦练，不断提高，通过培训、学习、交流与实践，熟练掌握公文文稿写作规范与方法，切实提高文稿质量，更好地发挥以文辅政作用，为助推公司在新时代实现高质量发展作出积极贡献。

为什么在这么忙的情况下，还要组织这次计划外的培训？我想董事长的批示已经说明了一切。这两天的培训，就是要围绕董事长的指示要求，通过共同学习交流，促进大家进一步提高思想认识，明确工作目标和努力方向，大家一起充电，一起提高，一起把工作做得更好。我先谈点个人想法，抛砖引玉。

首先，董事长谈到了文稿写作的重要性，就是批示中说的"三个需要"，讲得非常全面，也非常深刻。

第二章 找准定位远胜于盲目开口

第一，文稿写作是机关更好地履行服务和管理职能、推进各项工作的需要。这是基本要求。总部工作千头万绪，概括地说就是五务：政务、业务、事务、党务、服务。哪一个都离不开公文文稿作为基本的工具和载体，开会得有纪要，汇报工作要有请示报告，组织活动要有方案，指导工作要有文件，都离不开高质量的文稿写作。

第二，文稿写作是提升组织效能、传递公司形象的需要。一方面我们不得不承认，机关各项工作离不开公文文稿；另一方面，我们又不能演变成文牍主义，不是公文文稿越多越好，也不是什么事把材料写了就万事大吉，根本还在于公文文稿的合理性、规范性以及质量。机关的任务应该是用尽可能少的文字材料去推动、撬动尽可能多的实际工作，而不是相反，这是精简文风的内在要求，也是公文文稿以文辅政的内在要求。对内而言，公文质量好，运转规范，文稿水平高，就能提升工作效率和组织效能；对外来说，公文文稿是请示汇报、交流工作、展示公司形象、反映公司诉求的重要渠道，质量好不好直接关系到工作成效，关系到重点难点工作能否得到有效推进。一份好的材料能给公司带来和创造价值，相反，一份质量低下的材料，不但不能起到作用，反而会损害公司形象。集团公司对上是这样，各部门各单位也是这样，例如看一些部门出手的材料老是东拼西凑、错漏百出，时间长了，这个部门就给人特别是给领导留下不靠谱的印象，至少在人员能力素质、工作流程机制、基础工作、作风与责任心方面是有欠缺的。所以写作能力是一个组织、一个团队系统能力非常重要的部分，不应该让这个能力成为短板，通过良好的写作能力展现各个部门的工作业绩和工作思考，给人留下好印象而不是坏印象。

第三，文稿写作是适应岗位工作要求、增强能力素质、促进自

身成长成才的需要。所有的事都是人做的，工作要求也应该落到人身上。我们的事业发展需要人才，每个同志都有成长成才的需求，要成长进步，就得有相应的能力素质，能力从学习和实践中来，而写作公文文稿是机关非常重要的工作实践，也是增长才干非常重要的途径。因为写作公文文稿不是在舞文弄墨，而是在研究和参与工作，需要的不只是文字驾驭能力，更重要的是观察推理判断能力、提炼概括能力、创新思维能力、综合分析能力，把公文文稿写好，这些能力也自然能得到锻炼和提高。能把公文文稿写好，也是综合素质能力高的表现，往往有更好的发展潜力，把他放到别的岗位也能干得很好。相反，说某人水平很高，思路很创新，工作干得也很出色，但写个东西拿出手却是颠三倒四、逻辑混乱，那这样的评价很难让人相信。公文文稿写作并不需要多么高深的学问和复杂的技巧，只是在把事情想清楚的基础上用文字清晰准确地表达出来，这是不难做到的。每一个接受过一定教育的人，通过学习实践都可以掌握这种技能，而且不是学文科、学中文的才需要写作，才能做好这件事，每一个机关员工，不管学什么、什么学校毕业、什么工作经历，都应该具有这种技能。现在有一个不好的倾向，总觉得写文字材料是少数部门的事，一些部门总想把自己分内的事推给别人，自己更愿意协调。有时候我开玩笑说机关一个新的工种就叫协调，但实际上我们工作的各个环节如果缺乏必要的高质量文字工作支撑，能协调什么呢？好逸恶劳是人的天性，难干的活、苦活累活想甩给别人是这种天性的表现，但我想大多数人还是有成才发展的愿望的，如果只是去协调而不接触必要的文字历练，其实也是堵塞了自己的发展之路。

其次，董事长提出了希望和要求。要熟练掌握公文文稿写作规范与方法，切实提高文稿质量，更好地发挥以文辅政的作用。我有一个感受,写作能力、表达与沟通能力是我们公司作为一个组织的系统能力中比较薄弱的一环,就是我们会干活,但不会说,说不到点子上,说的效果不好。而且这种缺失越来越成为发展的隐形瓶颈,别人能办到的事情,我们费了老鼻子劲都办不到,里面肯定有很多原因,但我们有时没说好,没说清楚,说的时机不对,也是一方面原因。对比有的兄弟企业,差距也很明显,不论意识、组织力、队伍都没法相比。人家两个部门干的活,我们就两个处,完全不是一个规模量级的,人家每个部门综合力量都很强,所以领导操心就少,而我们这边,领导说有的部门提交的东西改都没法改,我觉得这就是一些部门的失职。大家要想,我们的工作做到位,领导修改、费心的时间就少,而我们单位时间的价值与领导的时间价值不一样,做好了等于给领导节约时间,给公司节约最宝贵的管理资源。我们很多部门这方面意识不强,我自己在核稿中也发现,文稿错误的情况多发,例如只有报告这种规范文种,但我们的行文中各种进展报告、调查报告、统计报告等文种还是经常出现,经过层层把关到了核稿这个环节依然这样,文档处发提示都发了好几回,但大家还是没重视,没当回事。现在国务院国有资产监督管理委员会开始实行退文制度,今后我们也要借鉴,实行错文通报与退回,建立公文文稿质量评比制度,通过这些倒逼机制,促进大家更加重视,达到董事长提出的目标要求。

再次,董事长其实也指出了提高公文文稿写作水平的方法与途径,那就是正视差距,树立目标,勤学苦练,不断提高,通过培训、学习、交流、实践来提高。从认识到行动,从思路到方法到路径,都非常具体,也非常明确,这也是提高水平的正途。武侠小说中经常有吃颗仙丹就功力大增的情节,但在提高写作能力这件事情上,没有仙丹妙药,没有奇迹,就是勤学苦练,有效的方法、足够的训

练和不断的总结，加上必要的交流学习和充电。先会，再熟，再好，再快，直到快速构思和写作能力成为下意识、本能反应、瞬间反应，甚至是肌肉记忆，就真正掌握了这项功夫和本领。而且这件事情也不神秘，只要真这样去做了，水平的提升也是早晚能见到成效的。

我们这次培训也是这个目标，所以按照董事长的思路和要求进行培训设计，有讲授、有演练、有交流，体现的特点，一是聚焦，就是只集中在文稿起草这一个主题上，而且聚焦在机关；二是多元，内容、方式相对丰富一点；三是实战，布置演练的环节，把理论和实践、老师讲和学员写结合起来。希望大家能够感受到我们的良苦用心，珍惜和用好这次培训机会，认真投入，全情参与，一起把培训搞好，给董事长交一份满意的答卷。今后类似的培训也会继续举办下去，希望大家提出好的意见建议。

拉拉杂杂地讲了很多，不一定说得都对，供大家参考。既然参与这个培训，大家的目标就是一致的，今后的愿望也是一致的，就是通过自己的努力为公司创造价值，发挥岗位作用，也促进自身锻炼提高。很多同志今后不一定主要做这个，而且很多会走上更重要的岗位，我也希望借我的一席话，让大家对这个工作有更多的认识、更多的理解和支持。平时大家工作中也有很多交集，大家课余可以加强交流，互相切磋，增进了解和感情。

最后我用一句话和大家共勉，公文文稿写作当然也包括很多别的工作，应该做到三业：敬业、职业、专业。敬业是态度，就是要出活；职业是规范，就是要靠谱；专业是标准，就是要懂行。希望通过这次培训，通过我们接下来的努力，离这个目标更近一些。

这篇讲话是在文稿起草培训班上所做的开班致辞，指向性和针对性强，虽然内容很多，但主线清晰、结构紧凑、不枝不蔓、观点鲜明。这种针对性主要体现在两个方面：一是全部内容都是针对文稿起草这件事展开的，包括文稿起草的重要性、举办培训的目的、希望达到的效果等；二是在开头传达了董事长的批示后，后文基本是围绕批示内容在展开，从"三个需要"、希望和要求、方法和途径三个层面，对董事长的批示内容做了深入全面的解读和阐述，整篇讲话事理融合、夹叙夹议、逻辑性强、指向鲜明、浑然一体。

三、内容集中，短小精悍

即兴讲话一般不是长篇大论，而是集中一两个话题加以讲述，突出阐述少数几个观点。讲的时候不宜过于铺陈啰唆，也不能漫无边际、滔滔不绝，应该做到观点鲜明、论述集中、简明概括、不枝不蔓。之所以这样，有两点原因。

第一，这是由交流本身的特点决定的。即兴讲话是一种即时的交流，交流的目的是观点和信息的传递，进而产生认同、合意和共鸣。为了使交流取得更好的效果，讲的内容应该尽可能简洁精练、观点突出、论述集中、要言不烦，用短的篇幅传递更大的信息量。这既是交流效果的需要，也是对别人的尊重，还是语言驾驭能力的体现。

第二，这是由即兴讲话的内在属性决定的。即兴讲话一般没有准备，需要临场发挥，所以内在决定了这种讲话不会太长，因为如果是很长的，需要事先认真准备，也就不是即兴讲话了。从讲话者个人来说，即使是经验丰富、语言驾驭能力强的人，也不应该表达欲太强或者无法控制自己，言尽即止就最好。如

果讲得过于散漫，拉拉杂杂讲了一大通，却没有多少有用的信息，只能说明自己的表达概括能力不强，别人听了会很烦，也浪费大家时间。

下面这篇讲话是在一年一度的档案工作培训会上的致辞，就体现了简洁精练的特点。

档案工作培训会开班致辞

一年一度的档案工作培训会又在金秋时节举行，我对大家的参会表示欢迎，对大家给予我们工作的支持表示感谢，对全体档案人员的辛勤工作致以敬意！

由于时间关系，我不做长篇大论，讲三个观点。

第一，档案工作是一项很重要的工作。档案工作在党和国家事业发展中有着不可替代的基础性、支撑性作用，在我们企业中，档案是改革发展进程的客观记录，是企业规范经营和管理的历史凭据，也是企业精神文化传承的重要载体。我们要着力提高思想认识和工作站位，深刻认识档案工作的重要价值和独特作用，牢记档案工作者的初心和使命，自觉担负起为党管档案、为企业守史、为发展服务的责任和使命。

第二，档案工作者承担着重要责任。面对新形势、新任务，我们要准确把握新时代档案工作的特点和规律，深入思考档案工作是什么，档案工作做什么，档案工作如何做。认真研究新问题、新情况，积极适应档案工作的变革与转型，推动档案工作的创新与发展，不断提高工作的规范化、制度化、科学化水平，以卓有成效的工作为公司发展夯实基础。

第三，不断提高档案工作质量，为公司的高质量发展贡献价值。

各单位要进一步加强对档案工作的重视，从组织机构、人力、物力及资金保障等方面，为档案工作的有效开展提供支持，创造条件。

各单位要重视和加强档案人员队伍建设，有条件的单位应该配备专职的档案工作人员，加强对非档案专业从业人员的岗前和在岗培训，不断提升业务技能和工作水平。

要进一步加强档案基础工作，加大必要的硬件投入，严格落实好"八防"（防盗、防高温、防火、防潮、防光、防尘、防鼠、防虫）要求和保密要求，加强重大项目建设档案、海外业务档案、关停并转企业档案等管理，完善各项制度流程，夯实管理基础，确保企业档案安全。

积极适应数字化转型的趋势，加强对数字技术和档案前沿趋势的学习掌握，提前思考和谋划，为未来企业数字档案馆的建设做好准备，有效利用好数字化手段，提升档案管理水平，挖掘档案价值。

希望各单位档案工作人员加强学习、交流、分享，取长补短，共同提高，形成更强的合力，积极提出有价值的意见建议。

预祝本次培训圆满成功！祝大家在岗位上取得更大的工作业绩！

整篇讲话费时不长、简明扼要、精练有力，该讲的意思都讲到了，体现了要言不烦的特点。这在下面这篇致辞中同样得以体现。

在与地方开展志愿者联盟联合党建活动上的致辞

今天外面下着很大的雪，但我们的志愿者联盟活动气氛温暖热烈。这是××公司与××县合作共赢共谋发展的友谊所带来的，更是我们志愿者身上的热情所带来的。值此之际，我谨代表××公

司对志愿者活动的启动表示热烈祝贺，对县委县政府的大力支持以及各位志愿者的无私奉献表示衷心感谢。

当前，××公司与××县都将迎来大发展，双方的合作也进入新阶段。这个活动也因此具有特别的意义，这是基层党组织建设的活力和凝聚力的体现，是党全心全意为人民服务宗旨的体现，还是志愿者精神的生动体现，必将汇聚到企地合作发展的洪流之中，成为一道亮丽的风景。

祝愿活动取得圆满成功，祝愿××县发展蒸蒸日上，祝愿志愿者精神在同志们手中发扬光大，党旗在××大地上高高飘扬！

这种活动的现场致辞不宜过长，把该表达的意思和礼节都表达到，适合现场气氛，内容精到，凝练简洁，不拖泥带水，这篇致辞体现了这个特点。

四、形式自然，灵活多变

即兴讲话正是因为不像正式讲话那么正规隆重、作古正经，所以更加自然和灵活一些，自由发挥的余地更大一些。

在时间节点上，即兴讲话可以在会议的任何时候发生，也可以穿插着说，说了又补充说；在语气上，大部分是比较轻松的，但该严肃也可以严肃，根据会议的需要来把握；在形式上，有完全脱稿的，也有要列简单提纲作为提醒的。所以，相比于正式讲话拿着稿子宣读，即兴讲话更加灵活多变。

这也决定了即兴讲话从结构上说，在遵循逻辑和言之有序的前提下，相对而言更松散一些，不一定像正式文稿那样有严格的结构框架，大小标题规整有序，一、二、三、四层次推进，大小逻辑层叠嵌套，更多是清晰明白地把事情和观点讲清楚，使用简单结构居多。

从表述和句式上说，即兴讲话更自然随意一些，不会像正式文稿和书面文章那样花很多心思在句式的整饬上，使用很多整齐划一的表述，注重对仗等修辞手法，从形式上追求完美，而更多是在注重内容的同时适当追求形式的美化。

从语气上说，即兴讲话的语调更自然，口语化程度更高一些，更加通俗晓畅，使用生活中的语言更多，也更加形象生动一些，不会有太多正式的书面语，也不过于学术化，或者满口官腔。由于是边思考边说，往往也容易出现一些停顿、寻思，甚至一些口误又加以纠正，都是很正常的。

下面这篇例文，是在全系统信息工作实务培训班上的开班致辞、主持、实战演练环节对学员作品的当场点评以及最终的总结，内容、形式和语言风格都体现了灵活自然的特点。

在全系统信息工作实务培训班上的开班、主持、点评与总结发言

同志们：

我们的培训现在正式开始。首先感谢大家一直以来对我们的支持，也感谢大家在这么忙的时候，抽出时间舟车劳顿来参加培训。我们来到的惠州是苏东坡待过的地方，希望大家借助苏东坡的才气，挥洒笔墨，写出更多的好信息。

本次培训目的，是贯彻落实公司党组特别是董事长的一系列要求。为了办好这次培训，集团办公室做了精心策划，将专家授课、

培训、现场采风和信息编报实操演练结合起来，丰富培训内容，创新培训方式，目的是提升培训效果，增强信息工作的规范性、专业性和实效性，更好地发挥信息工作对公司发展的促进作用。

应该说，信息、督办、文稿是办公厅（室）系统的三大核心职能，近年来，在大家的共同努力下，公司信息工作取得了积极成效，有效地服务和支持了公司的发展。这些成绩的取得，离不开在座各位的付出和努力。但与此同时，我们更多看到工作中还存在一些差距和不足，如何做好新形势下的信息工作，推动工作迈上新的台阶，需要我们一起研究和探讨。

在第四季度各项工作忙的时候，能花两天的时间大家坐下来培训交流，很难得，也很奢侈。我们这一次安排了高规格的讲座，同时应很多同志的诉求，设置了实操演练环节。希望大家珍惜宝贵时间，认真听课，认真参与，相互交流，相互学习，献计献策，取长补短，提高业务水平，真正不虚此行。

下面进行第一项议程，专家授课。（介绍专家略）

（专家授课）

刚才，王老师以他丰富的信息工作积淀和深厚的人生奋斗经历，给我们上了生动深刻的一课。刚才的掌声已经说明了一切。他首先从自己人生六步都与信息工作有关谈起，深情回忆了自己与信息工作结缘和相互成就。他创造了信息的辉煌，信息也成就了他的人生。他用生动的案例让大家知道了信息的重要性，然后他从发现信息、编辑信息、转化信息三个方面，深入浅出地阐述了信息工作的几个关键环节，结合实际案例讲解了信息工作的一些经验和体会，包括发现信息的五条渠道、编辑高质量信息的五条路径、促进信息转化的四种诀窍等，有理论高度，又有很强的实践操作性。希望大家好好学习，融会贯通，先从消化处理好王老师提供我们的信息开始，学以致用，练就信息工作的慧眼、妙手和丹心。

王老师不仅是一位信息工作专家，还是一位儒雅的学者，一位忠厚长者，一位充满激情的演说家。有句话说，经师易遇，人师难求。王老师就是经师与人师皆具的名师。他的讲课不仅给了我们业务上的指导，更给了我们人生的启发、工作的感悟、成长的激励与思考。信息工作者更应该从中吸取力量，坚定道路自信，做信息工作大有可为，不仅能为公司作出贡献、创造价值，也能给自身职业发展创造新的机遇，练就核心竞争力。希望我们每个人都能从王老师的课中吸取工作的经验和奋斗的精神，转化到我们的工作中，把信息工作做得更好。一句话就是，不怕领导不提拔，就怕自己工作没做到位。我想这个不仅是对信息工作，对任何工作都是一样的道理，如果我们记住了王老师的话，落实到行动中，就真正不虚此行。

王老师鞭策我们说，公司能不能进入央企前三甚至第一，说实话，以前是不敢想的，但王老师今天给了我们激励和信心，给了我们澎湃的激情，我们应该把争当先进、力争上游作为一种精神追求，只要我们努力去做、刻苦钻研、持续提升，就一定会取得越来越好的结果。讲课的最后，王老师讲了一番让人动容的心里话，从自己的经历出发，赠给大家八个字：自信，梦想，奋斗，自律。我想每个人听了都会有很多触动，这是经验之谈，是人生哲理，大道至简，印证了习近平总书记的一句话：幸福都是奋斗出来的。

再次感谢王老师的精彩授课。

（作品展示与点评环节）

（第一组）

我关注到你们组八个人来自不同的板块和岗位，管规划的、管人才的、管作业的，都是信息的富矿，所以你们提交的选题不但能立足自身，还体现了一定的高度和视野，这充分说明加强横向交流

有利于开阔思路,激发灵感,形成头脑风暴的效果。大家要把这种做法带回去,在日常加强选题会商,多沟通讨论,提高信息质量,也体现这次培训"鱼渔双授"的特点和效果。

(第二组)

你们组介绍了一个经验介绍类的信息,做法和成效很好,但经验揉在里面说,被淹没了,如果单拎出来效果会更好。而且立意还需要提升一下,从具体的就事论事中如何总结、提升和转化,突出经验的可推广性,会更有价值。

(第三组)

这是一个动态信息,数字化技术方面的,是个关注的热点,有很多内容可以挖掘。问题在于篇幅过长,需要简洁一点,内容上还需要做一些深度加工和归纳提炼。标题句式不符合动态信息的特点,应该改成一个体现动作性的陈述句。导语的对象意识不强,是在自说自话,缺乏针对性,需要调整一下角度。

(第四组)

你们组从众多的稿件中优选两篇,体现出了很好的选题眼光,两篇的切入点都很好,结构完整,做法有特色。主要问题在于对问题的描述不够精准,除了自身短板以外,还应该分析政策环境、监管等方面的问题,这样提出的建议才有依托和针对性。

(第五组)

你们组选题切入点很不错,站位也比较高,能跳出自身看问题,但问题要准确,有依据、有支撑,让人信服。你们组做得非常好的一点,是系统、立体分析了信息工作的全链条,加深了对信息工作的理解,做到知其然还知其所以然、知其表还知其里,同时组织有效,体现了现学现用,学以致用。这种做法值得大家在今后的工作中借鉴。

（第六组）

××同志代表六组的发言站位高、内容实、角度新、方法管用，从××同志的经历可以看到，信息工作让人成长，他就是经过信息工作的锻炼走上更高岗位的代表。这一组提供的案例突出体现了转化的特点，前面我们提到信息转化的五种途径，就有很多素材可以变成信息，但它们本身不是信息，在文体特征、写作要求上都不一样。这里的启示在于，一是要加强办公厅（室）系统内部沟通，充分整合资源，调动各方积极性，办公厅本身不生产信息，只是信息的搬运工，工作还要靠大家。而且要具备发现信息的慧眼，用信息的眼光去观察和发掘，处处都有信息，不是没有东西可写，更多时候是我们没有发现信息的眼睛。

（第七组）

这个组对几篇信息做了分析，内容很充实，但剖析和写法上还可以再提升。例如××公司扭亏，还没说完，扭亏只是一个起点，下一步怎么做？××单位的技术创新，要把最突出的亮点找出来，凸显其意义，同时对太专业化的内容进行转译，降低理解门槛，因为我们的读者不都是行业内人士，要有必要的转换、参照。再就是要严格遵循一事一报的原则，差异化比较大的应该分开报；相关性强的，可以在一个大题目下用典型实例以点带面。另外，导语要更精简一些，过渡段短一些，要不然读者没有耐心往下看。

（第八组）

这一组选题都紧扣当前热点，这启发我们选题的站位从哪来，从关注党和国家的政策部署中来，从把宏观形势与自身工作实际紧密结合中来，从把自己的经验和问题放到大局观察中来。提到如何让各级管理者提高对信息的重视程度，除了考核评比外，也可以拿出选题清单，征求领导同意后分配安排下去，甚至提出明确要求，

推进起来会更有力一些，这是很重要的工作思路和方法。你们组还提到可以与兄弟单位联合选题，一起研究，共同执行，这种方式很值得提倡，不但可以交流分享，而且在一些重大问题上能起到共同发声的增强效果。

（总结）

两天的培训很快就要结束了，现在我来做个小结。这次培训，我们有几个方面的收获。

一是提高了认识和站位，更加认识到了信息工作的重要性。信息是公司有效运转的基础纽带，是领导决策的重要依据，也是展示公司形象、加强沟通汇报、获取政策支持的有效渠道，不是可有可无的工作。信息工作做好了，也是生产力，甚至能产生事半功倍的作用。我们要从公司发展全局的高度，从落实党和国家重要战略部署、落实公司战略的高度，捕捉信息，挖掘信息。同样的事，放在不同的层面来认识，意义和效果就不一样。很多同志讲，培训后对信息工作的认识不一样了，以前是被动完成工作任务，现在觉得信息原来有这么大的价值，工作的主动性增强了。

二是增强了责任感，提振了做好信息工作的信心。大家也都谈到，虽然知道信息工作很重要，但工作中也有一些困难，或许是领导不够重视，或许是工作太忙抽不出时间，或许是协调难度大，或许是基层信息员队伍薄弱且能力不足。这些困难都是客观存在的，但我们想，只要真正想把这件事情做好，就一定能找到办法，办法总比困难多。昨天大家听了王老师的课之后，很多同志表示很受触动，引发了思考，王老师给大家传递的除了工作经验和方法，更多的是一种工作的激情、投入、责任感，我想有了这些，每个人都能找到破解困难、做好工作的方法。王老师从一个基层的信息员做到省委副秘书长，大家都觉得很传奇，但更应该看到的是别人背后的付出，我们每个人都比王老师起点高、平台好，只要用同样的劲头去干工作，每个人的工作都能更上一个台阶，不仅是为公司做贡献，也是为自己的前途和事业发展打拼。

三是通过信息编写实操演练，提升了业务技能，加强了交流分享，形成储备了一批成果。这次培训的一个创新，就是通过外部专家授课，介绍编写要求，大家共同参与进行实操演练，讨论修改，再一起进行分享，共同提高，这就形成了更加立体、丰富的培训内容体系，也让大家参与和感受信息从选题到写作再到修改的全链条和全过程，对信息工作写什么、怎么写有了更直观的认识，更有针对性。这是一次探索，今后还会继续完善。

四是交流了感情，促进了友谊，加深了对系统内不同板块的了解。大家来自不同单位，处于不同条线，平时忙于案头工作或者上传下达，通过邮件电话沟通，面对面交流少，这一次培训虽然时间短，但也是一个很好的交流分享的机会。除了工作上、业务上的交流，培训期间大家也进行了多种形式、不同范围、内容丰富的交流，交流一下工作的感受，甚至吐一吐槽，友谊在不知不觉中增长。这样也能跳出自己的板块，看到别人的业务情况，加深对公司产业链的了解。

时间过得很快，红了樱桃，绿了芭蕉，流光容易把人抛。现在已经到了10月，今年还剩下两个月，大家还是要抓紧剩下的时间，只争朝夕，多报信息，提高信息质量，把这次培训的收获运用到工作中，转化为成果，同时谋划好明年的工作。请大家回去之后向各单位部门领导汇报，获得领导重视和支持，抓好内部沟通协调，把今后的信息工作不断推向新的水平。我们相信，有大家的共同努力，我们明年再培训的时候，信息工作会有新的局面。在这个过程中，我们会随时听取大家的意见。

大家提的一些问题，我最后做一下回应。（略）

本次信息实务培训到此结束。感谢大家的积极参与，感谢会务同志的辛勤工作。祝大家返程顺利！

在这两天所做的即兴讲话中，有相对正式的开班致辞，有完全现场发挥的授课主持，有即兴而做但专业到位的作品点评，有全面概述的回顾与总结，最后还有对问题的回应，形式多变，灵活自然，而且也能看出整个讲话既要求明确又轻松自然的特点。

五、听说并行，注重互动

即兴讲话的互动性强，讲话者与受众之间存在交流，而不只是单向的灌输。

第一，这种互动性体现在形式上。讲话者有意识地把倾听作为自己讲话的前提，会表现出倾听的姿态、倾听的口吻和倾听的表情，把说和听二者交融起来。有互动的沟通才是好的沟通，事先确定议程和文稿的正式讲话，也会有互动的成分在里面，而即兴讲话的互动更直接、更丰富、更扁平，能产生快速互动、频繁互动的效果。

第二，这种互动性体现在讲话的内容上。讲话者不能自顾自，想说什么就说什么，而要使自己讲的内容与别人讲的内容、与受众关心的内容、与议题观照的内容有机地结合起来，对其他人的观点和讲述予以回应、赞同或者辩驳，既丰富自己的内容层次，也避免自说自话。

第三，这种互动性还体现在思维上。一方面，要把互动性的要求纳入自己讲话的构思中，不能对别人所讲的内容置之不顾；

另一方面，要主动把握听者的需求，增强对象思维，使自己所讲的能够得到别人更多关注和认同，不至于"对牛弹琴"。这样并不是放弃自己的立场和思想，恰恰是对主体思维的完善。

下面这篇例文是在基层调研与青年员工座谈时，对员工提出问题的回答与交流。

基层调研与青年员工座谈时的互动交流

（怎么样实现从技术岗位到管理岗位的跨越？）

要把握技术与管理的不同特性和规律。技术解决的是单一问题，完成的是单一目标，管理解决的是系统问题和组织问题，完成的是多元目标；技术更多体现为专业上的精深，管理更多需要系统思维；技术更多关注事与事的关系，管理更多需要关注人与事、人与人之间的联系。只要用心，只要下功夫，实现这个跨越不会太难。

（企业怎么样处理好与地方的关系协调问题？）

企业在具体的地域当中发展业务，必然要和地方产生联系，甚至由于暂时目标和理念的不一致，难免会有一些冲突，这是避免不了的。我觉得首先还是要增强对地方的了解和认同，这是处理好企地关系的感情基础，也是人民情怀和宗旨意识的具体体现。其次要把握立场，就是没事不惹事，有事不怕事，不能硬碰硬，也不能一味退让，区分合理要求和不合理诉求，努力让双方都能换位思考，增进互信互谅。再次是要找到方法和策略，要用好统一战线思想，找到利益共同点，挫其锐、解其纷，遇到问题动之以情、晓之以理、示之以法，以诚相待，人心都是肉长的，只要工作做到位，自然能化解矛盾，增进共识。最后要通过发展尽可能回馈地方，用好政策，推动消费扶贫、产业扶贫等工作，建立以发展为根本、以产业为

依托、以公益为手段的良性企地关系。

（我学的不是公司的主干专业，怎么样在公司发挥作用？）

公司发展需要各方面人才，只要努力学习钻研，不断提高自身能力素质，符合公司对人才的需求，技术专业和通用专业都能找到用武之地。专业只是我们进入一个领域的敲门砖，更多的知识技能需要在实践中学习、积累、提升，把任何一个学科掌握好，都能形成底层思维和可以迁移的知识经验，也能打破专业的壁垒，增强综合素质，提高适应能力。在一定程度上，很多岗位都不会受到专业的限制，更需要的是综合知识和通用能力。你看所有的董事长、总经理，并没有一个这样的专业来专门培养，都是在实践中锻炼成长的。你学的信息技术专业，我们公司接下来要大力推进数字化转型和信息化建设，完全有发挥作用的空间和成长的舞台。

在与员工交流座谈时，对交流对象提出的问题，一定要有积极的回应，视情况即问即答或者统一概括回答均可。如果完全置之不理，不但反映了态度的倨傲，也失去了交流的意义。这里的例子是在与员工真诚地互动交流，尽可能解疑释惑，体现了很强的互动性。这也说明了一个道理，真正好的沟通不是口若悬河，不是自说自话，而是在倾听的基础上有诚意地表达，形成好的互动和共情，才能取得好的沟通效果。

六、特色鲜明，辨识度高

即兴讲话可以有更多的个人色彩，特色更加鲜明，这既是即兴讲话的特点，也是每个人应该着力打造的特色，因为只有与众不同的、特点突出的内容和个人特色，才能给人留下深刻印象，甚至经久不忘。这种鲜明性来源于两个方面。

首先，即兴讲话具有较强的灵活性，不同于那些大家印象中照本宣科的"官样文章"，一副"大众脸"，难以记住。即兴讲话因其具有较大的自由发挥空间，所以可以创新创造的余地更多。试想，如果即兴讲话也像念稿子一样，那就索然无味了。所以，从主观上说，讲话者应该积极解放思想，放开思路，让自己的讲话更灵活自如，更特色鲜明。

其次，客观上说，每个人都有自己的特点，有与别人不一样的思维方式和表达方式，久而久之就形成了每个人不同的风格。例如，有的人讲话充满激情，有的则平和内敛，有的喜欢讲故事，有的喜欢引经据典，有的习惯用数据说话，有的喜欢讲案例，有的讲究文采，有的注重逻辑，有的理论水平高，有的务实接地气……只要是一个人用自己本然的状态来表达，不加伪饰或者模仿别人，就可以最大限度体现自己的风格特点，形成自己的辨识度，甚至别人一听就知道谁在说。

当然，我们说每个人最初的风格未必就是最好的，这可以在保持固有风格的基础上，加以改进优化，朝着理想状态不断靠近。

下面的例文，是受邀作为嘉宾参加机关团委组织的读书会与青年员工的交流，针对主持人提出的青年人普遍关心的两个问题，临场加以解答。在活动的最后，向青年人送出寄语。这场发言体现了较为鲜明的个人特色。

在机关团委读书会上与青年员工的交流发言

第一个问题：如今"斜杠青年"是个很流行的词，很多青年人

都希望成为一专多能的复合型人才。您对这个问题怎么看？您平时是如何注重培养复合型人才的？

回答：

我的回答要令你失望了。现在的网络媒体制造了很多新词、新概念，但其实没有什么内涵，也不值得讨论。例如，"996"、共享经济、斜杠青年。如果我没记错的话，"斜杠青年"这个词来自一个美国专栏作家的一本书《双重职业》，双重职业就是指在工作之外再去发展另外一种职业。这听起来很时髦，其实就是个坑。

一个人的成功其实无非两点，一个是天赋，另一个是我们所说的专注。这几年因为新媒体的发达，大家看到很多人有很多所谓身份和头衔，既是、又是、还是，我有时跟人开玩笑说，一个人的头衔如果超过 5 个，这个人八成是个骗子。

这个社会里我们不缺斜杠的人，缺的是专注的人。因为每个人的时间和精力都是有限的，而社会分工细化，每个行业都竞争激烈，能把一件事做好就很不容易了，很专注、足够坚持，才能在一个行业、一个领域里成为佼佼者。

大家也要注意到，往往跨界成功的那些人，是在一个领域已经做得很出色了，之后再去做别的，而不是一开始就今天弄这个、明天弄那个。一件事情都没弄明白，就去弄其他的，只能是自欺欺人。所以在当今社会，斜杠不稀奇，专注才稀缺。

我们有时候看的都是表面，例如一个人有很多标签，确实做得都很好，那我们要看到他背后的本质性东西，背后的核心竞争力是一以贯之的。例如，一个人既是画家又是摄影师还是设计师，都做得很好，能说他是斜杠吗？他真正的东西其实是对美的感觉。

例如鲁迅，他放到现在也会被贴上斜杠青年的标签，他是公务员，是小说家，是文学评论家，是翻译家，是版画家，还是书籍设计师，但本质上他是一个有思想和艺术创造力的人。如果一个人既是画家，又是人工智能专家，还是经济学家，然后是一个石油钻井技术专家，那我觉得这人要么天赋异禀，要么是骗子。

天才不是没有，但什么都懂的人极少。大家都知道张五常，是一个很不错的经济学家，国际学术界对他的评价，说张五常是华人经济学家中最接近获诺贝尔奖的一个。但张五常也不是什么都懂，他对一些不熟悉的话题发表的一些言论也经不起推敲，但是并不妨碍他是一个很好的经济学家。

人在受教育阶段，可以博雅、通识，多接触一些。但对于刚进入职业生涯的青年人来说，应该先专后多能，首先还是要让自己成为一专，找到自己的特点和优势，然后足够专注和坚持。成为一个领域的佼佼者，也就是在一个领域里面研究更精深，一个行当弄得更明白，然后再去想其他的，成为多能。

专精和广博二者并不矛盾。真正的复合型人才往往是在专业训练和提升的过程中，成为某方面的专家后，将积累的经验、掌握的规律和底层的思维方法迁移应用到相关领域。通一经而后通百经，触类旁通，就能做到所谓多能。

现在社会分工那么细化，很多事情是可以外包的、可以协作的。做专业性工作和技术工作更是首先应该专。管理工作可能需要接触更多一些，但管理本身也是有专业性的，也要在实践中不断提高，同样需要专的方面。

社会上有些特定的职业，例如记者、咨询公司的人，需要广泛涉猎，快速学习，但这个广博一定程度上是以丧失深度认知为代价的。

只有专，才可能多能，如果一开始就多能了，那就很难专。成为复合型人才这个名词挺好听的，但不是年轻人一开始该考虑的事

情,那是组织部门和领导该考虑的事情,如果确实在一个方面做得响当当了,而且潜质很好,领导自然会给你机会和平台多去历练,去接触多方面的工作,自然就成为复合型人才了。

专更侧重于学养、思维方式等方面的底蕴,多能更侧重于实践能力和操作,一定是前者优先于后者。因为知道做事的具体方法,技巧层面的东西相对容易掌握。

大家根本不用担心,太专了,这口井太深了就跳不出来,不存在的。如果是金子,那口井越深,发的光越耀眼。相反,不管是哪一个层级的管理者,比如董事长、总裁,都没有一个专业是要去专门学这个的,需要的能力都是在专业的基础上后天历练和培养的。

当然,如果有人天赋异禀,或者觉得只做一件事太单调,就是想多体验一些事情,我们也尊重这种选择,我们这个社会应该有给人选择的自由。有句话说,刺猬只知道一件事,狐狸知道很多事。对特别优秀的刺猬和狐狸,我都很尊敬。我说的不一定对,供大家参考。

第二个问题:在碎片化阅读时代,大部头的历史书的读者慢慢在减少,多了解历史、多读这方面的书对于青年人的成长有什么作用?您读书和积累资料有什么好方法?

回答:

一个人要成为有所专攻的专业人士,要成才,就需要建立知识体系与学养框架。我们每天接触大量信息,经济、文化、军事、天文、生活、娱乐,传统文化、现代文化,文字、影像、声光无所不包。我们每个人都处在知识的海洋中,但是这个海洋是流动的,像是孔子描述的"逝者如斯夫,不舍昼夜"那种状态。怎么样使我们每天接触的知识都能够有选择地积淀下来,并且内化成为自己的东西,这就需要建立一个好的知识体系和学养框架。

一个人只有建立了自己的知识框架，在知识的海洋中打下知识体系的四梁八柱，那些日常浏览的知识才能够像海藻一样在海洋中有所依附。随着知识越来越丰富，知识梁柱也会越来越粗，最终搭建起深厚的知识平台。

知识体系的建立，最需要精读的是经典。每个专业都有自己的经典，同时我们还有一些通用的经典。首先说读经典有没有用。看怎么去衡量这个用。它不会直接带来钱，也不会给人洗衣做饭，所以肯定不如一本炒股的书、一本编程的书有用。但是我们读书的目的是什么呢？我们不能抱着一种挖矿的心态去读书。希望在里面挖出金子，挖出比特币来。如果用功利的心态去读书，它也会以功利的心态对待我们。

如果不用那么现实和马上兑现的眼光，而是用一种延迟满足的态度看的话，读经典肯定是有用的。它能让人更深刻地理解历史、社会和某个行业，知道过去曾经发生了什么、前人是怎样想的。这些能改变和塑造一个人，让人变得更加有见识，更加有目标和意志力，更加有同理心和同情心，获得一种人性的宽广和对事物的洞察。

与古往今来的智者对话，与大量的经典对话，人会变得更加自信，更加从容淡定，当遇到挫折的时候，会有更多的内心力量，当取得一点小成绩的时候，也不会忘乎所以。当迷茫的时候，会发现古往今来伟大的人都迷茫过，但最终走出了迷茫，找到了人生的目标和方向。

例如读历史经典。苏东坡大家都知道，他小时候在家读书读到《后汉书·范滂传》，范滂是东汉末年一个非常正直的大臣，因为触犯权贵而遭到迫害，但他的母亲深明大义，大力支持范滂，还因有这样的儿子而骄傲。

苏东坡读到这里非常感动,问自己的母亲:如果我长大后,像范滂一样舍生取义,您会允许吗?程氏回答说:如果你能够像范滂一样,难道我就不能学范滂的母亲吗?

范滂的事迹和母亲的话,从此印在苏东坡的心里。所以才有了后来的苏东坡,总是仗义执言,虽然坎坷不断,但初心不改,而且总是那么乐观豁达。能说读历史经典没有用吗?

毛泽东也很喜欢读历史经典,一本《资治通鉴》他通读过17遍。他年轻时读过一本书——《读史方舆纪要》,这是一本中国历史地理军事著作,讲的是中国史书中的地理和地形,并且和历史上的军事战争联系起来。

毛泽东从这里读到的就是"山川险易,古今用兵战守攻取之宜",后来革命战争中上井冈山,长征四渡赤水、巧渡金沙江,靠的就是对山川地形的了解。这就是从历史中吸取的知识力量。

所以读经典肯定是有用的。怎么读,我的体会如下:

一是得自己去读。不要让别人代替你去读。现在有什么听书节目,不是说这些一概都不好,但都是别人吃过的饭了,二手知识。还有些什么从《史记》中学成功学、宋江教你混职场,都把书读歪了。

自己去读原文、原典,同时加入自己的思考去理解、消化、反刍,结合自己的实际和体验来融会贯通。例如小学生写作文,引用培根的"知识就是力量",那我们再来看这句话就得去理解它提出的背景、它的历史影响、它的哲学含义等,这样学习的内容就不是死的,而是活生生的。

二是要有选择地读。要读经典,但经典那么多,读不过来怎么办?这就得有所取舍。如果只能读其中一部分,那应该选那些入门的、最重要的读物。

例如,要了解中国的历史,那就绕不开司马迁的《史记》。虽然是汉代以前的历史,但是它确立了中国人的基本历史观,就是"究天人之际,通古今之变",从中我们还可以知道汉朝以前人们的思想观念和情感世界,对历史和人的看法。

项羽在很多人看来是一个失败者,司马迁不惜笔墨写《项羽本纪》,放在帝王同等地位的本纪里面。这说明我们古人并不完全以成败论英雄,不是以智力相雄长,为成功而不择手段。别看我们现在用手机、上淘宝,但古人的精神世界比我们更宽广、更丰富。

再如黄仁宇的《万历十五年》,作者用西方近代以来的历史观念去反思和解构中国的历史,给了我们不一样的视界和启示。所以要了解一个学科、一个门类,就要去找到这个领域里面最好的最权威的著作,对它有一个结构性的把握,了解基本的范式、主要的原理和理论的演变。

要了解中国古代哲学,就可以看冯友兰的《中国哲学简史》。了解西方哲学,可以看罗素的《西方哲学史》。学经济学,可以看曼昆的《经济学原理》。诸如此类。先竖起一个知识地基和柱子,有一个平台,再在上面建房子,搭建框架,这就是形成自己知识体系的过程。

三是要输入和输出相结合地读。光输入不输出,学习效率也不高,输出的方式可以是与人交流,写一些读书心得,或者与人分享。通过这些方式能够加深对学习内容的理解,并且使自己的知识框架更加完整,更加体系化和条理化。和别人分享,受益最大的是自己。

关于碎片化阅读的问题,我不觉得这是一个问题。很多经典本身就是碎片化的,《论语》是碎片化的,《蒙田随笔》是碎片化的,《理想国》也是碎片化的,但并不妨碍它们表达深刻和优美的思想。

现在网络时代,确实有很多鸡汤、成功学等快餐文化,有一个说法是,朱自清再看到荷塘月色,可能不会写一篇散文,会拍张照

片发个朋友圈,写句话:今天的荷塘好美啊!就没下文了。大家说网络文化是对经典的摧毁。这说得比较极端。在这个时代,还是有一些好的东西沉淀下来,需要我们去发现和辨别。

再说,我们还有那么多过去的经典等待我们阅读,这几年书香节数据显示,现在经典书籍销量是在上升的,说明越来越多人的阅读品位在提高。我们完全可以用碎片化的时间来学习。

如果不是专业学者,也不辞职隐居起来,不能指望有大量的整块的时间去读书。利用碎片化时间学习是符合人性的,但学习的内容、思想的层次不能是碎片化的。

有一个统计,现代人每人平均每天有2.6小时使用网络,刷朋友圈,看今日头条,刷抖音,一个月在这些事情上花的时间是78个小时,三天三夜多,如果把这些时间用来读书,至少可以把《论语》《孟子》《大学》《中庸》《世说新语》《诗经》全部读一遍。我们完全可以把碎片化时间的学习作为接近经典的一种途径。我不知道说明白了没有。

最后的寄语:

我听到过一种说法,很多功成名就的人,都有一个愿望,愿意用自己所拥有的一切,包括财富、名声和地位,换回他们的青春时光。但这笔生意,太贪心了,所以至今还没有一个人实现过。我说的意思是,年轻本身就是最大的财富、最大的富矿,有着无限的可能和最大的潜力,是用任何东西都换不来的。所以,我们每个人都应该珍惜青春,不虚度青春,让青年时期成为最重要的储蓄阶段,现在往里面存得越多,今后能取出来的就越多。衷心祝福大家能有无憾无悔的青春。

参加以青年人为主的活动，交流上应该符合青年人的思想实际，体现青年人思想活跃、思维敏捷、观点新锐等特点，不人云亦云，不陈词滥调，而是要有自己独到的观点和认识，对青年人有启发和益处。这篇讲话比较好地展示了这一特点，从内容的广度和深度、观点的新颖性和启发性上都是比较好的，也体现了讲话人自身一贯善于思考学习和总结的特点。所以这篇讲话得到一同作为嘉宾参加活动的另一位领导的高度赞赏，也得到在场青年们的好评。事后一位青年员工转达了很多青年的感受和评价，他们不但赞同这些观点，觉得从中受到很多启发，而且极大激发了他们的热情，从中受到了鼓舞和激励，并且就一些问题又进行了深入探讨。可以说这次讲话收到了较好的效果。

第三章 / 会讲话是个技术活

第三章 会讲话是个技术活

"

会不会讲话，一方面是个素质活，是一个人长期积累和修炼的素质能力的展现，要想一夜成功、一鸣惊人很难；另一方面会讲话也是一个技术活，如何把自身内在的想法和能力充分地展示出来，取得好的表达效果，还是有很多实用方法和技巧的。掌握了这些方法诀窍，能够让我们胜任各种需要即兴讲话的场合，变得更加游刃有余。

一、快速构思

当需要做即兴讲话时，最大的困难和挑战莫过于在短暂的时间内如何快速构思，形成一个讲话的主题内容、主要观点和框架结构。这固然需要平时的积累，如果有深厚的思想和敏捷的想法，自然不愁找不到合适的内容，同时也依赖于经验，熟能生巧，讲得多了，经验和信心都会增长。但在经验不足的情况下，如何较好地完成即兴讲话的任务，所需要的快速构思能力实际上就是一个快速厘清主线、快速构建支点、快速组织语言的过程，也是一个迅速打腹稿的过程。这里介绍几种可能用得上的实用方法。

（一）黄金三点法

几何当中三角形最稳定，三段论也是形式逻辑的普遍形式，这就给我们启示，可以充分用好"三"这个数字，作为快速创作的快捷门径。

具体来说，有以下几种模式。

第一种是时间法。按照线性的时间顺序来讲述和表达，回顾过去，讲讲现在，再展望一下未来。例如入职以后谈工作感受，就可以先回顾一下入职以来的经历，再谈谈目前手头工作情况和感受，最后展望下一步工作打算。这样的讲话虽不会特别出彩，但也没有大毛病。

下面这篇例文是到基层单位任职，即将离开原单位时，在欢送座谈会上与同事们离别时的简单感言，运用的就是时间法。

离别座谈会的发言

此时此刻，有很多话想说，凝结成三句话。

一是感谢。在部门前后两段七年时间，得到大家的指导、帮助、支持和配合，心存感激。自己做得不好的地方，也请大家多包涵。这些年，做了一些事，推进了一些工作，都是在党组的领导下、班子的带领下，同志们共同完成的。做得好的，成绩属于大家；做得不到位的，责任主要在我。有些事想做还没来得及做，相信后来的同志会做得更好。

二是希望和祝愿。现在部门的班子进行了调整，力量得到了加强，工作职能也进一步明确，为推动工作进一步上水平、上台阶打下了基础。希望部门工作不断取得新的业绩，各项事业蒸蒸日上，每位同志都有更好的职业发展和更好的人生，幸福、健康、平安、顺利。

三是一点请求。马上我就到基层任职，各位都是总部领导，希望多支持我的工作，多给予帮助和指导，也多到我们基层来调研考察，支持基层单位更好地发展。

三个方面分别对应过去（以往的情况，表示感谢）、现在（目前的情况，表达希望）、未来（将来的情况，提出愿望），虽然简短，但脉络清晰、层次得当。

第二种是情感法。从情绪和情感出发，把要讲的事情所带来的和产生的情感从三个方面进行讲述，这种方法比较适合庆祝式、典礼性的场合。例如在一个项目完满收官的庆功会上，需要说几句，就可以用到这种方式。常见的情绪可以分为几类：表示对他人感谢、感激、感恩的一类，表示对事情本身兴奋、激动、感动的一类，表示事情过程中收获、信心、遗憾的一类，表示对未来的希望、愿望、倡议的一类等。根据主题和场合的需要，选择三个方面恰当地加以表达，往往能取得较好的效果。

下面这篇简短的即兴致辞，是在集团档案室竣工揭牌仪式上的讲话。

集团档案室竣工揭牌仪式上的讲话

各位领导，各位同事：

大家上午好，欢迎大家的到来！

虽然早就知道这一天的到来，但真正到这一天的时候，还是觉得非常地激动和感慨。今天我们举行这样隆重而简朴的仪式，为集

团公司档案室揭牌,这标志着集团公司档案硬件环境上了一个新的台阶,也意味着公司档案管理工作翻开了新的一页。这将是公司档案发展史上的一件大事,也是全体档案工作队伍当中的一件大事。

此时此刻,想说的话有很多,我把它凝结成三句话。

第一,对集团档案室的落成投用表示衷心的祝贺。大家知道,北京房价贵,要找到个房子不容易,人还能自己去找,档案只能靠人去照顾,去帮它找住处。现在档案室建成了,集团公司这些珍贵的档案也告别了分散存放的过去,终于集中起来安家落户了。有这么一个正规的、现代化、智能化的档案室,又坐落在这样风景不错的地方,"居住"条件一下子大为改善,有一步迈入小康社会的感觉。我们的档案基础设施也向国际一流迈进了一步。这是很值得祝贺的一件事。

第二,对为集团公司档案室建设投用付出心血和劳动的所有人表示诚挚的感谢。档案室的建设是一个浩大的工程,历时一年多,在这个过程中,很多人给予了关心、指导、支持和帮助,很多人为此付出了汗水和智慧。公司先后两任董事长都对档案室的建设和档案工作有过批示,其他领导也从不同角度表示过关心,机关部门给予了大力支持。最值得感谢的是建设单位的各位领导和项目建设团队,他们胸怀大局,脚踏实地,用强烈的责任感和精湛的专业技术,把档案室打造成了精品工程,达到了预期目标。在这个过程中,项目建设也遇到很多困难,但项目组迎难而上,不等不靠,主动作为,与承包商积极沟通,认真负责,严格把关,确保了项目质量。在档案搬迁过程中,技术团队认真踏实工作,克服国庆庆祝活动要求停工等进度影响,加班加点工作,保证了档案顺利搬迁。集团办公室这边,领导对档案室建设十分关心,多次提出明确的工作要求,档案处先后两任处长具体负责项目的协调沟通,付出了极大的心血和努力。总之，对以上所有的同志，表示最诚挚的谢意。此处可以有掌声。

第三，对公司档案工作的未来寄予美好的祝愿。看到今天档案室的建成投用，我想大家都会觉得之前的辛苦付出和努力没有白费，值得。但是，过去的已经过去了，今天又是一个新的起点，公司档案工作要上台阶、上水平，还任重道远。我们的硬件条件改善了，我们的软实力、管理能力、人员队伍建设也要跟上。前不久很多基层单位提出了建议，希望加强对档案工作的指导和协调。所以今天下午我们还要研讨档案工作下一步怎么做，怎么落实党组提出的新要求，怎么满足公司发展对档案工作的新需求，还需要各位档案专家、档案工作者献计献策。同时，罗马不是一天建成的，我们的档案工作是不断传承发展的，我们今天特意把历任档案处长请到这个仪式现场，也是想体现档案事业的薪火相传。众人拾柴火焰高，发扬传统，不断创新，凝聚众智，使档案工作体现它应有的价值，从今天的存档案向更好地管档案和用档案迈进。档案室建成是一个起点、一个新的契机，我相信，只要我们共同努力，档案事业一定能为公司发展作出更大贡献。

预祝大家今天上午参观顺利，下午的研讨取得圆满成功。我就说这么多，谢谢大家。

致辞内容主体以祝贺、感谢和祝愿三个方面作为落点，以情感的表达为主线，娓娓道来，语言真挚，这是运用情感法的典型例子。

第三种是数字法。这是以不变应万变的方法，当遇到突然的情况，想不到好的构思方法的时候，不妨运用这种方法。例如部署安排工作，或者突然谈感受、分享心得或发表观点的时候就可

以用这种方法。它的好处在于通过"第一、第二、第三""首先、其次、最后"等序数词加以串联来表达，让人听起来既条理清晰，又简洁明了。

根据不同的情况，我们可以使用三点收获、三个观点、三个故事、三点心得、三个面临的问题、三个目标任务、三个建议等形式，不管是哪一种形式，即便是临时快速构思的，在外在形式上也要显得有逻辑一些。一般来说，三是比较合适的，如果讲四五点甚至更多，别人很难记住，自己也不好驾驭。而少于三点，又显得过于单薄和仓促。

下面是在一个工作讨论会上，关于两方面的工作想法，分别从三点加以阐述。

工作讨论会发言

领导对信息工作进入央企一流提出了要求，要求我们成为信息集散地和信息处理的"中央厨房"，同时要求提升督办效果，要让督办成为"有牙的老虎"。这是很高的要求，需要我们下大气力推进落实。

信息工作重点要从以下几个方面入手。

一是加强管理，明确要求。尽快下发通知，并召开专题会议，对二级单位提出要求，加强信息的统筹和归口管理，优化完善制度，对原有信息报送制度适时修订，把新的管理要求体现进去，做到与时俱进。

二是建立机制，完善体系。做好计划安排，近期到重点单位走访调研，加强沟通联系；建立评比、交流、考核、通报等工作机制；与相关部门加强信息共享和工作联动；完善信息报送信息化平台，建立完善的信息员队伍体系。

三是主动作为，创造价值。近期开展信息需求调研和服务对象问卷调查，在此基础上优化和简化现有信息载体，在继续做好动态类信息工作的同时，增大综合类信息、经验类信息、问题建议类信息报送力度，主动为领导提供信息增值服务，着眼于领导关注的事情、领导想知道和应该知道的事情，收集和提供信息，做到适销对路。主动为基层服务，多下基层调研，为基层解决实际问题，提供工作指导和支持。

督办工作要重点从三个"效"入手。

一是完善工作流程，突出实际效果。完善重点工作督办流程、领导批示件督办流程、基层调研问题处理反馈流程，提升规范化水平，突出督办实际效果。

二是创新督办形式，提高工作效率。日常督办与重点督办相结合，书面督办与现场督办相结合，单独督办与联合督办相结合，做到突出重点、强化协同、增强合力、提升效率。

三是利用信息化手段，提高透明度和管理效能。在办公自动化系统中增设督办工作模块，将工作进展和落实情况及时公布，加大信息公开力度，传导工作压力，提高督办工作的时效性。

在快速构思时，将要讲的内容从三个方面加以梳理、归纳和提炼，使得发言内容条理清晰、逻辑严密。同时这篇讲话因事制宜，对涉及的两方面工作分别从三个角度加以阐述，内容切分得当，让人容易抓住要点。

下面几篇例文都是一些专项工作讨论部署会上的总结发言提纲，虽然涉及的内容各不相同，但最后总结时都从三个角度来讲，做到重点突出、思路清晰。

专项工作部署总结讲话提纲之一　关于深化改革

一是加强学习,提升认识,在思想理论武装上获得新提升。
二是精准发力,周密组织,在重点领域改革上取得新突破。
三是迎难而上,担当作为,在助力高质量发展上开创新局面。

专项工作部署总结讲话提纲之二　关于巡视整改

一是要从讲政治的高度推动巡视整改工作,提高认识抓整改。
二是要把巡视整改当作对公司政治能力和工作能力的考验,严密有序抓整改。
三是要把巡视整改当作高质量发展的契机,立足长效抓整改。

专项工作部署总结讲话提纲之三　关于审计整改

第一,再接再厉,压茬推进工作,确保按期完成整改任务。
第二,善始善终,注重整改质量,确保高质量完成整改任务。
第三,建章立制,提升管理效能,确保长效化完成整改任务。

专项工作部署总结讲话提纲之四　关于矿权

一是要把矿权放到更高的战略位置来抓。
二是要加强对政策的分析研判,合法、合规、有效获取新矿权。
三是加强内部协同,坚决打好"矿权保卫战"。

（二）逻辑法

在对讲话内容进行逻辑拆解的基础上，按类别进行组合，形成若干方面的主体内容。一般来说，即兴讲话所涉及的内容从属性上我们可以将其分为四种：类、因、果、法。"类"即"性质、类别"，回答"是什么"的问题，体现为情况、现状、问题；"因"即"原因"，回答"为什么"的问题，体现为原因、做法、经验；"果"即"结果""效能"，回答"怎么样"的问题，体现为成效、收获；"法"即"方法""路径"，回答"怎么办"的问题，体现为措施、办法、要求、建议。

这种"类""因""果""法"的逻辑思路，将讲话包括的内容按逻辑结构划分为四个逻辑单元，每一个逻辑单元解决一个问题，那么根据情境和主题表达的需要，选择若干个逻辑单元加以组合，就能成为一篇逻辑清晰、结构严密、言之有物的讲话。

例如，当需要就某个问题进行分析研究时，可以先说这个问题是什么情况，然后分析它产生的具体原因，再讲解决的办法和方案，这就形成了一个类—因—法的组合；如果是介绍自己好的经验和做法，就先讲是某方面的工作，然后说取得的成绩与效果，最后讲取得这些经验的措施与方法，这就形成了一个类—果—法的组合。总之，根据需要因事制宜，按需搭配，快速构思成篇。

下面这篇例文是在为公司直管干部培训授课时，就加强执行力建设这一特定话题进行阐述形成的完整的内容单元，体现了非常鲜明的逻辑性。

为公司直管干部培训授课（部分）

习近平总书记提出干部特别是年轻干部需要具备的七种能力中，抓落实能力是保底的能力，没有高效的执行力抓落实，一切都是空谈。习近平总书记强调以钉钉子精神抓落实，是从党和国家建设高度，对党的作风、党员干部精神状态提出的要求，是我们党一贯坚持的求真务实、艰苦奋斗在新时代的进一步弘扬，也是全党上下干事创业、带领广大群众共同奋斗的重要保障。一打纲领，不如一个行动。抓落实既要靠党员干部带头，也要形成良好的执行文化和纪律要求，要实现各项工作目标，需要整个队伍认识到位、责任明确、能力足够、作风过硬，用高效执行提高落实的成效，用创造性的执行破解"漏斗效应"。

所谓"漏斗效应"，就是说在我们的工作中常常出现的一种情况，决策是100%，能领会到的是80%，传递下去的是60%，实际做的是40%，实现效果的只有20%甚至更少，就像一个漏斗一样，处于一个逐级衰减的过程，执行力也就大打折扣了，从而影响工作目标的完成，影响队伍战斗力，贻误事业发展。要提高执行力，就必须破解"漏斗效应"，打造高效执行的文化，坚持目标导向、问题导向和结果导向，从理念、制度机制、干部队伍、文化等方面入手，筑牢抓落实的基础。

第一，强化目标管理，坚持党建引领。这就要求我们科学设定目标，合理分解目标，有效监控目标，把目标实现的过程作为提升组织效率、工作效能的过程，作为推进科学管理和精益管理、夯实管理基础的过程。推动党建与生产经营深度融合，发挥党建的引领保障作用，促生产、促发展，凝聚队伍，统一思想，提高觉悟，增强战斗力。

第二，厘清职责，明确责任主体，压实责任。公司发展人人有责，每个人都要耕好自己的责任田，守土有责，守土尽责。目前我们正在推进组织机构优化和职责界面梳理，就是要明确每项工作的责任主体，让每件事有人想、有人管，该做的、还没做的要有人想，今后还要根据公司发展动态评估，优化调整组织与职责界面，建立完善的工作落实责任体系。对全体员工强调"严实快新"的作风要求，同时对每个层级也要明确职责要求。党委做重大决策和推动决策落实，把方向，防风险，用干部，培养人才。各职能部门要当好参谋助手，统筹协调、指导把关，强化专业管理。各公司落实党委决策，高效执行，组织推动工作落实，抓好管理，带好队伍。基层员工更多的是按岗位职责、操作规程规范工作。要把这些要求落实到组织与个人的职责和工作流程中。

第三，完善制度机制，强化保障措施。各项激励约束机制要更加精准，更加制度化、规范化，发挥好考核指挥棒的作用，突出组织和个人绩效考核，想要什么就考什么。考核指标要少而精，抓重点和关键，真正考准考实，同时要运用好绩效结果，严考核、硬兑现。要鼓励干部员工创造性执行，不能什么都"等靠要"，相应的容错纠错机制也要做实，打消干部的顾虑。进一步完善重点工作的督办督促机制，使督办成为工作的推进器。不断完善各种沟通、议事、协调机制，打通部门职能壁垒，提高决策的科学化水平。

第四，坚持鲜明的用人导向，引导干部想干事、能干事、干成事。选人用人是风向标，用一贤人则群贤毕至，见贤思齐就蔚然成风，要倡导干事创业，用实绩选干部，看作风选干部，坚持任人唯贤、五湖四海、公平公正，把真正认真干事、踏实工作的干部发现出来、使用起来，形成鲜明导向，不让老实人吃亏。加大干部能力素质培养，强化针对性培训、轮岗和岗位锻炼，提高干部履职能力

和解决实际问题的能力。深化三项制度改革，形成干部能上能下的竞争机制，激发干部队伍活力。

第五，加大作风建设和文化营造力度，形成高效执行的文化土壤。马克思主义哲学告诉我们，物质决定意识，意识对物质有反作用，精神力量发挥出来也能变物质。我们要自觉运用这一规律，大力倡导石油精神，传承发扬"三老四严"、苦干实干的大庆精神、铁人精神，使好的作风在我们的队伍中扎根。加大典型选树力度，发挥正面引导作用。加强形势任务教育，统一思想，提高认识，形成上下同欲的氛围。党政工团齐用力，加强企业文化建设和思想政治工作，加大人文关怀力度，提升员工的归属感、向心力和凝聚力，营造风清气正、干事创业的良好文化，凝聚团结奋进的力量。

这篇讲话围绕执行力建设来谈，运用的就是逻辑法，先说执行力建设的重要性，阐述"因"；接着说执行力建设中的问题和现状，属于"类"；然后从五个方面提出执行力建设和抓落实的思路与要求，说的是"法"。整篇讲话是一个因—类—法的组合，做到了逻辑严密、表达有序、层层推进、说服力强。

（三）金字塔法

金字塔法是在思考问题时经常使用也非常管用的一种思维方法，其主要特点是，在讲话或写文章时，把最重要的观点和事情放在最前面说，随后说次级重要的内容，按照重要性依次讲述，次一级的内容对上一级的内容形成支撑，构成一个形状像金字塔的结构。在特别需要阐述鲜明的观点，并要求逻辑性强、具有说服力的场合，如进行答辩、拟订提案等时，可以有效地运用金字塔法来进行构思。

下面这篇讲话梗概是在公司党建工作领导小组会上对工作的思考、判断、部署和要求，构思上体现了较为明显的金字塔法的思路。

党建工作领导小组会发言（梗概）

经过一段时间的调研和与大家交流，我逐渐认识到，当前公司党建工作的主要矛盾，不是党建与业务融合不够的问题，而是党建工作依然存在层层递减、上热下冷的问题。也就是说，要先解决有形的问题，在这个基础上才能追求有效。所以首先要认识和把握主要矛盾，如果认识不清、把脉不准，我们的工作就会出现偏差。

怎么认识和解决这个矛盾？

第一，要进一步牢固树立抓党建是重要政治责任的认识，提高思想站位，从根本上解决重业务、轻党建的问题，旗帜鲜明树立抓党建、强党建的导向。……

第二，要辩证地看待存在的问题及其根源。在很多人的潜意识里，还是觉得党建工作是负担，一做就会对生产经营造成影响，而事实上我们认真分析就会发现，我们的生产经营管理和队伍中存在的种种问题，从根本上说与党建工作没有充分发挥作用有关系。……

第三，要充分认识党建工作考核带来的压力。……

当然更重要的是，我们要怎么做，目标和措施是什么。

目标就是奋起直追，迎难而上，全面夯实党建工作基础，提升党建工作水平，在有形覆盖的基础上实现有效融合，实现公司党建工作水平进入集团第一梯队。

具体措施如下：

一是以上率下，党委率先垂范，落实主体责任和"一岗双

责"。……

二是抓书记这个"关键少数",层层压实责任。……

三是抓队伍,提高专兼职党务工作者队伍的能力和素质。……

四是抓考核评比和学习交流,建立完善压力和动力机制。……

这篇讲话在分析党建工作的现状、问题以及明确工作安排时,首先做了一个关于主要矛盾的基本判断,这是整篇讲话立论的基础,也是最重要的观点,还是抓主要矛盾这一重要思想方法和工作方法的体现,所以一开始就提出来,开宗明义。紧接着谈如何认识和解决主要矛盾,从认识上提高、理论高度、辩证深度和现实要求等几个方面,谈解决主要矛盾的重要性和紧迫性,进一步为后续的工作要求作出铺垫。有了前面这些论述基础,最后谈工作的目标和措施就水到渠成了,既有理论和事实的说服力,也使全文内在逻辑紧凑,论述有理有据。最后先讲目标、再讲措施,局部运用了金字塔法,在具体的工作措施和要求上也体现了"弹钢琴"、突出重点的工作思路和思维方法。

(四)思维导图法

思维导图是一种有效的思维工具,就是围绕一个中心词和核心主题,用各种直观的方式来展示事物间的逻辑关系,从而能够全面系统地对事物进行分析和综合,在不同的概念和观点间建立有序的逻辑联系。当需要对一些相对复杂的事情进行思考时,就可以用到思维导图法,先用直观的方式把事物的逻辑关系展示出来,可以直接在纸上、电子终端上写画出来,再沿着这些逻辑关系对其进行条分缕析的讲述,从而准确、立体地把握事物本质特征和逻辑关联。

下面的例文是在《智能工厂专项规划》发布会上的讲话，在构思时就运用了思维导图法。

在《智能工厂专项规划》发布会上的讲话

今天我们发布《智能工厂专项规划》，是推动主体业务数字化转型的顶层设计，是支撑公司高质量发展的基础保障，也标志着推进智能工厂建设吹响了号角。针对推动规划落地实施，提高规划执行效果，我提五个方面的要求。

一是统一思想，提高认识，深刻理解编制和实施《智能工厂专项规划》对于公司发展的重大意义。智能工厂建设及数字化转型工作不仅是信息化部门的建设工作，更是公司层面整体业务转型、提升管理效能、推动提质增效的一项系统性工作，有助于利用信息化手段强化管理、节约成本、提高效率。立足业务数据收集分析辅助科学决策，通过信息数据共享增强工作协同，利用数据推动职能驱动逐步向任务驱动和流程驱动转变，还能用信息化技术替代一部分简单重复劳动，释放劳动力价值，促进员工成长。这需要大家从更高的高度和层面来认识数字化转型的意义，遵循整体规划，立足各自工作，树立"一盘棋"思维，统筹设计信息化解决方案，系统协调推动数字化转型。

二是加强组织领导，强化落实责任，大力推进智能工厂专项规划的落地实施。要准确理解、牢牢把握规划的精神实质和目标要求，不断提高规划执行力和水平。规划是整体蓝图设计，需要具体项目支撑，项目从立项到组织实施到运用，都要遵循规划的思路和要求，避免各自为政，产生新的信息孤岛。同时，要随着业务发展，深入业务实际，立足实际需求，对标先进一流，根据

行业和技术发展趋势，不断优化、动态调整规划，使规划能够始终引领业务数字化转型进程。

三是加强宣贯学习，营造浓厚氛围，全员建立数字化思维。首先是加强规划本身的学习宣贯，形成学习规划、推进规划、实施规划的氛围，让其深入人心，这也是规划能够有效落地的重要保障。其次要加强智能化、数字化方面的课程培训、知识分享、学习讨论，提升员工知识技能，拓宽视野格局，提升数字化思维。还有很重要的是要在工作实践和业务实际中提升对数字化的了解和感知，把数字化思维运用到生产经营管理实践当中，从具体场景和工作实践中挖掘数字化需求，找到业务痛点，明确实施路径，把信息化作为我们管理工具箱中的一件重要工具，需要的时候要想起来用，知道怎么用。理想状态是每个员工既懂业务，又懂数字化，那我们的数字化转型就能很顺利地实现。

四是强化协同，理顺管理，增强实施规划的合力。根据"业务驱动、IT引领"的原则，信息化部门要发挥智能工厂、数字化转型工作"牛鼻子"的作用，强化顶层设计，加强归口统筹，优化资源配置。各业务部门和所属单位要立足实际明确需求，自己最清楚自己缺的是什么、最需要做的是什么，在提供真实需要的基础上做好落实配合等工作，协同推进各项工作的开展。要进一步优化项目管理，明确各个层级以及职业部门、专业部门、需求单位等不同主体在信息化建设中的职责、界面和责权利，优化决策流程和管理流程，提升整体管理效能和协同水平。

五是完善工作机制，注重规划落实，持续优化规划闭环管理体系。构建规划、计划、投资预算、项目以及年度重点工作联动的工作机制，提高工作的系统性、一致性和整体性。要把握好三个"高"：高站位推进规划实施，立足支撑业务高质量发展、提质增效、智能管控等建设目标，引领未来信息化建设，至少要管5年；高起点推进数字化转型，规划要从理念、模式、框架、路径、技术应用等方面，为数字化提供底层支持和方法论指引；高质量推进项目建设，每一个项目都要解决痛点需求，带给用户获得感，产生实际成效，高效合规，打造精品项目。

本篇讲话围绕"规划如何有效实施"这一主题线索，将其延展为五个方面的内容要点，每一要点下又展开为相应的若干观点，并将其直观化，画出一目了然的思维导图。在讲的时候按照已有的思路线索依次展开，就形成了一篇内容完整、结构清晰的讲话。

下面几篇例文都是党建工作领导小组办公室会上的讲话提纲，同样是思维导图法构思的结果。

党建工作领导小组办公室会讲话提纲之一

第一，以高质量党史学习教育为重点抓好思想武装。
第二，以按时完成巡视整改为目标推进全面从严治党。
第三，以近期重要会议活动为抓手推进党建深度融合。
第四，以加强组织建设为载体提高基层党建质量。
第五，以改革创新为动力持续提升人力资源管理效能。
第六，以夯实基础为保障提高行政综合管理能力。

党建工作领导小组办公室会讲话提纲之二

第一，坚持政治建设，加强思想武装。

第二,坚持正风肃纪,推进全面从严治党走深走实。
第三,坚持及早谋划,确保全年工作开好局。
第四,坚持党建引领,推进党建融合发展。
第五,坚持改革创新,推动工作提质增效。
第六,坚持夯实基础,提高支持保障能力。
第七,坚持对标一流,加强党委工作部门自身建设。

党建工作领导小组办公室会讲话提纲之三

第一,抓好政治理论学习,强化思想武装。
第二,抓好思想宣传教育,凝聚发展合力。
第三,抓好巡视整改"后半篇文章",落实全面从严治党要求。
第四,抓好党建与业务融合,提升党的建设水平。
第五,抓好干部人才队伍建设,提升管理效能和凝聚力。
第六,抓好综合服务保障,提高服务水平。

党建工作领导小组办公室会讲话提纲之四

第一,持续开展党史学习教育和庆祝中国共产党成立100周年系列活动。
第二,持续强化党建引领,推动党建与生产经营深度融合。
第三,持续推进全面从严治党,抓好巡视整改、专项整治工作。
第四,持续深化改革创新,提升管理效能。
第五,持续夯实工作基础,强化支持保障。

定期召开的会议,不同时期有不同的重点任务和工作要求,这几篇讲话围绕"如何抓好党建"这一中心主题，结合不同时期的形势任务，用思维导图法加以构思、呈现和阐述，做到论述全面、层次分明、思路清晰，而且每次的句式也整饬有序，保持一致，体现了鲜明的特点。

（五）语素法（关键词法）

当所讨论的事物比较庞大而不够聚焦，或者要讲的内容比较分散而又必需，这些所讲的内容间缺乏必要的逻辑联系，又或者短时间内难以梳理出其内在的逻辑关联，我们可以使用语素法，就是提取要讲的内容中的关键语素，将其作为局部中心和短的主线，用其来统领和串联相关的内容，然后根据需要一一讲述。这种语素一般可以是关键词，词组、短语甚至短句都可以，用它来集合同类项，在一个关键语素下相关的内容是有一定关联的，而各个语素总体上可以是灵活的，不强求一定的逻辑关系，只要把该讲的内容讲到就可以。

下面这篇例文是在一次全系统信息督办培训班上所做的总结讲话，在总结会议的收获时，没有按照惯常的方式，而是用几个关键词来总结。在讲下一步工作要求时，也是突出几个重点词汇加以阐述。最后提出几项具体工作，也没有完全展开讲，用几个关键内容点点题，散点透视地加以列举，这其实都是语素法的运用。

全系统信息督办培训班总结讲话

一、本次培训的收获

我想用几个关键词来概括。

第一个词是认知。所谓认知就是我们对事物的熟悉了解以及这

个熟悉过程,我们通常叫提高认识。我们做一件事情,要做出成效,越做越好,来自认知的升级,就是对事物本质规律的把握。认知会产生行动,带来成效,形成反馈,进一步强化和升级原有的认知,这是一个思维与行动的闭环过程。我们对信息督办工作怎么看待,同样有一个认知升级的过程。第一,我们要从讲政治的高度来认识信息督办工作,讲政治不是口号,要落在具体行动上,党的文件明确规定,信息、文件、简报是三种请示报告的正式途径,所以信息不是我们要不要做的问题,而是我们必须做好的问题,各级对信息工作的重视其实是党中央对信息工作高度重视的延伸,而我们在这一点上是否与党中央保持高度一致,也是政治站位的体现,大家要从这个政治高度来认识。第二,从发挥信息督办工作优势的角度来认识。信息是直通车,各级领导可能不看报纸,但一定会看信息,信息也是直达快车,不是站站停的慢车,有效率上的优势。督办工作也有它的优势,通过对重点工作的精准督办,更能提升组织效能,节省管理资源。第三,从履行好办公厅(室)职能的角度来提升认识,信息督办是办公厅(室)最核心、最基础的职能,也是当好参谋助手的重要途径。第四,从促进个人成长的角度来提升认识,做好这些工作对于人是很大的锻炼,因为它不仅需要文字能力,而且使人思考、观察、判断、综合分析能力都能得到提升,从而加深对公司业务的了解,积淀更多思考,让自己发展的潜力空间更大。从这些方面,包括信息督办重要性、本身规律特点和要领等,促进认知的提升,会带来行为的改变。

第二个词是赋能。培训本质上是一个双向赋能的过程,老师的讲解包括选题思路、编报技巧以及场景化的实操演练,其实就是通过这个平台向大家赋能,帮助大家提高,但同时大家能力水平的提升,反映到工作成效上,又是个人向组织赋能的过程。而且我们的信息系统的上线与使用,又实现了技术的赋能,更加适应数字化转型的要求。

第三个词是精进。个人能力的提升,组织力的进化,手段的丰富,方式的创新,其实是一个系统的精进过程,从个人到组织都处在不断精进当中。我们要让这种不断精进的势头继续保持下去。

二、下一步的一些想法

一是关于组织力,要多措并举建好基本队伍,这是关键。我们已经取得的成绩离不开大家的共同努力、付出和奉献,目前我们已经有了300多人组成的"专家+信息员"的结构,在座的就是其中的骨干,也是我们的基本队伍。接下来要进一步扩容,向广度延伸,向基层延伸;进一步联动,与研究机构、宣传队伍联动;进一步提升,通过培训来提升能力,包括按片区组织区域化、多层级的培训。其中,特聘专家和骨干信息员要发挥重要作用,我们也会建立相应的激励考核机制,用好这些机制。

二是关于瞄准度,要如影随形紧贴中心工作,这是前提。现在大家可以说是学会了射击,但打中的环数还不高,也就是说命中率和采用率还有待提升。怎么解决这个问题?就是要紧贴中心工作,做出特色,做出精品,做出有自身特色的高质量信息。加强特色信息的挖掘、经验的提炼、问题建议的研究,加强上下联动沟通和选题策划,加强大信息稿件的精编力度,提高信息的含金量。督办工作更不用说,必须紧贴中心工作,突出重点,抓大放小,共同发力,抓铁有痕,务求实效。

三是关于适应性,要与时俱进创新工作方法,这是基础。这几年我们在工作创新上做了一些探索,包括特聘专家、信息直报点、督办两级体系、智能文传系统上线,以及培训采用实操演练方式,都是为了适应工作的新要求和形势的新变化而创新,而不是为了创

新而创新，创新的归宿最终是要满足工作要求，也要体现在工作成效上。那么，面对新的形势，我们还需要在理念、方法、手段和机制等方面不断尝试和创新，也要充分用好这两天大家提出的好的建议，下来要逐条研究，合适的加以采纳，不断推陈出新。

最后有几项具体工作。

一是请大家回去之后向各单位各部门主要领导汇报，后面我们还会根据集团领导要求，适时召开专题会，传达国务院国有资产监督管理委员会要求，请各单位分管领导参加，明确工作要求。

二是请各单位适时组织信息员队伍培训，可以在宣传队伍培训的同时，加入信息培训内容，宣传队伍和信息员队伍一体培养。

三是梳理策划明年重点选题。

四是我们正着手制定信息报送考核和激励机制，请大家对这方面多提宝贵意见。

五是特聘专家队伍的动态更新。

六是使用推广好智能文传系统，提高信息报送效率。

本次培训圆满结束，祝大家返程顺利，明年再见。

（六）讲故事法

如果以上方法都不奏效，或者仓促之间找不到合适的方法，不妨用一下讲故事法，就是先讲故事、举例子，稳住场，也让自己冷静下来，打开思路，在讲述的过程中进一步构思，从故事过渡到感受、结论和观点上。例如，会议当中领导突然让你谈对一个热点新闻事件的看法，你头脑一片空白不知道怎么说，这时候可以举自己的例子，说自己身上曾经发生的类似的事情，是怎么样的，自己是怎么做的，有什么体会和感受，然后得出一个结论和观点。这种方法虽然是急中之计，但有时候用好了，也能产生意外的效果。但要注意的是，故事一定要贴切，不能生拉硬拽、过于牵强。

下面这篇例文是在集团公司档案培训班上，对全系统档案人员所做的讲话，为了阐明管理要求，启发大家思考，中间穿插了若干故事来增强说服力和表现力。

在集团公司档案培训班上的讲话

首先要祝贺获得征文比赛奖项的个人和单位，你们是公司档案人员的代表，所以这些奖项既是颁给你们的，某种程度上，也是颁给档案工作者这个群体的。

今年上半年，我利用基层调研的机会，走访一些单位的档案馆，和大家座谈，大家都说档案工作没有引起足够重视和关注。我说，这首先是由这项工作的性质决定的，档案工作本来就是默默无闻的，是在台下、幕后，不显山不露水的，所以要有平常心，指望大家都去关注和谈论档案工作，也不太现实。

但是，档案工作也是一项很重要的基础性工作，需要必要的重视，必要的人力、物力投入，需要为开展好工作提供必要的条件和资源。而且这样一个群体，平时可能是在故纸堆里，寡言少语，但从这次的征文看，每个人都有很丰富的内心，也有很多的话想说，也希望为人关注和了解，所以我们通过征文等各种形式，尽可能为大家创造这样的展示机会。这样有更多的人能够知道，在一个企业里，除了在生产销售一线的英雄外，也有这样一些勤勉敬业、兢兢业业地做好看似平凡工作的人。在一个组织里，有人在做热的工作，也有人在做冷的基础性工作，每一个认真负责对待自己本职工作的

人、努力付出和奉献的人，都值得尊敬，都体现了同样的境界。用一句话来说，牡丹、芍药固然开得很美丽，但野百合也有春天。这就是我们倡导的文化和理念。

说到档案这件事，我基本是外行，和大家分享几个故事吧。

第一个故事是关于曾国藩的，大家都知道他曾经在很长一段时间里带着湘军与太平军作战，但大家不知道的是，他有一个习惯或者做法，就是特别注意档案的保管和妥善储存。在作战的过程中，奏议、往来信函、会议的档案、事件的记录等，他每隔一段时间就会整理好，派人送回他在湖南湘乡的老家，大家现在如果去看还能看到，叫富厚堂。大家都知道，曾国藩现在的历史地位越来越高，因为他的功绩、他的道德自律、他的家庭教育等，但这些用什么来佐证呢？就是他存下的这些档案。20世纪80年代，一些研究机构开始整理出版曾国藩全集，包括唐浩明写的小说《曾国藩》，都是利用这一批档案作为原始史料，假如他当时没有做这件事，又或者他把这些资料随便找个地方寄存一下，那这些资料很可能就遗失了，我们今天了解的就是一个残缺的曾国藩，我们对那一段历史的了解也会有更多的隔膜。我想，这就是档案工作的第一个层次，存档案。也就是说，首先你得把这些档案妥善安全地存起来，让它们物归其所。客观地说，我们公司各个单位目前这方面还是参差不齐，包括集团公司在内，档案存放场所分散、基础条件不完善，一些单位档案收集和存放不及时。所以，我们现在在想办法推动建设一个规范的够用的档案馆，实施档案安居工程。希望各单位重视这方面工作，包括一些撤并单位，档案要及时处置、归档、存放好，不能流失。这也是我们作为档案工作者的一份责任。

第二个故事是关于敦煌壁画的，大家都知道，敦煌壁画是非常伟大的艺术品，如果我们从档案的角度来看，它也是历史、文化和艺术的档案资料，西方人曾经盗取过，使我们蒙受很大的损失，后来国家加大了保护力度。大家知道，时间长了壁画会风化，为了把这些珍贵的档案长久地保存下来，敦煌研究院实施了壁画数字化项目，不是简单地拍张照片，而是通过高科技手段，拍摄、拼接，最终达到栩栩如生、身临其境的效果。所以这是一个功德无量的工作。这给我们的启示，就是档案工作的第二个层次，管档案。简单说，有了地方存，还不能一放了事，要科学管理、统筹安排，实现专业化、制度化、规范化甚至信息化管理，提高管理的效率，节约管理的成本。我们也要在管档案上下功夫，就是要顶层设计、合理规划，完善标准、建立规范、加强统筹，使档案工作有章可循，把该归档的归好，物归其位，不该归档的不要硬塞，因为增加了归档内容，也就增加了管理成本。

第三个故事是宋代名相司马光的故事，他不光在小时候砸缸显露出聪明，长大后在文学和政治上很有作为，而且是伟大的历史学家，曾经用19年时间在洛阳编写了一部伟大的作品《资治通鉴》，这是毛泽东的枕边书。这部书其实就是利用已有的史料档案，进行梳理、加工，提出自己的观点，对国家治理起到借鉴的作用。这说明，档案工作的第三个层次，也是最高的层次，用档案，就是挖掘、研究、利用档案中的历史价值，真正起到以史为鉴的作用。所以我认为一个好的档案人员，应该在用好档案上有所追求。这方面也有很多的例子，如杨沛霆先生是做情报档案工作出身的，后来成为著名的管理学家。

档案是企业精神的载体、企业发展的史料、规范经营的凭据，档案工作是在为企业留存历史、储存记忆，是一项光荣的工作，做好档案工作任重道远。希望全体档案人员进一步增强责任感，葆有两种心态——甘于坐冷板凳的平和心态和把冷板凳坐热的积极心

态,在平凡的岗位上做出不平凡的业绩,推动我们的工作迈向更高的层次。也希望更多人重视、关注档案,认识到档案工作的意义和价值。我们说一个企业需要体系支撑、知识管理、基础数据积累,特别是进入大数据时代,数据就是未来的石油,档案发挥的价值应该得到更多的关注和重视。我们相信,在更多人关心支持下,在大家共同努力下,档案工作一定会结出新的果实。

最后,祝培训圆满成功,大家学有所获、工作顺利、身体健康。

这篇讲话的主题是关于档案工作的思考和要求,归纳起来是存档案、管档案和用档案三个层次,但不是干巴巴地提要求和枯燥地说教,而是用了三个故事来启发大家,分别是曾国藩在行军途中将档案运回老家保管(对应存档案)、敦煌壁画数字化项目(对应管档案)和司马光利用历史档案编撰《资治通鉴》(对应用档案),这样既深入浅出地把道理讲清楚,也让大家觉得真实可感。这种以故事明理的方法,既需要一定的知识储备和文化底蕴,也需要把故事讲得贴切,不能脱离主题和内容表达的需要,更不要变成卖弄学问。

二、内容组织

讲话在内容组织上,需要把握两个重点:一是主题的提炼,用好的主题统领全篇;二是观点与素材的组合,使二者有机结合。

一个好的讲话,都要经历提炼主题的过程。提炼主题,就是找出最有归纳性、最周延、指向明确的表述,并尽可能向纵深层次开掘扩展,使主题具有一定的高度和深度。主题提炼的原则主要是：扣紧"关注点"，贴近对象需求，了解听众在思考什么、关心什么问题；抓住"闪光点"，突出特色和亮点，引起受众的关注；挖掘"不同点"，善于同中求异，找出差异和创新之处。

主题提炼的方法包括以下几种：一是典型提炼法，即从重点内容和典型事物中提炼主题；二是推理提炼法，从事物的逻辑推理和演绎中寻找主题，按照"大前提—小前提—结论"的推理逻辑得出主题；三是归纳提炼法，从特殊到一般，从同类事物中归纳共同特征作为主题。

主题主要通过观点体现出来。思想观点是讲话的精华，但观点不是凭空产生的，是讲话人知识积累、思维能力、创新能力等方面的综合体现。这些内在的思想要变成观点，需要经过一个转化的过程。转化就是将收集获取的素材、学习掌握的知识、各种思想火花与智慧等，经过自我消化吸收，经由类似发酵的"化学反应"，变成可在具体语境下使用的内容这一过程。

转化解决的是观点的来源问题，主要有以下几种途径：一是书本知识的转化，二是工作内容的转化，三是他人智慧的转化，四是实践感悟的转化。衡量一个人讲话的水平，很重要的一点是看转化能力。通过转化，将零散的变成系统的，将无序的变成有机组合的，将浅层次的变成有深度的。所以这是一种复杂的创造性劳动。

一个讲话中光有观点不行，还需要有支撑和说明观点的素材。讲话是由观点和素材组成的，但它们不是随意堆砌和组合的，而是组成一个个或大或小的概念，这些概念可能是一个大的部分、一个层次、一个意义段、一个内容要点等。把每一个单独的概念拿出来，它是自足的，但组合在一起，它们又和别的概念构成有机的关系。

从这一点出发，我们在构思讲话的内容时，可以有意识地以观点作为牵引，每一个观点找到相应的素材，把观点和素材组合成为一个个或大或小的概念，并按一定的逻辑关系加以结构，整段话、整个部分、整篇讲话都可以运用这种方法来组织。这时候活跃在我们头脑里的，就是概念的组合，而不是简单的观点和支离破碎的素材的无序叠加。

下面这篇例文是在集团公司战略方案汇报会上参加讨论时的发言，在内容组织上体现了主题突出、观点鲜明、论述有力的特点。

集团公司战略方案汇报会讨论发言

关于集团的发展战略，我认为，应该突出市场化战略和人才战略，同时要建立战略实施的支撑体系。

市场化战略方面，我认为，这一战略有几个方面的基石：一是市场研判能力，这项能力不是孤立的，不像研究机构那样做卖方研究，我们的市场研判是为经营服务的，是市场竞争更出色、市场行为更有效的前端能力保障，是手段而不是目标，这项能力是我们目前迫切需要加强的。二是市场经营竞争能力，其外在表现为市场份额、产品与服务竞争力、品牌价值和产业链地位等，而这些离不开内部市场的统筹能力，以及内部资源配置市场化所带来的市场竞争意识等。内部关联机制上，理顺业务界面、定价体系还只是资源配置上的小问题，更重要的是市场引领和市场导向下，各个产业板块在发展上、产业上的战略协同和市场互补，形成生态链、生态圈。各自是独立的市场主体，互相又能够优势互补，集团以管资本为纽带实行战略管控，制定市场原则，引导相互之间的合作和共同发展。

三是市场化的体制机制和文化，例如市场化用人机制、激励机制、投融资体系、供应链体系、授权机制以及市场营销组织体系等。只有这些逐渐完善、落地生效，才能真正形成价值导向、客户导向的文化，能敏锐捕捉市场信号，作出快速响应，与市场持续互动，建立起业务驱动、市场导向的运行机制和流程。

人才战略方面，一方面，这个战略确实是其他战略的支撑，互相关联；另一方面，人才战略不是跟随性的，而是引领性的。真正的创新型人才，具有企业家精神的人才，能够领导企业进行组织变革、管理再造和产业重塑的高潜质人才，如何去发现、培养和使用，让他们有机会脱颖而出，并且才尽其用，需要在人才制度机制上下更大的功夫，真正体现人才是第一资源。我提几点建议：一是可以参照一些企业的做法，设立伯乐奖，加大外部高素质人才的内部推荐力度，物以类聚、人以群分，高水平人才由于眼界、信誉等，推荐的人才往往也是靠谱的，在设立统一的人才标准的前提下，推荐的人才也不局限于自己的业务条线。二是建立公司的高潜质人才库，而且信息在一定程度上可以共享，需要人才时，不只是在自己的业务条线去找，人才发展也不只局限在一条线上，同时打破人才流动的供给端审批，这对组织和人才都是双赢的。三是建立退出机制，加大薪酬差距，真正起到奖勤罚懒的作用，实现能上能下、能进能出，使人才队伍的活力充分迸发。四是要求各级领导都有培养人才的责任，把培养人才取得的成绩纳入对领导干部的考核当中，组织部门要多到基层调研，把发现人才作为重要的日常工作，建立各级管理者发现人才向组织推荐的渠道。五是加大人才培养投入，实施精准培训、精准投入，对于高潜质人才，要把使用和培训结合起来，今后怎么用，缺哪些能力，提前做有针对性的培训，尽可能避免无效投入。

另外，还有两个小的建议。一是关于智库建设。大家提到要建一流智库，我个人觉得应该实事求是，认真分析必要性和可行性，充分考虑发展需求、队伍现状和人才储备情况，明确智库建设的方向和目标、规模和路径等。总的来说，我们应该走差异化路线，体现自身特色，不能贪大求全、急于求成。二是战略管理方面。目前战略制定分散在各个部门，由职能部门支撑，在今后的战略实施落地中，我们要考虑战略管理体系怎么跟上。目前战略制定、调整、实施、监测评估、反馈改进的闭环管理，没有机构和人员来做，需要进一步加强。而且战略目标一定要和考核结合起来，用考核作为指挥棒，战略才能做实。建议结合即将要做的机关职能改革，在组织机构设置上进行顶层设计。

这篇发言一开始就提出鲜明的观点作为主题，即"突出市场化战略和人才战略，同时要建立战略实施的支撑体系"，用这一主题统领全篇，后面内容分别是对市场化战略、人才战略以及战略支撑体系的具体论述。从主题到几个大的观点，再到往下的分论点，形成了内在一致的观点体系，在阐明观点时运用了充分的事实与素材，有效地支撑观点的表达，使论点与论据有机结合、融为一体。整体上全篇讲话主题集中、观点清晰、内容充实、有理有据。前面讲述的主题提炼的原则与方法、观点转化的主要途径、观点与素材组成概念等内容，在这篇发言中都有明显的体现。

三、结构布局

前面讲到，结构是即兴讲话很重要的要素。具体来说，结构通常被划分为六个组合要素，即开头与结尾、层次与段落、过渡与照应。开头和结尾我们后面单独说，从口头讲话来说，段落一般体现得不是很明显，常常融入层次当中。所以在讲话当中，我们重点要把握的是内容的层次，层次处于承上启下的重要地位，向上承托起整篇讲话的框架，向下延展为整篇讲话的组织形式。

层次体现在主体结构上，根据主题表达的需要和讲话组成要素的特点，选择合适的结构形式对层次进行有序的排列。常见的结构形式有以下几种：并列式结构，围绕一个主题将几种情况、几项措施、几个经验或几个问题并列地讲，各项处于同等重要的位置；递进式结构，内容按照时间顺序、空间顺序或逻辑顺序递进地讲；总分/总分总结构，把总括性的内容放在前面讲，统领全篇，后面再加以分述，或者到最后再加以归纳总结；自由式结构，灵活交叉使用上述结构方式。

层次一旦确定，呈现的就是讲话分几个大的部分，讲话虽然不像文章那样有清晰的外在结构形式，但从讲述当中的切分和用序号加以连缀，也能大致看出分成几块。常见的结构划分方式有两块式、三块式、多块式和整块式，它们有各自的适用范围，不能千篇一律、机械套用，而应该因事因文制宜，选择最合适的形式。

一般来说，两块式适用于阐明简单事理或安排单项工作，例如可以先说成绩，再提要求，或者先讲重要性和意义，再讲怎么做，而不适宜用于论述复杂事物或部署牵涉面较广的综合性工作。三块式适用面比较广，很多问题可以按照"讲道理、定任务、提措施"这样的逻辑框架来安排。多块式比较适合讲述相对复杂的事物和情况，将某个事物中的若干关键问题或某项工作中的若干重点环节抽出来，各自独立成一部分，依次来讲。此外，很多时

候比较短小的讲话是层次不严格区分的、篇段合一的整块式。

除了结构形式外,讲话的内容衔接常常需要运用过渡手段,做到各个部分之间前后连贯,形成整体。过渡常见于讲话中的两层意思之间、总述与分述之间、叙述与议论之间的转换。常用的过渡方式有以下两种:过渡词,如"综上所述""由此可见"等;过渡句,如"我做一个抛砖引玉的讲话""我把有关情况报告如下""我提以下几点建议"等。

讲话时还要注意内容的照应。照应就是讲话内容的前后呼应和互相观照,前面说的内容后面要有着落,后面写的事项前面要有交代。除了自我内容的照应,有时还需要与别人的讲话有所照应,一种是印证式的照应,对别人讲的内容进行互相验证和支持;另一种是缺省式的照应,就是别人讲过的不再重复,一般用"谁谁已经讲过,我不再赘述"的方式来表述。

下面这篇例文是在一次集团公司档案工作研讨会上的讲话,可以看出在结构上是颇有考虑的。

集团公司档案工作研讨会上的讲话

今天的会是一个档案工作的研讨会、交流会,也是档案人的聚会,我知道很多同志是远道而来的,我主要是来看看大家,听听大家的意见建议。感谢大家一直以来对我们工作的支持,也对今天获奖受表彰的同志表示祝贺,对重启片区化管理表示赞成和支持,对大家在艰苦平凡的档案工作岗位上勤奋工作、默默奉献表示崇高敬意。在正式研讨之前,我先抛砖引玉,谈几点意见。

一、提高思想站位,大力弘扬优良传统,增强做好档案工作的责任感和使命感档案是公司的宝贵资产，是历史的留存、精神的载体和规范经营的凭证。档案工作也是一项重要的基础性工作，有了它，发展经验得以总结，规律得以认识，历史得以延续。各项事业发展都离不开档案。

　　党和国家高度重视档案工作，公司发展形势也对档案工作提出了新要求，所以我们要从更高的站位来谋划档案工作，做到三个坚持：一是坚持问题导向，找出我们工作中的薄弱环节和差距不足，从硬件条件、管理能力、队伍建设等方面补短板、强弱项。二是坚持围绕大局，紧贴中心工作的需求，做公司各项业务的伙伴，为高质量发展提供支撑。三是坚持着眼未来，就是按照智能化、数字化的要求来推进档案工作。

　　同时我们要认识和处理好五个关系：一是大局与局部的关系。既涉及整体工作与档案工作的关系，也包括集团与各板块、各单位的关系，局部要服从整体。二是高质量发展与基础管理的关系。要用高质量的标准引领基础管理的方向，用扎实的基础管理夯实高质量发展的基础。三是瞻前与顾后的关系。既要着眼未来，也要用好传统积淀，继往开来，治史资政。四是守正与创新的关系。档案工作要注重规范性和严谨性，这是守正的一面。同时，面对新形势、新要求，要探索新的方式，运用新的手段，这是创新的一面。五是数字化与保密的关系。数字化是大趋势，在推进的过程中，要始终重视保密，在技术保障、管理措施等方面守好保密防线。

　　二、以重启片区化管理为抓手，扎实有效地做好今后的档案工作，推动档案工作不断迈上新台阶

　　这些年公司档案工作取得了不俗的成绩，基础设施建设上新台阶、重点项目档案验收工作扎实推进、参展参评取得多项荣誉等，但也存在一些问题和不足，主要体现为历次改革的影响下，档案工

作一定程度上被弱化、基础不扎实、队伍不健全、工作机制有待完善等。

一段时间以来，档案工作得到了公司各方更多的关注，包括领导的重视、现实的需求、基层的呼声、档案人员的努力。这一切是党和国家高度重视档案工作在公司的延伸，是档案工作本身重要性的体现，也是大家努力争取来的契机。

这也为重启片区化管理提供了条件，片区化管理被证明是行之有效的管理模式，适合公司现有的管理架构。我们现在重启片区化管理，与以前相比，不是简单的复原，而是更高水平的回归，是新的提升和迈进。我们要从以下几个方面来推动新的片区化管理。

一是明确目标，坚定信心，焕发档案工作的应有价值。推动档案工作从存档案到管档案再到用档案的不断进步。

二是对标先进，不断完善工作体系，夯实档案工作的根基。持续完善制度体系、业务体系、管理体系、责任体系、队伍体系和技术体系。我们之前提出的"抓基础，上水平，求发展"这九字方针依然不过时，"统一管理，分级负责，专业实施，区域协作"的原则也依然要坚持。也就是说，公司制定制度并监督检查制度的执行与落实，贯彻上级要求，各片区、各单位具体实施。

三是突出重点，统筹兼顾，做到重点领域全覆盖，不留盲区和死角。关注包括重点建设项目、海外项目、关停并转企业等，首要任务是保证档案的安全、齐全、规范，根本任务是用档案基础工作保障和服务公司发展。

三、秉承两种心态，扎实耕耘，忠于职守，建设一支有本领与有追求的档案工作者队伍

从个人来说，要有两种心态，就是甘于坐冷板凳的平和心态，把冷板凳坐热的积极心态，做敬业、专业、职业的档案人，在服务

企业发展的过程中实现人生价值。

从组织来说,各单位要加强对档案工作的领导和支持,各级领导要更多地关心爱护这支队伍,给予必要的人力、物力、财力支持,共同努力为档案工作营造良好的环境。

从这支队伍来说,要不断提升以下几种能力:学习能力,服务能力,创新能力,编研能力。要做好以下几件事:加强培训,提升业务能力;加强交流,像这样的研讨会要定期举办,还可以走出去调研,开阔眼界;加强宣传,获得更多的理解和支持。

档案工作责任重大,非常重要,需要奉献,需要境界。在这里再次对大家表示感谢和敬意,同时拜托大家,再接再厉,共同奋斗,一起把档案工作做得更好。

这篇讲话的整体结构是三段式:第一部分主要谈意义和重要性以及总体要求;第二部分讲具体的工作要求,重点是谈片区化管理;第三部分是对队伍的要求。三个部分内容紧凑、逻辑严密。在每一个部分内部结构上,把要谈的话题分为若干层次,条理有序、脉络清晰地加以讲述,如第一部分讲到的"做到三个坚持""处理好五个关系",第二部分讲到的重启片区化管理的三方面工作要求,第三部分讲到的个人、组织、队伍三个方面的要求,都是按照一定的逻辑关系组合而成的局部结构。过渡和照应在这里也都有明显体现,"在正式研讨之前,我先抛砖引玉,谈几点意见",是过渡;开头与结尾都提到的感谢,开头与文中对片区化管理的呼应,以及文中多处谈到档案工作的重要性,都是照应。

再看下面这篇例文,是一篇关于信息化项目建设阶段总结会的讲话提纲,结构上也颇有特点。

信息化项目建设阶段总结会讲话提纲

首先，对前期卓有成效的工作和取得的成果给予充分肯定。……

其次，加大项目推广应用，充分发挥项目的内在价值。项目从建好到用好，还有大量工作要做。从技术上……从管理上……从运营上……

最后，善始善终，善作善成，全力做好项目深化拓展的各项工作。万里长征走完了第一步，要在全系统推广，要深化拓展各项功能，要促进与其他系统的交互融合，已经取得的成绩还是渺小的，未来的任务还很艰巨。数字化转型势在必行，建设好项目志在必得，实现既定目标使命必达，要以这样的信心和信念来做好工作。

一要提高认识，增强做好这个项目的责任感和紧迫感。……

二要再接再厉，压茬推进做好后续工作。……

三要打造精品，从项目质量、用户体验、使用效果等方面树立信息化项目建设的标杆。……

四要通力合作，密切配合，坚持"一个团队"的理念，实现推动工作提质增效、提升用户获得感和培养复合型人才三个预期目标。……

从提纲可以看出，讲话总体分为三个部分，用"首先""其次""最后"加以分割，然后根据内容需要，有的部分内部结构又有进一步划分。有的没有序号只有层次，如"其次"下面又从技术、管理、运营三个方面分开说；有的有序号，如"最后"下面又分为四点进一步展开，条分缕析，有总有分，这样就形成了一个畅达有序、脉络清晰、思路贯通的结构形式。

四、开头

在一篇讲话中,开头和结尾所占时间不多,但对于讲话却非常重要。俗话说:"万事开头难。"讲话也是一样,能不能引人入胜、先声夺人,开头的作用不可小觑。开头是讲话思路的起点,其意义在于总领整个讲话,起着定调的作用。

开头长短不一,它既可以是一个句子,也可以是一段话。不管是哪一种方法,讲话的开头都应做到简明扼要,尽快进入主题,不能拖沓冗长。常见的开头方法有六种。

一是总体概括法。对自己要讲的内容做一个简要的概述,例如:"我今天想讲三点感受,并提两点建议。"然后再加以展开。

下面这篇例文开头运用的就是总体概括法。

基层调研总结讲话之一(开头)

今年以来,分公司班子以党建为引领,认真贯彻公司党委各项工作部署,抓好生产经营、项目建设、市场销售、企业协调各项工作,成效明显,特别是在新冠肺炎疫情导致市场销路不畅、汛期造成生产受阻等不利因素的严峻挑战下,组织带领大家攻坚克难,体现了很强的战斗力和执行力。

二是直入主题法。一开始便把讲话的意图简明扼要地说出来。例如:"我认为,加强人才培养是当前的重中之重。"先把观点抛出来,再加以详细论证。

下面这篇例文开头运用的就是直入主题法。

拜访地方政府交流会发言（开头）

这次我们专程前来给省厅的领导们做汇报，主要是希望在项目建设方面得到厅里的大力支持。这个项目启动有很多年了，目前国家大力支持这个产业发展，项目面临大好形势和政策机遇。我们知道省里也有很强烈的意愿，这一点我们是一致的。所以希望加快进度，推动项目早日投产，为地方作更大的贡献。同时我们也借这个契机，希望和省厅建立联系，加强沟通，共谋发展。

三是提出问题法。提出问题，吸引听众，引发思考。例如："我们的目标和愿景是什么？我们首先需要思考这个问题。"

下面这篇例文开头运用的就是提出问题法。

在陪同领导赴基层调研时的发言（开头）

这两年，××公司生产经营面临比较大的挑战，集团上下都非常关心，董事长做了批示，要求公司上下都要关心和支持你们的扭亏工作。我们把这件事作为重点督办事项，关注扭亏进程，每月都会汇总相关情况向领导报告。到目前扭亏工作取得阶段性成果，亏损额缩小，我们也为你们感到高兴，但全年还有两个月，任务还没完成，基础还不牢固，我们会继续关注。

四是表明态度法。开门见山地表明自己的态度。例如："刚才××的观点我完全赞同，下面我再补充几点意见。"

下面这篇例文开头运用的就是表明态度法。

第三章 会讲话是个技术活

基层调研总结讲话之二（开头）

这是我第二次来到项目建设现场，也是第一次全面系统地听项目建设情况汇报。项目很快就要全面竣工了，在胜利的曙光出现前，回顾来时走过的路，深感能取得目前这样的进展，实属不易。事非经过不知难，成如容易却艰辛。这一年多，大家扎根一线，克服疫情、洪水、极寒天气和地方协调等重重困难，付出与家人聚少离多的代价，付出汗水和辛劳，不言苦不言累，用头拱地的精神推进项目建设取得一个又一个突破，你们是当之无愧的功臣。

五是引用法。引用名人名言之类的开篇。例如："培根说：知识就是力量。身处今天这样知识爆炸的时代，我们更需要理解这句话的深意。"

下面这篇例文开头运用的就是引用法。

基层调研总结讲话之三（开头）

来公司后，大家都和我说，"××分公司是咱们这个产业的摇篮，占据公司产量的半壁江山"。这次抽出时间到基层调研，看望大家，了解情况。昨天跑了一天现场，确实感觉到咱们的生产作业点多面广，地方协调多，工作难度大。昨天晚上开了员工座谈会，刚才听了全面的情况介绍，进一步了解到，××分公司最早实现商业化开发，是产业发祥地，产量占一半，也是利润大户，有着举足轻重的地位，发展基础好，所做贡献大。这既是荣誉，也意味着更大的责任。

六是表达礼节法。根据情况表达必要的欢迎、感谢等礼节后导入正题。例如:"尊敬的各位来宾,首先欢迎你们的光临,现在由我来汇报一下有关情况。"

下面这篇例文开头运用的就是表达礼节法。

接待政府领导来访座谈会发言(开头)

我本人既是××公司的员工,同时也是××区的居民,借此机会对区里的领导表示感谢。区里在城市运营、产业塑造、社区管理、文化建设等方面做了大量工作,取得明显成效,不但营造了企业所需的良好营商环境,也为居民的生活服务提供了便利,让我们深感安心和踏实。同时我们对区里的发展也很关注,刚才听了介绍,看到了美好的发展前景,感到很振奋。我们会竭尽全力做好保障服务和协调工作,促进区里与我公司加强联系合作,实现互利双赢。

五、结尾

结尾的任务是托起全篇。好的结尾具有画龙点睛的功能,能够增强讲话的效果,给人意犹未尽之感。

常见的结尾方法有以下六种。

一是总结法。在讲话结束时简要地对前面讲过的内容进行总结,进一步概括主题,加深听众印象。例如:"刚才我从加强学习、敢于担当、勇于创新三个方面,向广大干部提了要求,希望大家不辱使命,恪尽职守,为事业发展作出新的更大贡献。"

二是号召法。用一些精悍有力、催人奋进的话语进行号召或呼吁，引申讲话主题，引起听众共鸣，达到情感高潮。例如，某单位工作会议讲话结尾："同志们，只剩下最后的一个月了，让我们携手奋进，向目标发起冲刺，夺取新的胜利。"

三是展望法。通过展望性、预示性的语言，引起听众对美好未来的憧憬与向往。例如："展望明年，我们的事业将进一步发展壮大，公司将成为行业领跑者，将为每个员工提供更广阔的事业舞台和发展空间。"

下面这篇例文结尾运用的就是展望法。

集团档案室项目建设启动会讲话

经过前段时间大家的共同努力，集团档案室项目建设今天终于启动了。我在这里简要提几点意见。

第一，高度重视档案室项目建设。从为推进档案工作科学化管理、引领全系统档案工作高质量发展提供硬件支持的高度，充分认识集团公司档案室建设的重要意义和重大价值，为集团公司档案工作不断进步提供支撑和保障。

第二，精心组织档案室项目建设的方案设计。充分调研和沟通，认真比选和鉴别，确保方案的先进性、科学性、合理性、可行性，确保方案符合建筑设计标准和档案管理"八防"专业要求，高起点建设能满足未来10～20年需求的综合档案室。

第三，设计改造中努力规避场地不利因素。一切以保证档案安全为出发点，基于场地现状，在设计及施工各阶段通过有效的技术手段及方式方法，努力改造提升场地现有条件，以全方位满足档案保管的环境要求，建设安全、稳定的档案室。

第四，扎实推进档案建设进程。严格落实集团公司建设项目管

理规定和质量效益年常态化的要求,在进度服从质量的前提下,争取早日建成投用,把项目建设成为经得起时间检验的精品工程。

第五,创新实施,适当超前。在"一馆两地"布局、"数字档案馆"建设等方面积极探索,优化方案设计与项目建设,为未来扩大档案管理范围,提高集团公司档案管理的统筹性和协同性打下基础,留出余地。

希望大家携手努力,共同建设好集团档案室,进一步提升集团公司档案管理的软硬件水平,为未来建设企业数字档案室奠定扎实的基础。

四是希望法。对听众说出带希望性、鼓励性的话语作为结尾。例如,在青年干部大会上的讲话结尾:"希望大家倍加珍惜组织赋予你们的职责,倍加珍惜改革发展的大好形势,倍加珍惜广大干部员工对你们的殷切期望,开拓创新、积极工作,以自己的实际行动交上一份满意的答卷。"

下面这篇例文结尾运用的就是希望法。

在合资公司开展基层调研总结讲话(结尾)

我提的这些意见,也不一定都对,供你们参考。我们真诚希望以互利共赢的理念,与合作伙伴达成更多共识,寻找最大公约数,画出最大同心圆,按照"一家人,一条心,一件事"的目标,在项目建设和市场开拓上紧密合作,发挥各自优势,早日实现既定目标,努力取得更大突破。同时在这个过程中,不断完善公司治理,加强内部管控,防范化解风险,提升运营效益。我也希望我们在具体问题上增强互信、求同存异、互相理解,形成定期沟通和有效磋商机制，管理好分歧，及时解决问题，不让小问题成为我们合作的障碍。

五是祝愿法。以祝福性的话语作为结尾。例如："最后，衷心祝愿大家在自己的岗位上取得新的成绩，实现自己的人生价值，与公司共同成长。"

下面这篇例文结尾运用的就是祝愿法。

与分管部门人力资源部全体员工见面会讲话（结尾）

人力资源工作十分重要，上下关注，与干部员工切身利益密切相关，是政治性、政策性很强的工作，也是锻炼人的工作。在人力资源部工作，本身就是组织的信任，希望大家珍惜这样的平台和机会，百尺竿头更进一步，把工作做得更出色。人力资源工作是一盘棋，每一项都很重要，每个同志都要增强岗位的责任感，更加尽职尽责，更加开拓创新，更加务实有效。

咱们部门人员总体很年轻，年轻人更要有大格局、大志向。人力资源工作是帮助别人成长进步的工作，赠人玫瑰，手有余香，在帮助别人的过程中，自己也会得到收获和成长。同时大家也要注意，人力资源工作受关注度很高，每件小事都可能被放大，有时也会不被理解，被人挑刺，有时难免受委屈。这样的时候，我们还是气量要大、心胸要宽。与业务部门多互相理解，多换位思考，多沟通互信，努力做公司人才成长的孵化器、加速营和大家的业务伙伴，减少工作的阻力和障碍。公司党委和领导会全力支持大家，创造积极条件，让大家工作得舒心、安心，也相信大家一定会取得更突出的工作业绩。

六是自然收尾法。在高潮时戛然结束，意尽而止。例如："以上几个方面，请大家认真研究，谢谢大家。"

无论采用哪种方法结尾，都必须做到简洁有力，干净利落，切忌拖泥带水、画蛇添足，或者草草收兵、软绵无力。

六、即兴发挥

即兴讲话是没有准备情况下所做的讲话，本身就是对人的考验，而其中最有挑战的，就是能够契合情境的即兴发挥。如果能做到这一点，就能称得上即兴讲话的高手，即兴发挥得好，讲话的效果将大为增强，听众也会大感过瘾。

情境是指讲话时的现实环境，包括时间、地点、人物和背景等。即兴发挥要求从现场的整体环境中找到触发点，巧妙地结合，讲出有意思的观点和内容，自然而然，毫无牵强雕琢之感。这需要讲话人深厚的知识底蕴和知识积累，更需要敏捷的思维和高超的语言驾驭能力。

即兴发挥要善于捕捉时机，细心观察，巧借"桥梁"，乘兴发挥。可以"借"的东西很多，常见的有借题发挥、借人发挥、借物发挥、借事发挥、借景发挥。"借"好了，可以使讲话平添更多的魅力。

前面引用过的在惠州召开的信息实务培训班开班致辞中，就有巧妙借用的例子："惠州是苏东坡待过的地方，希望大家借助苏东坡的才气，挥洒笔墨，写出更多的好信息。"借景发挥，自然贴切。

下面这篇例文就很好地体现了借事发挥的特点。

宣传思想工作会小组讨论发言

我谈一下自己的几个观点,供大家参考。

第一,把握当前宣传工作的本质和内涵要求,提高宣传是生产力、战斗力、竞争力的认识。宣传工作的内涵在不断丰富,层次在不断提升,从简单的新闻宣传到意识形态,进而到增强文化自信,我简单地归纳为"两论"即理论、舆论和"两文"即文化、文明。做好宣传工作,是各级党组织主体责任的体现,是党管宣传的要求,也是思想建党的重要内容。这既是适应新形势的需要,也是发扬党的优良传统的需要。我们党历来重视宣传,靠宣传发动广大人民群众赢得一个又一个胜利。在基层组织中,别的岗位可能没有,但组织委员与宣传委员是一定会有的,我们要思考一下在新形势下宣传委员发挥什么作用。而且宣传不是哪一个部门的事情,要建立大宣传的格局,在阵地建设、制度机制、组织保障上,拓展思维,创新方式,丰富手段。例如我们的谈心谈话、企业文化活动、理论研究总结等,都应该纳入宣传工作的范畴加以谋划和推动。

第二,宣传要把握好变与不变的关系,处理好继承与创新的关系。我的体会是,宣传工作是永远的重复与持续的创新,重复的是政治属性、精神传承、文化内核、行为规范,是坚守和根本;创新的是形式、载体、渠道、话语方式,因时而变,因为形势不一样,要求也不一样。特别是当前全面从严治党的要求、改革发展稳定的需要,以及"走出去"的环境变化,都会对宣传方式与媒体形态产生影响,也都要求与时俱进地创新。

第三,准确理解宣传工作外树形象、内聚动力的目的。外树形象就是塑造品牌、获取支持;内聚动力就是统一思想、培育文化。所以,一方面,要加强形象宣传,为公司发展鼓与呼,改善生产经

营环境,推动瓶颈问题解决;另一方面,要加强正面引导,塑造员工行为,调动员工积极性,使员工行为与公司理念、价值观同向发展。

第四,要注重提升宣传的效果。宣传的本质是说服,获取受众积极的认同,因此要实现几个转变:从行为模式向效果模式转变,从媒体思维向平台思维转变,从传者本位向受者本位转变。宣传有两种主要手段,即诉诸感性的动之以情和诉诸理性的晓之以理。对不同受众、不同群体采取的手段是不一样的,既要讲好感性的、励志的故事,还要讲好发展的、理性的故事,更加开放地进行沟通,通过自己说、意见领袖说、利用重要场合说,在政府、市场、行业人士中获得更多的认同。

大家都注意到了昨天的月食新闻,在各大媒体和朋友圈中刷屏,我们从这个例子中也可以得出关于宣传效果的启示。从理论上说有一个公式,传播或然率等于得到的报偿,也就是内容与信息易得性,即渠道的比值,月食的新闻是大家喜闻乐见和乐于传播的,而通过微信朋友圈进行传播,是非常便捷的,两方面加起来就形成了现象级传播行为。所以,一方面要抓住传播内容,从重要性、贴近性等方面挖掘可传播性元素;另一方面,要丰富和创新传播工具和手段,让受众可以更便捷高效地得到它,这样传播效果才会有好的保证。

这篇例文中,为了充分表达观点,在提出注重宣传效果时,巧妙地借用月食新闻的例子,分析其迅速传播的原因在于内容和渠道两个方面,从而阐明了一条重要的传播规律,把抽象的理论用通俗的例子加以说明,并从中得出有益的启示。之所以借月食的新闻来发挥,有两个前提:一是这个新闻是大家喜闻乐见的,二是这个新闻与想说明的道理是贴切的。借事发挥,因事明理,比干巴巴地讲道理好得多,既能深入浅出地把道理说清楚,也给人留下深刻印象。

七、画龙点睛

讲话容易,点睛之笔难求。一篇讲话创新出彩,往往就一两个独到的观点,几十个字,让人受到启发、受到震撼、印象深刻,流传久远。有了它,就能使整篇讲话亮起来,显得与众不同。

打造亮点的前提是解放思想、实事求是、推陈出新。对情况熟悉了、把道理想透了、将认识深化了,才能做出凝练的概括、通俗的表达,才能讲出让人过耳不忘的"金句"和至理名言。

但要注意的是,追求金句和点睛之笔,一定要"论从事出",就是所提出的观点一定是基于对事实的概括,与客观情况相符合,是在事实和道理的基础上加以提纯精练而得出的。如果不顾这些,只一味地追求金句的多少和密度,结果通篇是与主题和内容无关的漂亮句子,就变成了华而不实,不但不能给人留下好的印象,反而大大降低金句的含金量。

本书曾经引用的例文中,不乏这样的点睛之笔。例如,讲到工作应该具有的态度时说:"敬业、职业、专业。敬业是态度,就是要出活;职业是规范,就是要靠谱;专业是标准,就是要懂行。"讲到改革的真谛时说:"改就是改变员工的精神面貌和队伍的精神状态,革就是革除不适应生产力发展的生产关系和不利于安全稳健发展的制度机制。"讲到对"无我"的理解时说:"锻造奋斗有我功劳无我的栽树精神","责任有我权力无我的担当精神","付出有我名利无我的奉献精神。"等等,都让人记忆

深刻。

再看下面这篇例文,是为青年员工入职培训授课中的一部分,其中有不少让人过耳不忘的句子。

为青年员工入职培训授课(部分)

在青年成长的过程中,哪些是我们要避免的误区?特别是对于刚步入职业轨道的年轻人而言,我想为大家提供一张负面清单,就是年轻员工应该避免的七个误区,或者叫"七戒"。

第一,戒庸。

年轻人要有志向、有大的格局,有现实的人生定位、坚定的理想信念和昂扬向上的精神。没有目标就没有方向感,就会茫然。

古今中外但凡有所成就的人,都会很早给自己树立志向,孟子说"先立乎其大",而且这种志向不会因为外界境遇的变化而动摇,不会因为遇到挫折而放弃。

清末洋务派和湘军首领左宗棠从小家贫,倒插门,只有几间破烂的屋子,岳父母看不起他,但他志向很大,在门口贴了一副对联:身无半亩,心忧天下;读破万卷,神交古人。多次科举不中,只能在乡下当一个教书先生,换作别人早就放弃了,或者骂社会太黑暗,自己怀才不遇。左宗棠却胸怀大志,干脆不再作八股文,而是潜心研究经世致用之学,读了很多水利、地理、军事等方面的书,具备了实际才干。后来,左宗棠得到陶澍、林则徐等人的赏识和推举,获得了干事的平台,做成了推动洋务运动、收复新疆等大事。

我们不可能都像左宗棠那么有成就,也不是要立志当大官,而是要做一个有用的人、有成就的人、有价值的人。首先得有目标,并且付出相应的努力,配得上这个目标的努力。光有目标没有行动,那不叫目标，叫作欲望。光有努力，没有目标，就会失去方向。

目标是由一件一件事情累而达成的。要把每一个工作当作机会，把每一个工作做到高标准，从每一个工作中得到收获。要敢于迎接挑战，创造性开展工作。特别是年轻人，要始终保持蓬勃朝气和昂扬锐气，有精气神，做事要有一股子劲。不管遇到什么困难，只要真心想干成，就一定会有办法。做事情不要将就对付，对付事的，最后都是在对付自己。

第二，戒懒。

一个人能力有多强、水平有多高、思想境界有多高，判别的时间要长一些，但是否勤奋，不用太长时间就一目了然。依我的经验看，领导往往关注年轻人两个核心表现：一个是态度，另一个是能力。态度好、能力强，肯定会脱颖而出；态度差、能力弱，很快被淘汰。年轻的时候，工作能力有一个积累的过程，这时工作态度就显得尤为重要。很多时候，领导往往把员工是否勤奋视作判定态度好坏的主要标准。

因此，年轻人要做到眼勤、手勤、脚勤、脑勤、嘴勤。既要眼里有活，勤奋工作，还要勤于学习、勤于思考、勤于总结。我想强调，勤不勤还要看8小时以外。8小时以外是在上网看八卦、玩游戏、看电视剧，还是抽点时间看书、思考问题、写东西？人的差距往往是在业务时间如何利用上拉开的。

长期坚持勤奋工作、勤奋学习是不容易的。首先，要有一个好的身体，这是基础。其次，要有一个好的态度。勤奋应该成为一种精神境界，一种终身追求。再次，要做时间的主人。善于管理时间、统筹利用时间，挤压时间。最后，贵在坚持。要有计划，并且能坚持下去，不要三天打鱼，两天晒网。一勤，则天下无难事。

第三,戒虚。

"虚"相对于"实"。"实"与"真""诚"相联系,而"虚"跟"假"联系在一起。虚情假意,耍小聪明,投机取巧,人前人后不一样,领导在和不在不一样,都是"虚"的表现。

做人要有真品质,待人坦诚,不做作、不造假,任何时候都要实在做人、踏实做事、与人为善、谦虚低调。知之为知之,不知为不知。犯了错就老实承认,勇于自我检讨,而不是先狡辩找理由。做人要实在,做事也要实实在在。工作时不要只偏重于领导看得见的工作,不要只追求形式不重实效,不能有应付过关的想法。

大家可能知道曾国藩,他一生特别强调诚。李鸿章刚入幕府,对曾国藩的风格还摸不太透。曾国藩每天早上都会和幕僚们一起吃早餐,商量事。李鸿章因为懒,往往不去用餐。有一次,李鸿章又没来,曾国藩叫人接二连三地催促,而且转告说:"一定要等到人到齐之后才能开饭。"李鸿章听罢便慌慌忙忙披衣前往。

席间,曾国藩没有说一句话。吃完饭,曾国藩正色道:"少荃,既然入我幕府,我有言相告,此处所尚,唯一诚字。"诚,就是实实在在。没有准时用早餐,虽然是小事,但明知不对而为之,那就是不诚。李鸿章心服口服。曾国藩去世后,李鸿章说到此事,非常动情地说,他一辈子的成就与这一次批评有关。

曾国藩评价人有句话,深沉厚重是第一等资质,磊落豪雄是第二等资质,聪明才辩是第三等资质。人要聪明,但不要太聪明,更不要把聪明写在脸上,要把聪明用在琢磨事上,不要用在琢磨人上。

第四,戒贪。

不能贪利贪财、贪污受贿。大家刚入职场,"贪"的机会不多,但也不是绝对没有可能,要高度警戒。今后不管到了什么岗位、手中有了多大的权力,都要守住底线,把握住自己,算好人生的账。

戒贪,这里我重点讲的是不能不知足,不能斤斤计较。每个人都想要好的待遇和发展机会,我认为,一点都不考虑不可能,但是花的心思太多,就会影响工作。每天都在盘算,算得特精细,总是与人攀比,就会觉得吃亏了,心里不舒服,搞不好就会因小失大。

有时候,要把个人的利益放一放,包袱不要太重。名和利这两个东西很奇怪,你老去想,它们不一定能得到,你一心想把事情做好,不去想,没准它们就来了。而且这些事也不是自己想就有用的,组织和领导会去想这些事。

包括做工作,很多事情是大家一起完成的,你也在里面作出了贡献,如果你老是惦记这个,老把自己参与的说成是自己完成的,老是夸大自己的贡献,这就是"贪"了。我们取得的一切成绩,上归功于领导的正确领导,下归功于同志们的共同努力,横向还要感谢大家积极配合。嘴上这样说,心里也要真心实意这样想。

在工作上要多干一些,在成绩和荣誉上要让一些。贪小便宜,事事不肯让步,有时候好像得到了一些东西,其实暗中失去的更多。谦让看起来吃亏,但古话说"吃亏是福",愿意吃亏的人,终究不会吃亏。

多干一点活,多帮一下别人,荣誉面前让一下,遇到误解和委屈忍一忍。没什么,你用一种眼光来看好像是吃亏了,换一种眼光来看恰恰是在积累和收获。在一个地方少得一点,但从大的时间、空间等更多的维度来看,其实得到的更多。看似失去东西,命运会在更高的地方给你补偿。人要懂得得与失的辩证法,学会用多维度来衡量,人生的成功也好,收获也好,不是只有一个标准,也不要只看重一城一池的得失,在一个长期博弈的环境中,要看长远。

一个人只有懂得付出,不计较"吃亏",才能拥有一个富有的人生;相反地,如果锱铢必较,只知道接受,却吝于付出,必定是

一个贫穷的人生。

第五，戒骄。

戒骄，就不要自以为了不起，小瞧别人。有些人往往自我认知和评价不够准确、不够客观，喜欢拿自己的优点去比别人的不足，这样容易认不清自己，也认不清别人。所以，年轻人不要自我感觉过好，不要有一点小成绩就沾沾自喜，不要因为受到一些表扬就真的以为自己什么都行。

戒骄，就不要固执己见，要听得进不同意见，包括批评意见。有时候别人给你指正工作中的错误，提出工作目标和想法，要虚心接受，首先自己要想明白其中的道理，然后再问问为什么，而不是先提不同意见，先否定别人，认为自己是对的。

当领导给我们提目标、提建议和提想法的时候，他掌握的信息更多，站位更高，考虑得更多，承担的责任更大，他这样提或者那样提，一定有他的道理。而你的想法可能是有局限的。听得进意见的人，才是内心强大的人。

戒骄，就要清醒地认识自己，认识别人。每个人都有短处，每个人都有长处，要多看到自己的不足和别人的长处。对于员工来说，这是学习和成长的重要途径。

《三国演义》中有挥泪斩马谡的故事。诸葛亮任用马谡防守街亭，可是马谡骄傲自大，不听诸葛亮吩咐，也不听同伴王平的善意劝阻，自以为熟读兵书，一意孤行，非要上山，导致大军被围困，街亭失守。诸葛亮为严明军纪，挥泪斩马谡。马谡的失败就在于骄。

随着时间的推移，大家会拉开差距，有些人进步比较快，更要懂得戒骄，更要如履薄冰。要想到个人努力是一方面，还要想到组织的培养，领导的关爱，同事的帮助和支持。不要因一时得意就自我膨胀，如果遇到了不顺利，也不能自暴自弃。得意的时候要低下头走路,别摔跤;失意的时候要昂起头走路,别失志。

戒骄,就要尊敬、团结同事,特别是要善于与难相处的同事搞好团结。每个单位都可能有个别比较难相处的人,碰到这样的同事,如果处理不好,就容易产生摩擦冲突。遇到这样的同事,要注意方法艺术,以心换心,与人为善,真诚沟通,找出问题,解开心结。哪一天你们当上了管理者,要把那些不太优秀的人用好,让每一个人发挥作用,让人人都投入地工作。

戒骄,就要常怀感恩之心。感恩是一种美德,是做人的起码要求。让感恩成为一种习惯,这样我们才会更加珍惜生活和工作中的一切美好,而不会把一切当作理所当然,更不会因为个人的某些欲望没有得到满足而怨天尤人。

我们要感恩党和国家,如果没有党和国家造就的和平环境,没有经济的发展,就不可能有我们今天的美好生活。要感恩公司,保持敬业的态度,工作上每一点业绩的取得,都有无数人曾经为之奠基和付出,背后都有着其他人的辛劳和汗水,特别是我们身处的长周期行业更是如此。要感恩自己的工作,保持积极的心态,珍惜能够发挥自己才能的舞台。要感恩他人,除了感恩对自己好的人,也要感恩那些对自己不利的人和事,感恩那些批评自己的人。因为别人的挑剔,我们才会注意自己的不足;因为别人的责难,我们才会更加完善自己。一个懂得感恩的人,最大的受益者是自己。

第六,戒躁。

"躁"有很多种。一是急躁、浮躁。有时是个性急,急于求成。有时是因为心里有事,心浮气躁。遇到这样的时候,要冷静,沉下心来,心里有别的事,就先放一放。二是毛躁。工作不注重质量,丢三落四,顾头不顾尾,写个报告错字连篇。对于这种情况,不要把它当小事,要高度负责,仔细认真。三是烦躁、焦躁。有不顺心

的事、不痛快的事，表现到工作上就是乱发脾气，甚至要跟人家干架。这种时候，要先让心静下来。平时提高修养，学会如何在压力下稳定情绪。

特别是年轻人，要把沉着冷静当成一种修养。做人是这样，做事也是这样。《大学》有句话：定而后能静，静而后能安，安而后能虑，虑而后能得。在冷静、安宁的时候，才能产生智慧，才能更好地处理事情。

曾国藩的湘军有个重要的口诀：扎硬寨、打死仗。这里面的道理对做事、做人、成长都有启迪，最重要的一点就是不要躁，要沉得住气，有足够的耐心。

湘军行军打仗，不管去到什么地方，最重视的就是扎营。每天四小时行军，走大约30里，然后不再前行，开始挖沟筑墙，也是四小时左右。整个行军速度和蜗牛速度差不多，晚上还要轮流站岗，称为站墙子。一支军队仿佛成了民工建筑队。长年累月下来，每个士兵都是挖沟筑墙的能手。

这么笨拙的方法为什么有用呢？当时湘军的敌人太平军，采取的是灵活机动的游击战术，战斗经验特别丰富，喜欢搞突然袭击，打得赢就打，打不赢就跑，每次出场还裹挟着大量的流民，制造出铺天盖地的声势。湘军刚刚迎战的时候，因为没有经验，营地也扎得不牢，损失特别惨重。

曾国藩痛定思痛，改变战术，一心求稳，先立于不败之地，保存自我，才谈胜利。太平军再灵活，也拿层层壁垒无可奈何，经常连湘军的面都见不上，湘军在墙内，太平军在墙外，满肚子战术无法施行。就是靠这一套看似笨拙的战术，湘军克复安庆，最后克复南京。我们做工作、做人、做事，有时候也需要这样扎硬寨、打死仗的精神。

第七，戒怨。

人生当中，难免会遇到不顺心的事，这种时候，既不要怨天尤人，也不要自怨自艾。因为"怨"的副作用很多、很大。这表面上是个情感问题，其实也是品质问题，同时又是情商问题。家家有本难念的经，人人难免糟心的事。每个人的人生道路不可能一帆风顺，前进道路上有困难、挫折，未能达到预想目标，都是很正常的。

当发展不顺的时候，人际关系紧张的时候，工作、生活不如意的时候，个人利益得不到满足的时候，有委屈的时候，要保持平和心态，不要抱怨，更不要一蹶不振、消极怠工。其实，一个人有这样的经历或许也是一种财富。唯有经得起考验，撑得住磨难，才有可能长成栋梁之材。

在人手少、工作量大、加班多的时候，年轻人也容易产生负面的情绪。我的理解，活既然干了就不必多说，而且还要把活干好，这样才能体现你的真品质和真才干。而且比抱怨更高级的事情是，提出优化工作的建议和方案，来厘清界面和流程，提高工作效率。这时就不是抱怨，而是在成长。

牢骚满腹防肠断，风物长宜放眼量。年轻人不要老是怨气很大，满腹牢骚，甚至和人较劲。碰到不顺的事，要有正确的调适心理。只要心情好了，各个方面就会慢慢顺畅，工作能力也就会慢慢得到体现，工作努力也就会逐渐得到回报。相反，长期抱有怨气，会消磨人的意志，软化人的信念，淡化人的追求，使人失去锐气。

抱怨是没有用的。大部分时候，我们身边的抱怨不是建设性的，而是破坏性的。抱怨就像毒瘾，一旦染上，就很难戒掉。抱怨时运不济、抱怨上天不公、抱怨领导不重视自己、抱怨同事不好相处、抱怨社会不好，甚至抱怨爹妈没让自己有一张好看的面孔、抱怨自己没有生在有钱人家，这都是不足取的。

所有的抱怨，都是对自己无能的愤怒。无能不仅指没有能力，也指不能为改变现状去努力付出。不能改变现状的时候，就努力改变自己。在接受现实的同时，努力提高自身，只有这样才能得到大家的肯定和承认，才能改变处境。

在这篇例文中，讲话者与年轻人交流成长中需要注意的问题，有很多真诚善意、发自肺腑的人生感受，都给人启示和思考。例如："光有目标没有行动，那不叫目标，叫作欲望""听得进意见的人，才是内心强大的人""愿意吃亏的人，终究不会吃亏""要把聪明用在琢磨事上，不要用在琢磨人上""得意的时候要低下头走路，别摔跤；失意的时候要昂起头走路，别失志""让每一个人发挥作用，让人人都投入地工作""一个懂得感恩的人，最大的受益者是自己""比抱怨更高级的事情是，提出优化工作的建议和方案""所有的抱怨，都是对自己无能的愤怒"等。简单地说，这些都是"金句"，但其实更是从阅历和事理中提炼出来的人生道理。整篇讲话娓娓道来，而且因为有了这些句子的点缀，更加引人入胜。

第四章 / 不可或缺的四大支撑要素

"

每个人的讲话风格不一样,每一次的即兴讲话都千差万别,但不同的讲话当中,依然有一些共性在其中。主题、内容、结构和语言,是即兴讲话中不可或缺的四大支撑要素,前面各章对这四个方面的内涵、要求和方法有所涉及,本章集中探讨一下四大要素,系统把握面貌不同的讲话背后的共性规律。

一、主题:言之有核

只要是围绕某个特定的话题,在一定的情境下所做的即兴讲话,一定有一个明确的主题在其中。这和兴致所至、漫无边际地扯闲篇、侃大山是完全不一样的。

一篇讲话的中心论点、主旨思想,是讲话希望传递的核心观点和基本意图,也是讲话立意的外化和具体化。主题在一篇讲话中处于中心位置,它决定了材料的取舍、结构的特征和语言的风格,所以有"题好一半文"之说。

每一篇讲话,严格来说都要有一个核心主题,它的作用在于统领全篇,揭示全篇的中心意思,成为贯穿全篇的主线。在主题的统率下,讲话中的所有观点和内容都是围绕这一主题展开的,从而达到"形散而神不散"的效果。

主题首先要正确，能够具有正确的立场和价值观，能够肯定先进、否定错误，褒扬进步、鞭笞落后，表达正确的思想内容，符合事物的客观规律；主题其次要鲜明，一篇讲话的主旨要单一、观点要鲜明、论述要集中，突出一个核心意思，围绕一个中心来展开，如果想表达的意思太多，就会意多乱文。在正确和鲜明的基础上，主题还可以尽量追求深刻，能够表现深邃的思想和创造性的见解，揭示具有深度的规律性认识，提出有价值的观点。

在一个大的主题下，一篇讲话中会有各个层级的小论点，这些论点和主题是总论点与分论点的关系，应该服从和服务于主题表达的需要，而不能偏离或游移于主题之外。如果在构思一篇讲话的主题时，出现多个论点并存的情形，就要分析清楚这些论点之间是什么关系，如果是主次关系，就要用主论点来带动次论点；如果是并列关系，就在上面再提炼一个更大的论点。总之，最后全篇只能突出一个中心论点，并按一定的逻辑关系把大大小小的论点组合起来。

下面这篇例文是在全系统推进三项制度（干部人事、劳动用工、薪酬分配）改革的过程中，围绕改革方案进行讨论座谈时所做的即兴发言。

三项制度改革座谈会发言

三项制度改革方案全面系统，令人耳目一新，充分体现了党组改革的决心。基层单位也很振奋，希望释放更多的改革红利。接下来我们会认真理解、消化、执行好改革方案，结合实际推进改革落地。改革所涉及的问题也是我们公司发展中遇到的问题，目前我们也在

考虑人力资源政策体系的系统优化，方案是及时雨，给予了指导、规范和支撑，使我们对推进改革及其成效更加有信心。

我结合自己工作中的感受，提出几点建议。

第一，着眼集团公司中长期战略，公司产业发展、业态塑造的新情况对人才队伍建设的新需求，在战略、组织和队伍的数量与结构上如何满足这样的需求，应该更多加以考虑。

第二，这次改革的一大方向是重构岗位体系，形成岗位价值型分配体系，强化岗位考核和任期考核。这需要大量有效的基础工作作为支撑，例如岗位价值评估，很多岗位的产出难以完全量化，同一个岗位名称在不同的地方价值作用也不一样，如何科学评估；再如，干部员工的能力素质测评如何做到更加准确客观；还如，绩效目标的设定、评判、考核以及必要的还原，需要一整套的理念、方法和工具，从而真正体现业绩和贡献导向，从过程管控逐步过渡到结果管控。

第三，这次改革一个很重要的逻辑是市场化方向，除了面向社会这个市场，还应该贯通内外，在公司内部模拟市场化机制，让精干高效成为自觉行动，类似于3个人干5个人的活拿4个人的钱，如项目制、揭榜挂帅、摘标制等。鼓励人员灵活组合的柔性组织，打破组织界限，形成任务驱动的管理模式，由流程驱动逐步取代单一的职能驱动，打破人才供给端的制约。发现人才的价值和价格，使人才有序流动、优化配置。引导人才到生产率高、产出高的地方，促进人才匹配，解决人才结构性富余和结构性短缺并存的问题。

第四，改革的一个重要着眼点是激发人才成长成才的内生动力，同时要继续重视发挥组织化培养的作用，有计划、有针对性地对高潜质人才进行培养，使自发培养、规划培养与人才自我驱动相结合，真正体现人才兴企的理念。赋予每级管理者人才培养的职责和权限，明确并压实责任,把培养人才、队伍质量、输送人才作为考核干部和管理者的重要内容,与此同时在干部人才失察上也应该有相应的责任追究。建立各类人才库,制订专业培养计划并一盘棋统筹使用,使块的管理与条的管理更好地结合,多方面更多探索人才培养的机制、路径、模式和方法论。

第五,在改革中要发挥党组织的作用,党组织是改革的主心骨,发挥领导、引领、保障等作用。随着市场化、契约化的推进,员工队伍将出现离散化的趋势,传统国有企业的凝聚力、向心力存在削弱的风险,党组织的作用、力量得到更突出的体现,包括工会、统战、团的组织都要发挥作用。这些既是员工队伍有效联系的纽带,也是改革的减震器和缓冲器,有助于更好地把握改革、发展和稳定三者的关系,保持改革的连续性和正确导向。

第六,在加大优秀年轻干部选拔任用力度的同时,要注重用好各个年龄段的干部,考察一个干部并不只是光看外在的年龄,更多的是看干事的激情。有的人年纪稍大一点,但很想干事,有的人年纪轻轻却老气横秋,所以不能只用单一的年龄维度,还要加上经历的维度、精神状态的维度等。如果本身年轻,又经过多岗位锻炼,发展潜力大,又有激情,这样的干部应该加倍关注和使用。总之,在年轻干部的使用上,要有多元的、综合的、科学的评价体系。

这篇发言虽然是即兴而做的,但通篇紧紧围绕一个核心主题展开论述,就是如何有效地推进三项制度改革,实现改革的目标和效果。三项制度改革涉及人力资源政策的优化调整,是一项非常重要的基础性、战略性、支撑性工作,改革的目的是激发队伍活力,提高队伍素质,加强人才培养。在明确核心主题的前提下,对改革方案提出优化改进的建议,阐明改革应该关注的着眼点、

应该处理的关系、应该考虑的方面。发言所提出的具体观点,都紧扣主题,服务于主题表达的需要。

二、内容:言之有物

内容是直接传递给受众的最主要的信息,也是受众能够接收到、感受到的主要信息。因此,内容是一篇讲话的主干和血肉,对讲话的成败起着至关重要的作用。

尽管每个人讲话都有自己的风格,但在内容上的共性要求应该体现为一个"实"字。实的内涵是多方面的,包括真实准确不虚假、充实具体不空洞、切实可行不空泛、朴实简洁不花哨,甚至还包括逻辑严实、态度诚实。

以上这些归结为一点,就是言之有物。内容是真实的、可感的,充实具体,有血有肉,贴近受众,能让受众产生共鸣,能带来客观效果和实际效用。内容的实并不等同于讲话的时间长和表面上的"漂亮"有"气势",如果讲了一通大道理或者音量很有冲击力,但实际上干瘪空洞、言之无物,这样反而是很空的,效果自然不会好。

一篇讲话的内容究竟是什么呢?笔者认为,主要就是观点与素材。前面说的主题是一篇讲话的主论点,或者说是核心观点。但一篇讲话不是只有一个核心观点就够了,它还需要其他的分论点和次级观点来支撑,从而形成一个围绕主题、烘托主题、支撑主题的观点体系。

或大或小的观点按照一定的逻辑关系加以组合,就构成了一篇讲话的主干。这些观点呈现为有意突出的一些层次重点、段落标题、段首句或者观点性的词组与句子，这些观点立住了，整个讲话也就立住了，能够做到言之有理。

观点的作用主要是讲道理，干巴巴地讲道理，效果并不见得好，也很难把道理讲得透彻到位。这时候就要"摆事实、讲道理"，用有力的、精选的事实来说明道理的正确性，用充分的论据来证明论点，从而做到言之有据。

严格来说，在一篇好的讲话当中，观点都要有相应的事实来支撑，而事实也要成就相应的观点，单纯地讲道理和摆事实都不足取。光有事实没有观点，内容就是一堆散乱的素材，给人形不成整体的印象；光有观点没有事实，内容也立不起来，缺乏说服力。理想的状态是观点与素材相互结合、相辅相成。

事实素材是证明观点的论据，主要分两类：一是事实论据，就是各种案例、事实、数据、故事等；二是理论论据，就是政策条文、公理定理、法律法规等不证自明的论据，以及一些名人名言等有说服力、被经验反复证明的论据。

一般来说，观点是相对少的，事实是更多的，在大量繁杂的事实素材中，为了更好地说明观点，就要对事实加以取舍，选择的标准应该包括：准确，客观真实；典型，是具有代表性的论据；切题，契合主题表达的需要，围绕主题观点而不是游离其之外；得体，不管是事实论据还是理论论据，都是恰当和适用的，而不是生搬硬套或者不顾分寸的。

下面两篇例文都是参加理论中心组的政治理论学习时，结合具体主题所做的发言。虽然是看似抽象和枯燥的理论学习，但有观点、有素材，论点和论据结合得较好，达到了深化认识、启迪思想、谋划工作的目的，使内容的"实"有了更好的落脚点。

关于科技创新的中心组学习研讨发言

学习习近平总书记在两院院士座谈会上的讲话,有三点突出的体会。

第一点体会,当前大力发展科技事业、加快推进科技创新具有前所未有的紧迫性。中国正面临百年未有之大变局,世界正处于第四次工业革命大潮中,我们的社会、我们的国家比以往任何时候都更需要科技发展的支撑。从长期来说,我国发展仍有很多地方受制于人,发展面临的国内外环境发生深刻复杂的变化,科技已经成为大国竞争的制高点,我国"十四五"时期以及更长时期的发展对加快科技创新提出了更为迫切的要求。从短期来讲,包括我们在内的很多行业的加快发展、产业的转型升级、经济的高质量发展,都非常需要科技的快速突破。就拿此次新冠肺炎疫情的防控来讲,如何在短时间内快速研制出可用疫苗是全世界的焦点,唯有快速研制疫苗并且投入使用才可以有力地控制疫情传播。

第二点体会,做好科技创新工作,要坚持需求导向和问题导向。在座谈会上,习近平总书记列举了当前我国经济社会发展、民生改善、国防建设面临许多需要解决的现实问题。《科技日报》曾连载了35项"卡脖子"关键技术。在国际竞争激烈、国际国内发展环境复杂的严峻背景下,这些都是我们必须突破的瓶颈。从公司来说,也必须从产业发展难点、痛点、堵点和长远需求出发,发现和解决"卡脖子"的科技难题。因此,应该全面深入调研,及时梳理和掌握创新需求与存在的困难问题,结合"十四五"规划编制,加强关键技术攻关、完善前沿科技成果转化的总体布局。

第三点体会,做好科技创新工作,要深入学习和践行科学家精神。习近平总书记在讲话中特别提出了科学家精神。其中爱国精神是第一位的。习近平总书记在讲话中点出了几位"两弹一星"元勋的名字，在非常艰苦的条件下，他们始终发扬淡泊名利、甘坐冷板凳、潜心钻研的精神，才成就了"两弹一星"。虽然现在我们的条件好了，对当时那种情况感受没有那么深，但是面对新时代、新要求、新挑战，科技创新事业发展更加需要长期专注、艰苦奋斗、严谨求实的强大的精神力量支撑。

如何贯彻落实好讲话精神？

一是反复研读，以"学懂"为先导。讲话强调要充分认识加快科技创新的重大战略意义，要加快解决制约科技创新发展的一些关键问题，旨在为广大科技工作者指明创新方向，有效激发创新创造活力。我们要结合自身工作实际，通过认真研读讲话精神，深刻领会核心要义，学深悟透其中蕴含的科学思维，提升服务科研创新主体的能力。

二是学以致用，以"做实"为根本。学习讲话精神的根本目的在于运用，立足自身实际及面临的工作任务，创造性地贯彻落实。结合工作实际我提出几点建议。

第一，坚持需求导向和问题导向。科研选题是科技工作首先需要解决的问题，研究方向的选择要坚持需求导向，从产业发展急迫需要和长远需求出发，真正解决实际问题，所以我们在今后的科研立项过程中要以需求为导向进行项目筛选。

第二，整合优化科技资源配置。要发挥企业技术创新主体作用，通过内引外联，建设"小内核、大外围"的科研格局，充分利用各方面资源和力量，促进产学研深度融合，推动重要领域关键核心技术攻关。

第三，持之以恒加强"三基"工作。我们的科技领域要建立自己的基本队伍，做好基础研究，强化队伍的基本功。要着眼长远，

打造自己的"子弟兵",外委和自主研究并重,沉淀积累自己的技术能力,而不能光靠引进来的技术。集中创新要素,在推进项目建设中带动基础研究,加大基础研究投入,久久为功,持续不断坚持下去,从而取得新突破。

第四,依靠改革激发科技创新活力。要为科技工作者创造良好环境、提供基础条件、优化激励机制、搭建发展平台,在高端人才和核心技术骨干的引进、培养、使用、评价、交流、激励等方面,实行更加积极、更加开放、更加有效的政策,形成更加有竞争力和吸引力的人才制度体系与发展环境。

在中心组学习暨合作伙伴座谈会上的研讨发言

这次会议沿袭了去年公司党委理论学习中心组学习的创新做法,既是一次深入的中心组学习会议,又是一次难得的合作伙伴座谈会议。听了各位合作伙伴的交流发言,感触很深,获益匪浅。特别是在博鳌亚洲论坛2021年年会刚刚结束不久,我们召开这次会议,对于学习贯彻习近平总书记"同舟共济克时艰,命运与共创未来"的主旨演讲精神,推动各合作伙伴之间更宽、更深、更加长久的互惠共赢,具有十分重要的意义。可以说这次会议恰逢其时,十分必要。下面,围绕这次专题学习和深化合作,我谈几点自己的认识和体会。

一、增强信心,进一步树牢合作共赢的坚定信念

我分享的第一点体会和认识就是,怎么看待当前面临的形势。关于这一点,习近平总书记已经给出了鲜明的定论。在博鳌亚洲论坛开幕式上的讲话中,习近平总书记指出我们所处的是一个充满挑战的时代,也是一个充满希望的时代。

近几年,特别是疫情暴发以来,全球经济下行压力持续加大,

第四章
不可或缺的四大支撑要素

国际国内面临的困难日益彰显，我们都看到，也深切地感受到，这给我们企业的生存和发展确实带来了前所未有的挑战。我们要做的，就是要像习近平总书记讲的，既看到挑战，又满怀希望；既直面挑战，又抓住机遇。就是要在困难和挑战中探寻机遇，善于克服困难，善于化危为机，实现新的增长。怎么迎接挑战，怎么抓住机遇，其中，加强对外合作交流，就是一项非常行之有效且必不可少的途径。

去年，我们公司面对新冠肺炎疫情冲击和市场低迷双重挑战，实现了产量的巨大跨越。这一成绩的取得和目标的设定，就是因为我们秉持了合作共赢的理念，推动融合发展实现往深里走、往实里走。我们组织开展高层之间的会谈，深入开展企地之间、企企之间的合作，推动合作项目"大干快上"，实现了共赢发展。实践证明，合作才能更好地生存，合作才能成就大事业。所以，我们应当进一步增强合作必赢的信心，坚定合作共赢的信念。

二、深化合作，进一步开创互利共赢的大好局面

我想跟大家分享的第二点体会和认识就是，我们怎么拓展和深化互利共赢的渠道。习近平总书记在讲话中提出了四点倡议，其中前三点分别是：要平等协商，开创共赢共享的未来；要开放创新，开创发展繁荣的未来；要同舟共济，开创健康安全的未来。这几点倡议完全符合、完全适用于我们。

我们公司自成立以来，始终把加强对外合作放在至关重要的位置。近几年，我们不断加强与地方政府、合作企业之间的互联互通，探索深化合作的有效途径。今年，为了实现全年目标任务，我们把坚持合作共赢、推动合作发展跃上新台阶作为重要工作。具体来讲，就是秉持共商、共建、共享原则，深化互联互通伙伴关系建设，分阶段、有针对性地突出合作重点，推动各层面、各领域工作共同参与、共同合作、共同受益。在企地融合方面，坚持共荣共生，构建新型

企地合作关系，形成既有利于企业发展又惠及地方建设的企地发展理念，推动形成企地互相理解、支持的共赢局面。在企企融合方面，坚持互惠互利，与合作伙伴共同把握政策良机，携手推动产业发展行稳致远；持续以文化为纽带，充分秉承双赢理念，团结融合各方力量，打造合作共享平台，形成命运共同体。

三、强化互通，进一步形成互信共赢的长效机制

我想跟大家分享的第三点体会和认识就是，我们怎么保持和巩固互信共赢的成果。习近平总书记在讲话中提出了四个方面的合作目标，其中第二个方面是建设更紧密的互联互通伙伴关系，共同开辟融合发展的光明前景。这为我们今后进一步加强合作指明了方向。总体来讲，就是建立更加密切的沟通交流、互帮互促的长效机制，通过常态化的机制，把我们的合作方式固定下来，把我们的合作成果扩大下去。

从战略层面讲，要站在国家发展大局、行业发展大局、公司发展大局的角度，结合形势任务、阶段工作特点，加强顶层设计，共同研究明确合作方向、合作目标、合作思路；充分利用各自的资源和优势，促进优势互补，不断地拓宽合作领域，提升合作水平，扩大合作成果。

从操作层面讲，要进一步完善高层、中层和基层的互联互通机制。高层之间，加强定期、不定期共商交流，定方向、定目标、定思路，进行检查、督促落实，研究解决重大合作问题。中层部门和所属单位之间，针对合作条块和具体项目，加强互动，密切配合，有序推进。基层一线人员之间，抓好细节落实，精准了解各自具体需求，盯紧合作事项进展，及时报告情况，反映问题，总结经验，为进一步深化合作提供决策参考。

总之，我们加强与各合作伙伴之间的深入互通互联，就是习近

平总书记讲的,追求的是发展,崇尚的是共赢,传递的是希望。希望通过深度合作,我们之间的联系更加密切,互动更加频繁,了解更加深入,感情更加融洽,合作更加紧密,为我们各自的发展增添更加强劲的动力,进而实现全方位、多领域的大交流、大合作与大发展。

上述两篇发言是政治性很强的理论中心组学习,涉及的主题分别是强化科技创新和构建合作共赢的企企关系。两篇发言从谈体会的角度出发,结合实际分别提炼出了若干主要观点,并组织了相应的素材和论据来说明观点,从而使内容既有高度、深度,又能落到实处,体现了"实"的要求。

三、结构:言之有序

不管是作文还是讲话,都需要一定的结构框架,实现言之有序的目的。口头讲话看似不像书面文章那样有一望而知的严密结构,体现在外在形式上显得非常清晰,但其实一样需要重视结构的作用。有了好的结构,才能使讲的内容纲举目张、主归宾从,让听的人能够清晰准确地把握讲话的主线和脉络,把握内容的重点,分清讲的层次。如果不重视结构的作用,像猪八戒滑西瓜皮,滑到哪儿算哪儿,最后只能变成一锅粥。

结构的内涵包括以下几个方面:讲话内容的总体布局,也就是整体内容要素是如何构建和编排的;内容的层次,为了达到预期表达效果,观点、素材是按什么方式有序划分和组织的;讲话的条理,按照什么样的规律来组合观点与素材,使思考与表达在逻辑上一致,形成清晰有序的内在肌理。

所以，对一个讲话结构的把握，既包括整体框架和组织形式，也包括开头、主体、结尾，还包括层次、段落、过渡、照应等要素。把握这些内涵和要素，在结构设计上加以考虑，最终是为了使讲话内容形成一个脉络清晰、严谨有序、结构紧凑、浑然一体，形散而神不散的整体。

其中，在总体框架设计上要把握的要点是：找出重点，就是对内容加以整体把握和合理分配，明确详说的方面，突出重点问题，使讲话有轻有重、有主有次、疏密有致；理出层次，就是按照逻辑关系、轻重缓急，对构思的内容进行分块，厘清某个问题包含哪些内容，哪些内容意思有关联，合并同类项，把条理清晰化，使讲话脉络清楚，便于受众理解；排出顺序，就是按照已经理出的层次对内容素材进行排序，明白哪些先讲、哪些后讲，用什么逻辑关系来组合，避免随意或错乱颠倒。

在层次安排上，重点要把握好完整性、连贯性和严密性三个要点。完整性，就是讲话要做到开头部分、主体部分、结尾部分齐备，不可无故残缺，并且脉络通畅、贯穿首尾；连贯性，就是讲话的各个部分之间，在内容上要相互连贯、井然有序，要有紧密的衔接和合理的过渡；严密性，就是各个部分之间有严密的逻辑联系，既不能出现前后内容互不相干的现象，也不能出现前后内容相互矛盾的现象。

还要注意的一点是，结构是形式的范畴，应该服从主题表达和内容阐述的需要，而不能反过来为了结构形式的创新，让内容表达服从结构的需要，否则就成了削足适履。我们可以做一个形象的比喻：结构是内容最好的容器。好的结构形式对内容表达大有裨益，但选择什么样的结构"容器"，最终还是取决于内容本身。

开头、结尾、过渡、照应等结构要素，我们在前面已经结合例文进行了讲述。下面几篇例文，都是专项工作部署会的总结讲话提纲，从总体框架和层次上加以分析，可以看出框架设计时都做到了找出重点、理出层次、排出顺序，层次安排上注重完整性、连贯性、严密性，从而使整体结构逻辑清晰、紧凑连贯、严谨有序。

专项工作部署总结讲话提纲之一　关于对外合作

第一，进一步明确对外合作工作的定位是公司不可或缺的战略性、基础性工作。

第二，进一步强化政策和市场机遇，盘活资源，强化协同，积极开创工作新局面。

第三，进一步加强队伍建设，建设一支数量充足、结构合理、素质优良的合作管理专业队伍。

第四，进一步理顺机制，强化对合作项目的有效管控，提升管理效能和经营效益。

专项工作部署总结讲话提纲之二　关于安全

第一，在责任体系上，要全面压实安全管理责任。确保党政同责、一岗双责，做到全员负责、人人有责。……

第二，在发展理念上，坚持统筹安全与发展。安全是发展的基础，发展是安全的保障，既不能因为快速发展而忽视安全，也不能为防控风险而止步不前，要在发展当中不断提高安全水平。……

第三，在基础管理上，要把隐患当作安全事故来对待。最可怕的不是已知的风险，而是未知的风险，要把风险关口前移，加强风险分级管理和隐患排查治理，做到风险可知、可防、可

控。……

第四,在具体工作上,要抓住关键环节,精准采取措施。一是加强安全文化宣传,营造人人关心安全的氛围,让"六个责任"入脑入心,加强经验沉淀和良好实践积累。……二是重点突出承包商管理,加强安全资质审核,明确出现安全问题解约的触发机制和强制条款,对安全管理不到位的承包商及时叫停。……三是加大安全信息化投入,提高技防水平,有效的技术手段要及时用上。……

专项工作部署总结讲话提纲之三　关于信息化项目建设

第一,坚持业务驱动、技术支撑,充分挖掘和满足业务需求,强化技术与业务的衔接。

第二,坚持分步实施、急用先上,合理配置资源,逐步推动项目落地见效。

第三,坚持有效集成、数据共享,打破各自为政的信息孤岛,加强各系统之间的联通。

第四,坚持数据为先、治理为本,确立数据的统一规范标准,做好数据清洗、导入等基础工作。

第五,坚持好用实用、强化保密,既要提升用户体验和获得感,也要通过技术和管理手段确保信息保密。

专项工作部署总结讲话提纲之四　关于规划财务

第一,以公司战略为方向,提升科学规划水平。

第二,以"两利四率"为主线,提升公司质量和效益。

第三,以成本管控为核心,提升业财融合效能。

第四，以预算刚性为抓手，提升精益管理水平。

第五，以队伍建设为基础，提升专业价值和贡献。

四、语言：言之有味

任何一篇讲话，给人最直接的感受就是语言，语言是否耐听有嚼头，是否有干货让人"解渴"，语言风格是什么样的，这是听者的第一印象。所以，语言是即兴讲话中非常关键的一个要素。

语言是思想的载体，是思维的工具。如果讲话语言苍白，别人听之无味，本质上是讲话人思想僵化的原因，不能给人鲜活的感受，而是陈词滥调、味同嚼蜡，甚至堕入假、大、空的歧途。

毛泽东在《反对党八股》中写道，"俗话说：'到什么山上唱什么歌。'又说：'看菜吃饭，量体裁衣。'我们无论做什么事都要看情形办理，文章和演说也是这样。"好的讲话要根据用途、对象和要求的不同，该严肃的严肃，该活泼的活泼，该委婉的委婉，该激昂的激昂，这样才能与受众互动交流。

总体上说，好的即兴讲话在语言上的标准，应该是准确、简洁和生动。

一是准确。准确即素材真实、数据准确、议论恰如其分，把要说的事、要讲的道理说准确、讲明白，使内涵与表达意图完全一致，符合客观事理，让人一听就懂。

二是简洁。简洁指风格质朴，自然去雕饰。好的讲话应该朴实无华，不矫揉造作，不故弄玄虚，不生拉硬扯。简洁也指内容凝练，力求用最短的篇幅表达最大的信息量。讲话简洁要求多讲短话，少说一些"正确的废话，没用的空话，好听的套话"，不

穿靴戴帽，不搞形式主义。避免不必要的长篇大论，把简单的问题复杂化，不重质量重长度。

三是生动。好的讲话在准确、平实、简明的前提下，还应该做到生动活泼、亲切可感，让人产生强烈的感受和共鸣。要注重形象具体，即便是讲道理，也要用生动形象的表现形式，用接地气的语言，不仅把事理说得准确明白，而且让人听起来有兴致。多用一些鲜活的故事和案例，有时候一个故事说服力和感染力远远大过讲长篇大道理。讲好故事，用好鲜活的案例，能达到以一当十的效果，也增强了语言的生动性。适当用一些文学的修辞手法，如排比、用典、比喻、设问等，以增强表达效果。但要注意，文学修辞手法使用要适当，过多会适得其反。

要强调的是，生动形象更多指的是一种内在精神，思想活泼，思维敏捷。追求语言的活泼，不应只是表面上使用一些俏皮话或者流行语，否则会显得油滑轻佻。语言的生动还体现为追求新意，力避呆板、老套、枯燥、模式化、概念化，这就需要解放思想、敢于突破，在思想创新、观点创新的前提下，尽可能用新概念、新材料、新语言，使人耳目一新。

除了准确、简洁、生动之外，对讲话更高的要求是做到深入浅出、入情入理。有句话说得好：是真佛只说家常。真正懂得了深奥道理的人，往往会用浅显易懂的方式来讲解。好的交流不是让人迷惑，更不是为了显示自己水平多么高，即便讲话人博古通今、思想深刻，如果对方听不懂、听不进去，那也达不到效果。因为讲话的目的是让对方明白或者受益，那就要做到没有官腔，不端架子，明白晓畅，深入浅出，让听者入耳入心。

要做到深入浅出很不容易，不仅要有深厚的思想内涵，还要用平易浅显的语言表达出来。毛泽东在讲到反对党八股的时候，指出了一个治病的药方,就是我们每一个人都应当切实领会一条起码的规则,把它当作定律,就是当你写东西或讲话的时候,要想到你是为什么人写东西、向什么人讲话。

所以,每一次讲话都要关注人,知道讲话对象是谁,他们的情感需求和心理需求是什么,把握好了这些,讲一些入情入理的话,才能打动人,让人愿意听。讲话的沟通对象是活生生的人,他们有真实的思想和情绪,也有真切的困惑和感受,这是需要把握、理解和回应的。

下面这篇例文是在基层调研时与员工座谈的发言,体现了准确的特点。这种准确不仅是内容真实、情感真实,也体现为表达恰如其分,把事情和道理说得很清楚,明白晓畅,让人易于接受。

带队赴一线调研与员工座谈发言

很高兴到基层一线参观调研。今天一天下来很充实,收获很多。我表达三个方面的意思。

一是学习。这不是谦虚。我自己到过一线很多次,在我们队伍中,很多同志长期在机关工作,工作也很忙,有的还是第一次来到基层,真实感知一线的生产生活场景,对现场的情况有了感性认识,了解了很多以前只在文件上、报道中看到的内容和情况。这对我们来说是生动的一课,既是一次主题党日,更是一次有益的现场党性教育。

二是问候。各位一线的同志长年累月在外工作,远离家人,承受着孤独和压力。对你们的付出,以及无私奉献、艰苦拼搏的精神,我们表示深深的敬意。刚才从情况介绍中了解到,我们作业区一直保持良好的业绩,产量不断攀升,积累了很多管理经验,获得了众多荣誉,也培养了很多人才,这让我们肃然起敬。传统的中秋佳节

马上就要到了,我们很多同志还要坚守岗位,无法与家人团聚,我在这里也向大家表示慰问,提前祝大家节日快乐,阖家幸福。

三是邀请。这一次我们支部与作业区支部建立了共建关系,这是加强机关与基层交流的一种很好的形式。两个支部在工作内容、性质上有差异,在党建工作上各有特色,有助于互相学习、取长补短、共同进步。刚才通过交流,我们从你们这儿学到了很多东西,回去之后能够吸收转化到我们的工作中。这只是一个开始,我们的工作职责之一就是为基层服务,我希望把这个共建活动长期进行下去,把作业区作为我们服务基层、了解基层情况的一个窗口,帮助我们特别是我们队伍中的年轻同志从基层的沃土中吸收营养,更好地成长。同时,我自己也决定把作业区支部作为基层联系点,定期调研,了解员工想法和建议。我希望联系点的工作不是走过场,而是真正能留下脚印,扎下根来。所以,我也郑重邀请咱们作业区支部的同志们,等工作不忙的时候,也到我们支部走访一下,进一步加深了解,增进友谊,形成定期交流机制,把我们的共建工作做得更好、更实、更有成效。

下面这篇例文是在春节慰问基层员工的讲话,突出体现了简洁的特点,没有长篇大论,但内容实在、表达真挚、简洁明了,很接地气。

春节慰问基层一线员工的讲话

各位一线的建设者,你们辛苦了!你们承担了公司"生命线"的建设任务,日夜奋战在工地上,现在疫情还在继续,现场的工作也受到冲击,施工队伍管理难度增大,物料供应也受到影响,但大家克服种种困难,顾全大局,坚守岗位。春节期间还有395名同志在一线作业,舍小家为大家,无私付出,让人感动。我代表公司党委向你们致敬,表示衷心的慰问,向全体一线员工包括承包商员工以及广大家属拜年,祝大家牛年吉祥,万事如意,身体健康,阖家幸福。

春节期间,大家一定要注意作业安全,不能有丝毫放松和麻痹思想,如果不安全,宁可不作业。项目部要做好后勤服务保障工作,确保大家吃好、休息好,虽然在工地上,我们也要过一个好年,和全国人民一样欢度春节,感受节日的氛围。要把节假日加班的工资发放到位,严格落实政策,一定不能出任何差错,确保把温暖和关怀送到一线员工身边。要提前筹划,春节过后立即有序组织全面复工,加快项目建设。

一年之计在于春。春天播种,秋天就能收获。请大家一鼓作气,再接再厉,把握关键节点,扎实推进建设,争取早日实现全线贯通。到时再为大家庆功!

下面这篇例文是在基层调研时与青年员工座谈时的讲话,体现了语言的生动、活泼,准确把握了沟通对象即青年员工的思想特点,同时也考虑到在场的各单位领导,有很强的针对性。论点鲜明又论述充分,入情入理而让人信服,有很强的启发性和哲理性。全篇有观点、有素材,有身边的事例,引经据典,思想内涵深厚又平实浅显,深入浅出,达到了很好的表达和沟通效果。

基层调研与青年员工座谈发言

我和大家交流三点想法,也是我对青年员工的期望。

第一,以理想为灯塔,提高思想政治素养。理想是人生的航标,引领前行的方向。年轻人要树立正确的人生目标和远大志向,这样

才会找到不断奋进的内驱力，人生才会有大格局，才会树立正确的世界观、人生观、价值观。理想不是虚无缥缈的东西，而是我们愿意为之付出、倾情投入、奋斗终生的事业，要把个人的理想与国家和民族的发展以及公司的发展联系起来，找到最好的结合点，在为社会、为他人奉献的过程中实现最大的人生价值。我们的理想是有现实感的理想，要找到实现理想的具体方法和路径，志存高远、脚踏实地，大处着眼、小处入手，不急于求成，不好高骛远。从现在做起，从小事做起，从完成一件件具体的事情中、实现一个个阶段性的目标中，不断向理想的目标靠近。马克思年轻时在《青年在选择职业时的考虑》一文中这样写道："如果我们选择了最能为人类福利而劳动的职业，那么，重担就不能把我们压倒，因为这是为大家而献身。那时我们所感到的就不是可怜的、有限的、自私的乐趣，我们的幸福将属于千百万人，我们的事业将默默地、但是永恒发挥作用地存在下去，而面对我们的骨灰，高尚的人们将洒下热泪。"马克思之所以能成为伟大的人物，在于他很早就树立了远大的理想，并终身为之努力。正是理想让人崇高，让人脚踏实地，让人不懈奋斗。

第二，以实践为课堂，提高能力和素质。现在是一个知识更新加快的时代，不学习就跟不上时代的发展，满足不了工作的需要。要树立终身学习的理念，把学习当作一种习惯，处理好专精和广博的关系，既要有一定的知识面，做到融会贯通，又要有所专注，在一个领域中持续精进。学习的同时要注重思考，克服网络时代碎片化知识的弊端，形成自己的知识体系，多进行深度思考，培养和提高自己的思维能力。学会从本质上看问题、系统全面地看问题、多角度地看问题，提高自己分析问题、解决问题的能力。学习、思考都是为了实践，为了转化成实际工作能力，动手实操能力、创新意识、协作精神、沟通协调能力等都是在实践中锻炼培养出来的。前不久，公司有两名员工主动申请从北京前往艰苦一线工作，公司领导非常支持，党委还专门写了一封信鼓励他们。信里说："希望你们到基层一线以后，将实践作为课堂，多学习，多思考，多实践，苦练基本功，把理论与实际相结合，练就过硬的本领，为未来发展打下坚实基础。"这些也是想和你们说的话。习近平总书记说，"宰相必起于州部，猛将必发于卒伍"，深刻阐明了成就事业和人生必须从基层做起的道理，也为青年人的成长和发展指明了方向。基层一线是大有作为之地，是锻炼能力、增长才干的大舞台。希望你们珍惜这样的机会，在工作中锻炼，在事上磨，在面对压力和克服挑战中成长，把学习、思考、实践、总结贯通起来，提升专业知识技能，增强综合素质能力，练好基本功，立足岗位为公司基础突破、管理提升、市场开拓、数字化转型做贡献，也为将来的发展储备能力，夯实基础。

第三，以习惯养成为基础，提高职业素养。青年员工在进入职场之初，就要形成良好的职业素养，扣好职业发展的"第一粒纽扣"，让自己终身受益。职业素养和职业技能是根和枝叶的关系，只有根深，才能叶茂。职业素养首先体现为职业理念或者叫职业精神，包括责任感、忠诚、担当、执行力等；其次体现为职业规范，就是言行举止方面要注意的，包括职业仪表、职业着装，更包括职业化的行为，例如要乐于沟通、与人合作、讲规矩程序、事事有回应等；最后体现为职业习惯，有句话说：思想塑造行为，行为变成习惯，习惯形成性格，性格决定命运。所以要从一个个习惯养成入手，例如什么叫工作到位，简单说，汇报工作说结果，请示工作说方案，总结工作说流程，布置工作讲标准等，把这些好的做法内化成自己的习惯。一个人有了良好的职业素养，想不得到别人的赏识都难。特别要说明的是，大家在紧张工作之余，要坚持运动，加强身体锻

炼，珍惜革命的本钱，保持健康的体魄，这样才能有充沛的体力、精力投入工作中。

今天几个单位的领导也来参加这个座谈会，我也给你们提点要求。各级领导和各级组织要关心青年成长，关注青年所思、所想、所盼，为青年人搭梯子、建舞台，积极创造条件，组织好技术比武、岗位练兵、技改技革等活动，激发青年人的热情，充分调动大家创新创效的积极性和创造性。要加强人才储备，有计划地培养青年人才，不断完善培训、交流轮岗、使用等工作机制，加快青年人成长成才。要把严管和厚爱结合起来，对青年人多正面引导，多热情鼓励，多无私帮扶，多给予包容，对于工作中经验不足造成的疏漏和失误，不要过于求全责备，要给青年人试错改错的机会。青年人思想活跃，要多倾听他们好的想法，积极采纳他们提出的合理建议，增强他们的归属感和成就感。

各级党工团组织多开展一些有益的文化体育活动，丰富青年人的业余生活，吸引广大青年人参加，要加强这方面的经费、场地和条件保障。同时，青年人刚进入社会，在学习、工作、生活等方面存在着不少压力，各级领导、各级组织要体谅青年的难处，努力为他们纾难解困，多为他们办好事、办实事，切实为他们解决实际困难和问题，让他们更加心无旁骛地努力工作。

公司发展需要大批有理想、有抱负、有能力的人才。青年是公司的生力军，是未来发展的希望。广大青年员工要深入实际，脚踏实地，勤学苦练，夯实根基，将所思所学与现场一线实际相结合，在基层一线广阔舞台摔打锤炼，突破自我，积蓄力量，使自己成为公司发展急需的优秀人才。公司党委将始终关注青年员工的成长，加强对青年员工的培养，当好青年员工的坚强后盾，让大家和公司共同发展。

第五章 / 瞄准靶心：更受欢迎的讲话术

"

什么样的讲话是受欢迎的？好的讲话具有哪些特征？这一章我们重点探讨这些问题，明确需要把握的重点和关键，像射击瞄准靶心一样，让自己的即兴讲话更出彩。

一、真情实感

回想一下我们听到过的各种讲话，不乏文采飞扬的、激情澎湃的、幽默风趣的、诗情画意的，但真正给我们留下深刻印象、让人经久不忘的，还是那些有感而发、真情实感的讲话。有一句话说得好：没有什么能轻易将人打动，唯有真诚。

中国人自古以来在说话作文和人际交往中，都特别强调真诚。古人说，"修辞立乎诚"，也是说在写文章时，修辞的目的并不只是美化文章，最关键在于要出于诚意，有了足够的诚意，文章自然就具有打动人心的力量，这比附加上华丽的修辞效果要好。所以，真诚才是缩短人际交往距离的最佳方式。

写文章是这样，说话因为是直接面对面的交流，更是如此。每个人的话里有多少真诚，大部分时候别人是能感受到的，如果说得天花乱坠，但充满虚情假意，只会让人一眼识破，并心生厌

第五章 瞄准靶心：更受欢迎的讲话术

恶。由对讲话的反感，甚至会上升到对人的反感，因为一个人说话的真诚度往往是与其人格品质相联系的，所以《论语》里说"巧言令色鲜矣仁"，就是这个意思。

做实在人，说实在话，这是赢得别人好感的重要前提。这就要求说事情要实事求是，有一说一，不虚假，不隐瞒，不添油加醋，不道听途说；表达情感要真诚，发自内心，恰如其分，不矫揉造作，不刻意迎合，也不傲慢无礼；表明态度要客观实际，不要言过其实、空口许诺，也不要油滑世故、虚伪应对。

下面的例文是在欢送所分管处室员工调离时座谈会上的发言，体现了情真意切的特点，不管是对人和事的评价，还是对人的希望和祝愿，都真诚实在。通篇讲话没有虚头巴脑和虚与委蛇，都是内心情感的真实表达，能让人从话语中真切地感受到。

在分管处室员工调离欢送座谈会上的发言

按照组织的安排，××同志要从××处调离，到别的处室承担更重要的责任，确实可喜可贺。这既是××个人努力的结果，也是领导对××处工作的认可和肯定。

今天我们以这种简朴而热烈的方式，举办座谈会给××同志送别，大家刚才都谈了很多感受，表达了真诚的祝福。我用"三个好"来概括。

一是这件事情好。××是我们处全体同人踏实工作、无私奉献的一个代表，这次被组织委以重任，说明只要大家认真工作、勤奋履职，组织就会看在眼里。××处向外输送干部和人才，不但可以让××在新的岗位上发挥更大的作用，也进一步拓宽了处室同志的发展通道。

二是活动组织得好。在年底比较忙的时候，组织这样一个座谈会，既有工作的交流，也有思想的碰撞，还充满了人情味。同时，在反对"四风"的新形势下，我们以这样清清爽爽的形式交流，也减轻了很多思想负担，取得了更好的效果。我希望以后每一个同志调离高就，我们都举办这样一个座谈会。

三是大家谈得好。大家平时朝夕相处，结下了深厚的友谊，在刚才的发言中也溢于言表，每个人讲的都是真情实感，都讲出了与××交往过程中的一些记忆、感受，特点很鲜明，让人印象深刻，实实在在没有虚话套话。这也是我们这支队伍的特点，大家都是朴实的干事的人，我希望能把这种风格一直保持下去。

我对××同志也有几句话。

一是带上收获，带上友谊，带上希望。××同志在××处工作了多年，这是一段难忘的经历，与大家的相处，也是一份弥足珍贵的友情。现在虽然离开了××处，但还在整个大家庭里，工作还有很多的交集，希望这段经历、这份友谊和祝福能够成为你的一种力量，让你在新的岗位上取得更大的业绩，获得更多的人生收获。

二是融入团队，投入工作，深入实际。到了别的岗位上，承担更大的责任，也面临新的挑战，希望××积极融入新的团队，带着在××处积累的经验，继续按照高标准、严要求，发挥自己的优势，迎接新的任务，解决新的难题，深入调研，明确思路，早日开创新的工作局面。咱们各位同志也要大力支持××的工作，把他的需求当作自己的事情来对待，帮助××更好地适应新的岗位。

三是珍惜平台，珍惜时光，珍惜缘分。××能取得今天的成绩，离不开自己的辛勤耕耘，也离不开这个好的平台，在这个平台上，只要努力，还能创造更大的价值。希望你保持谦虚谨慎、戒骄戒躁的作风，珍惜每一天工作和学习的时光，不断提升自己，机会总是垂青有准备的人。人生的每一次相遇都是难得的缘分，希望你从每一段经历、每一个同事身上学习，与大家携手努力，共同奋斗，再接再厉，既收获业绩和进步，也收获缘分和情谊。

二、准确鲜明

与真情实感相关联的就是讲话内容要真实准确。真实是不虚假，所说的事是实实在在发生的，不是无中生有、凭空捏造、主观臆测的。有时候由于各种原因，完全说真实情况受到一些限制，或者说出来效果不一定好，这时候应该做到真话不全说，但不能说假话。

真实还不等于准确，准确是更高的要求，是在真实的基础上客观地、整体地反映事物的全貌，与事物的实际概况与本质特征有准确的对应关系。这就告诉我们，首先要做到真实，如果真实都做不到，就谈不上准确，但真实不必然就是准确，需要进一步追求和把握准确的要求。

具体来说，一是事实要准确，既要真实，还要典型；二是观点要准确，要正确地揭示事物的内在规律和本质特点，是对事实素材的合理提炼与归纳；三是数据要准确，不能虚假掺水，夸大其词或者隐瞒作假；四是逻辑要准确，正确运用概念、判断、推理等逻辑工具，内容符合逻辑规律，避免常见的逻辑错误；五是文法要准确，表达的语法规范，不出现明显语病和语义不明等情况。

为了追求准确，不是面面俱到越多越好，还应该做到鲜明。一是突出，主旨意图应该鲜明突出，不要分散杂乱、无序拼凑；

二是集中，集中在一个大的主题下，不要枝蔓太多、旁枝逸出；三是清晰，表达的思路、论点、主线都是清晰的，让别人一听就能明白，不至于满头雾水、难以理解。

具体来说，一是主题要鲜明，有一个突出鲜明的主题来统领，从头到尾贯穿整个讲话，做到主归宾从；二是观点要鲜明，清晰明白地把论点阐述清楚，不模棱两可、含糊其词；三是态度要鲜明，对事物的判断、表达的意见要清晰鲜亮，是什么、不是什么，赞成什么、反对什么，肯定什么、否定什么都非常清楚。

下面这篇例文是开展关于办公厅工作如何实现高质量发展的内部讨论时所做的发言。

办公厅工作高质量发展大讨论发言

新时代办公厅工作要实现高质量发展，要从几个方面入手，这也是我自己以及带领大家努力的方向。总的来说是：政治过硬，参谋到位，统筹有力，基础扎实，运转高效，履行好办文、办会、办事的核心职能，体现"四最一中枢"的作用，发挥好参谋助手、统筹协调、督促落实、服务保障等功能，成为党组坚强前哨和稳固后院。

一是政治过硬。要提高政治站位，同时要防止讲政治口号化、空泛化，要把政治要求落实在每一项具体工作中。善于以小见大，在事上磨，不断提高政治觉悟和思想境界，增强政治敏锐性，为领导把好政治关。与党组同频共振，党组要求的带头响应，党组部署的带头落实，增强大局意识，自觉从大局思考问题、认识问题、解决问题，维护党组权威和形象。维护领导班子团结，确保政令畅通，还要严守纪律，做好廉洁奉公、遵规守纪的表率。要特别防止和纠正形式主义与官僚主义，多为基层减负，形式主义的根源是官僚主义，我们不能一方面深恶痛绝，一方面又乐此不疲。

二是参谋到位。为党组领导出好谋、献好策，做到参得准、谋得深，参到关键处、谋到点子上。领导提出的要求要积极有效回应，领导来不及想到的要想在前头，领导一些想法不周全的要敢于纠偏。做好以文稿辅政、以信息辅政、以督办辅政、以研究辅政、以对策辅政的各项工作，做到参谋到位不越位。

三是统筹有力。我们传统讲办公厅（室）"三服务"，在新形势下需要丰富它的内涵，扩充为"三服务+"，也就是服务领导+参谋助手、服务机关+统筹协调、服务基层+指导支持，这里每一个都离不开有力的统筹。从职能上说，办公厅是连接领导与群众的桥梁，是协调各部门的纽带，是服务基层的窗口，是保证公司整体工作正常运转的中枢，承担着承上启下、协调左右、联系内外的重要作用，所以协调的重要性不言而喻。我们要敢于协调，因为这是工作赋予我们的职责，又要讲协调的艺术和方法，原则性和灵活性都要有，态度谦和，工作细致，但该坚持的一定要坚持，一定程度上还要发挥纠偏作用，对一些不良的习惯、做法要敢于纠正，引导形成良好的风气和氛围。

四是基础扎实。重视"三基工作"是优良传统作风，从抓好"三基工作"入手，练好办文、办事、办会的基本功，每个人都应该做到业务精湛、办事练达、善于协调。同时要完善基本制度，明确工作规范和标准，夯实基础工作，及时补上基础工作的欠账。既要砍柴，又要磨刀，队伍始终保持认真负责、高标准、严要求的作风。人人努力尽责，敬业奉献，平时多练兵，等到有需要时随时拉得出去，能打硬仗，每一项工作都要经得起检验。

五是运转高效。我们的工作要有效率、有成效，首先是靠人，

一支善于学习、敢于担当、善于创新、作风顽强的队伍,依靠每一个人发挥积极性、创造性和主动性,所以要创造条件发现、培养、锻炼人才,努力为每一个想干事、能干事、干成事的同志创造机会和干事平台。其次是靠机制和流程,做到工作流程清晰,工作制度化、制度流程化、流程表单化、表单信息化,既各司其职,又通力合作,互相补台。每个人都知道自己该做什么,每个人都知道遇到困难从哪里能得到支持和配合,增强合力,减少内耗。大家遇到事情明面上商量解决,眼里有黑白,心中无是非,营造良好的工作氛围。最后是及时使用一些必要的信息化工具和技术手段,来提高工作效率,用技术替代一部分简单低层次的重复劳动,释放劳动力,把时间和精力用到更有价值的工作上。这方面的潜力还很大。

　　新时代,办公厅作为中枢部门,服务中心和大局的担子更重,责任更大,要求更高,高质量发展是我们的根本追求。要围绕参谋辅政更到位,发挥好"思想库"作用;围绕督促落实更有力,发挥好"左右手"作用;围绕统筹协调更高效,发挥好"总枢纽"作用;围绕服务保障更精细,发挥好"后勤部"作用。我相信,只要我们共同努力,办公厅队伍会越来越强,形象会越来越好,不断创造让党组满意、机关认可、基层满意的业绩。

　　这篇发言准确鲜明这一要求体现得较为明显。准确表现为政治上正确、逻辑准确、判断准确、论理准确、问题描述准确、目标方向准确,鲜明表现为主题鲜明而集中、观点鲜明而突出、态度鲜明而有力、措施鲜明而清晰,所以具有很强的说服力和感染力。

　　下面这篇例文是在公司季度经营分析会上的发言。

公司季度经营分析会部署工作发言

听下来,总体感觉这个季度生产运行平稳,产量控制在计划线上,安全形势良好,经营指标向好。但同时也要看到不利的方面,各单位产量完成不平衡,投资、工作量存在滞后问题,安全隐患依然存在,重点项目建设和应收账款催收力度要加大,工作协同性还要增强,产量的主动局面还没有形成,达产基础脆弱。

对于下一步的工作,有几点具体要求。

第一,产量、投资、工作量没有完成的,要分析原因,制定对策。第二季度马上进入销售淡季,还面临汛期、地方协调、承包商管理、环保督察、工程施工方案变更等一系列困难。要提前预判各种不利情况和风险挑战,采取有效应对措施,加大沟通汇报力度,完善各项配套机制和资源保障机制,加快工作进度,争取工作主动。

第二,围绕核心目标,统筹安全与发展,统筹生产与销售,统筹提产各个环节,咬定目标,有序推进。虽然我们的工作量主要在下半年,但集团对各单位的考核要求是时间过半、任务过半,我们要在条件许可的情况下尽可能往前赶,为全年目标实现争取主动。明年要进一步加强工作的计划性,把不确定性较高的项目先剔除,到半年调整时根据情况增加,保障我们的投资完成率实现更好。进一步明确各项工作目标,要有一定的挑战性,完善相应的激励考核措施,运用好考核结果,在奖惩上体现,论功行赏,逐月兑现。

第三,聚焦重大项目建设,加快推进投产进程,持续完善基础设施和互联互通机制,与兄弟单位联手开拓市场。完善产供储销体系建设,既解决当前压产难题,也为今后发展打基础。重点工作任务要创新工作机制,明确目标、节点,抓主要矛盾,加强内部协同,由公司领导领办,加大督促力度,专业部门要统筹抓总,牵头落实,

上下联动，压实责任、部署、推进、检查、反馈形成闭环，把工作抓实。同时大力倡导跨部门无障碍沟通，牵头部门与配合部门一起抓，推动工作由职能驱动向任务驱动、流程驱动转变。

第四，更加强调安全。抓制度执行、抓安全体系、抓承包商管理、抓隐患排查，切忌赶工期、赶进度而忽视安全，杜绝浮躁情绪，抓好安全基础工作和遵章操作，越是任务重的时候越要重视安全。安全是最大的效益，一旦出现事故，会带来巨大损失和成本，抵消大家的辛苦努力。承包商的安全要格外关注，严格按我们公司的安全体系和要求管理，要知道，承包商的安全是包不出去的，要当作自己的队伍一样来抓。

第五，工作推进过程中，要同步注重能力、队伍、制度和流程机制建设，加强经验总结积累，做到完成一项重点工作、完善一个体系、健全一批制度、培养一支队伍、增强若干能力。现在大家感觉忙，人少是一方面，体系不健全导致工作推进不力也是很重要的一方面。要更注重良好实践、有效工作方法的总结和推广，提高管理效能。

刚才会上各基层单位提出的困难和问题，会上已经回应的，按照刚才意见办，其他的由各职能部门在一周内回复。行政管理部加大督办问效力度，在下月的经营分析会上通报结果。

这篇发言中，工作现状正反情况以及形势分析体现得准确到位，在准确分析判断成绩和不足、任务与进展、机遇与挑战等基础上，提出的工作目标明确，思路清晰，要求具体、鲜明而聚焦，让人听了知道要干什么、怎么干。

三、精练简洁

  大概每个人都有这样的感受，听别人说话，如果讲得精练，简明扼要，话虽不多，但句句在点子上，就会觉得清爽，而如果讲得累赘啰唆，大而无当或者漫无边际，就会心生抵触甚至厌烦。这是人的普遍感受，也是我们在即兴讲话时需要把握的接受心理。

  前面介绍即兴讲话特点的时候已经提到，即兴讲话的一大特征就是内容短小精悍，这种简明精练既表现在时间篇幅的把握上，也表现在思路的清晰上，更表现在内容的精要凝练上。这就要求讲话人抓住要点，要言不烦，既节约时间，也赢得好感。

  这里面需要注意一些技巧，一是学会归纳提炼，过于具体的东西不要啰唆地去讲，要总括情况、概括观点、提炼精华，达到以一当十的效果；二是学会省略承接，如别人前面已经讲过的不用展开，人人都知道的不用赘述；三是学会书面与口头结合，有些内容可以现场讲，有些事情不太好说或者为节省时间，根据情况可以提供书面材料。

  追求简洁也不是一味求短，有时候为了把事情讲清楚、把情况讲充分、把问题讲透彻，该长的也可以长。如果只是为了简短而把该说的内容省去，那就是舍本逐末。但这种长一定是有内容、有干货的长，在尽可能短的篇幅中释放尽可能多的信息量。

  总之，篇幅长短是形式的范畴，形式应该服从内容表达的需要，但形式的好坏也会影响内容表达的效果。我们要辩证地把握二者的关系。

  下面这篇例文是在公司月度经营分析会上部署工作提出的要求，一个月的工作涉及很多方面，可以讲的事情也很多。这篇

讲话却较为简洁，主要在于：一是只抓重点，不面面俱到；二是归纳概括，一类的事情放在一起一次说完，不是东一榔头、西一棒槌，脚踩西瓜皮想到哪儿说到哪儿；三是别人已经说过的不再重复，已经理解和执行的不再说。这样说话就更加精练了。

月度经营分析会部署工作提要求

有几个方面请大家关注一下。

第一，前段时间我们工区发生了洪涝灾害，各单位都在密切关注灾害对生产的影响以及潜在的风险隐患，陆续组织恢复生产。要按照政府要求和公司管理制度，切实做好现场安全管理和承包商队伍管理，做好风险排查和物资准备，做好各项应急预案以及统计索赔、公益捐助等工作，确保安全平稳度汛。

第二，现在进入第四季度，要提前考虑做好年底考核的事。一方面是集团对我们的考核，各责任部门按照此前下发的考核内容和指标，逐一梳理、测算和评估，看看哪些与目标有偏差，哪些有欠缺，赶紧做工作加快进度，同时与集团主管部门沟通对接。另一方面是根据明年的任务，制订公司各单位、各部门以及负责人的绩效考核指标，为签订经营责任书做好准备。

第三，明年的预算安排大致确定以后，各专业部门要统筹各单位的明年采办计划，提早筹划，把计划做得更科学、更准确一些。对采办计划要分级分类管理，确定无疑的作为一类计划，存在不确定性的列入二类计划，可能要发生的潜在需求，只能容许5%~10%的计划外临时需求。合理分配管理资源，按照级别对计划进行分类管理，增强刚性，降低弹性，保障绝大部分采办任务在计划内运行。明年商务部门要把各单位、各部门的采办计划执行率作为重要考核指标,把计划外采办、合同变更、应急采办等作为重要管理要素纳入绩效考核,对商务部门重点考核采办周期效率、节资率和合规性。希望大家共同努力,使采办的效率效益和风险控制更好地平衡。

第四,进入冬季,我们的产品可能会出现紧缺问题,价格趋势大概率在高位震荡。一方面我们要坚决完成保供任务,履行企业责任,保障民生需求;另一方面要抢抓机遇,尽可能实现价格增值,或者能够以资源换市场,拓展高端稳定客户,畅通明年和今后的销售后路。

下面这篇例文是在向下属单位反馈巡察意见时的讲话,不做长篇大论,但站位较高、精练有力、态度鲜明、要求到位,体现了要言不烦的特点。

向下属单位反馈巡察意见会上的讲话

刚才党委巡察组组长向××分公司党支部反馈了巡察意见,希望引起高度重视。巡察是政治巡察,是从具体问题中透视查找政治偏差和管党治党的深层次问题,以中央关于政治建设的要求为尺子来衡量,看看有哪些差距和不足,提高党员干部的政治判断力、政治领悟力和政治执行力。我们要从这个政治高度,落实好管党治党主体责任,把全面从严治党不断引向深入。通过加强党的建设,强化理论修炼、党性锤炼和思想淬炼,夯实党建工作基础,提高党建工作质量,提升队伍的政治觉悟、党性修养、思想境界、宗旨意识,最终体现在干事创业、攻坚克难、担当作为、遵规守纪等方面,体现在生产经营管理的具体成效上,体现在为员工切实办好事、办实事上,体现在员工的精神状态和队伍的精神面貌上,真正以高质

量党建引领高质量发展，实现党的建设与生产经营深度融合。

下来请××分公司班子认真研究，逐一梳理，拿出有效整改措施，做好整改"后半篇文章"，取得扎实的整改成效。既要解决具体问题，也要举一反三，建章立制，完善长效机制；既要解决普遍性问题，也要解决重点问题和突出矛盾。要以整改工作成果推动事业发展，也要以突出的工作成效检验整改成效，实现生产经营与党的建设同步推进、同步提升。

四、新颖独特

讲话要想给人留下深刻印象，需要有新意，老生常谈、人云亦云的讲话显得千人一面，只会让人觉得言语无味，根本没有心思听下去，又如何谈得上听进去、产生共鸣呢？一个讲话有新意的人，总是能给人带来新的感受、新的观点，我们评价其会讲话，自然也会爱听。

讲话要有新意，这从几个方面有所体现。一是立意有新意，站位高远，能够站得比别人高，想得比别人深，自然立意的高度、深度就不一样，看问题的角度也不一样；二是内容有创见，不管是使用的素材，还是提出的观点，都有自己的独特之处，不落窠臼，能发人之所未发、见人之所未见；三是形式有创新，体现在结构、修辞、表达方式上有新意，与众不同。

要想在这些方面出新求异，关键在于要有平时的积累、要有深入的思考、要有对事物深切的认知、要有活跃的思维，讲出有见地的独特观点。好比一个水库只有平时蓄水多，开闸的时候才能释放更充沛的水量。如果没有底蕴和素养，追求新意自然是无源之水、无本之木。

求新的目的是使表达更有效、让人听了更入心,所以不要为了刻意求新而剑走偏锋,过分标新立异,"语不惊人死不休",就误入歧途了。

下面这篇例文是在公司宣传思想会上的讲话部分内容,体现了不落俗套的特点。

在公司宣传思想会上的讲话(部分)

三、苦练内功,强化合力,推动宣传思想工作再上新台阶

宣传思想工作是一项系统性工程,既要加强顶层设计,统筹规划部署,也要强化体系建设,培养人才梯队。当前公司的宣传思想工作整体来说基础还比较薄弱,体系还不健全,能力还有欠缺,需要我们从思路、方法、途径、载体方面同步发力。在这里,我就三个维度,讲讲我的看法。

第一个维度,各所属单位、各部门的主要责任人要做什么?

一是从思想认识上重视。树立宣传思想工作既是生产力也是战斗力的认识理念,胸怀大局、把握大势、着眼大事,通过宣传思想工作有效助力业务开展。某种意义上来讲,重经营、轻宣传的干部,不是真正优秀的干部。

二是从形式载体上入手。以形势任务教育和思想文化宣传活动为有效载体,将公司的发展形势讲清楚,挑战和困难讲透彻,目标和任务讲明白,让每一个员工清楚发展目标、战略规划、工作思路。要时常检视员工是不是熟悉了解公司当前的重要任务目标和重点工作,从而统一思想,凝聚人心,共同奋斗。

三是主动发挥宣传作用。将党建主体责任和宣传思想工作有机

融合、组织、协调、落实集团与公司安排的重大宣传项目和重要选题，经常性总结回顾生产经营管理方面的成绩、经验、亮点，给通讯员出题，为通讯员点题，让通讯员破题。协同发挥好宣传委员和通讯员的作用，既解决基层通讯员不足的问题，也推动基层党组织更好地发挥作用。

四是掌握初步的新闻传播基本知识。具备一定的媒介素养，从而更好地理解和支持宣传工作，全面提高对宣传思想工作的认识。

五是落实通讯员培养的主体责任。建设宣传队伍，善于发现人才、培养人才、激励人才，做到专人专岗，在工作安排、学习培训、信息获取、资源保障、激励表彰等方面，为通讯员从事宣传工作创造良好的条件，充分调动他们的积极性。

六是加强与属地新闻主管部门、地方媒体的沟通与联系。积极发挥属地作用，构建良好的企业宣传网络和媒体关系。

第二个维度，党委宣传部要做什么？

一是从工作体系方面，逐步构建"思想宣传＋意识形态""新闻宣传＋舆情管控""文化建设＋品牌建设"的"大宣传"格局。系统性谋划、全局性推动，从顶层设计上搭建好宣传工作体系框架。

二是从通讯员队伍建设方面，为通讯员打造沟通的平台和交流的环境。引进来与走出去相结合，每年至少组织一次专题培训，创新培训方法，探索符合公司情况的师带徒模式，丰富培训形式。通过情境沉浸式体验、实战演练、作品讲评等方式，培养若干政治意识强、业务能力高、综合素质优的宣传骨干。

三是从重要选题策划方面，加强重要项目、重大工程、重点内容的统筹、策划、组织、落地。每年策划三四个重要选题，加强顶层部署、协调相关资源、完善工作机制，从策划、约稿、采写、组稿等方面持续完善工作流程。

四是从传播媒介平台方面,建立完善的全媒体工作矩阵。打造集网、刊、号、社交平台于一体的全媒体宣传渠道体系,打破传播壁垒、丰富载体阵地,为通讯员提供表达的平台和展示的空间。

五是从媒体关系方面,对内加强与集团宣传部、新闻中心的沟通联系,在集团的统筹指导下,把握宣传重点和需求,获得多方资源支持,争取更多展示机会;对外加强与核心媒体的沟通交流,根据不同媒体的属性,明确其读者受众,构建良好的媒体关系。

第三个维度,通讯员要做什么?

通讯员是宣传思想工作的基础,是好新闻的来源。

首先在态度上,希望各位通讯员树立"一专多能"的工作理念和成才理念。岗位上没有专职的通讯员,态度上却不能抱着兼职的心态,要做就做好,要热爱并全情投入。以敬业、职业、专业的理念和态度来对待宣传工作,敬业就是出活,职业就是靠谱,专业就是懂行。

其次在认知上,破除几个误区:一是没有时间采访,没有素材怎么办?新闻写作基本是利用业余时间,只要做到勤奋,以新闻的眼光思考和观察,日常的会议、座谈、交流都是在收集信息,很多小事都具备新闻性。二是缺乏新闻敏感性,找不到新闻点怎么办?我们不是没有素材,只是没有发现素材的眼睛。要学会用孩童般的眼睛观察世界,把每一件事都当作新鲜的、独具特点的,又要用聪明长者的眼光洞察世界,能够区分出有意义的东西和无意义的东西。在日常的工作中要不断多写多实践,把握新闻价值规律;从已经发表见报的新闻作品中学习借鉴、取长补短;不断复盘总结,学会选择新闻角度;不断学习交流,多向人沟通请教,了解对象媒体的需求。三是不会写,写不好怎么办?一勤天下无难事,只有多写,笔耕不辍,做到"手勤、脚勤、脑勤",才能把新闻写好。世上无难

事，只怕有心人，新闻写作有其规律，需要在学习实践中掌握技巧，从好的范文中学习模仿，逐步提高，通过系统性、有针对性的练习，度过写作瓶颈期，就能够感受到写作带来的愉悦。四是工作之余写稿，写好了有什么用？写作能力既是综合素质的展现，也是人生成长和职业发展的重要助力。写作不仅是输出文字，更是对人的观察能力、思维能力、表达能力等全方位的培养，在写作过程中培养的能力，会成为人生不断成长和发展的基础与源泉，会得到领导的认可、同事的赞扬和崭露头角的机会。大家现在学党史，也能够知道，老一辈毛泽东、周恩来、邓小平等人都做过新闻工作者，都具备很好的写作能力。这种能力不管到了什么岗位上都是有益的。

最后在方法上，一要建立大局观。心怀国之大者，知悉国家大政方针，了解行业发展趋势和公司战略部署、任务目标、发展思路，这样才能找准定位，明确方向，这是宣传写作的出发点。二要提升"四力"。在实践过程中不断提升"脚力、眼力、笔力、脑力"，脚力就是要沉下心到一线，到现场找故事、找素材；眼力，就是要留心观察、细心思考，从不同的角度观察事物，发现新闻点；笔力，就是善于从大处着眼，小处落笔，深入浅出对新情况、新问题分析研究、及时报道；脑力，就是要多思勤问，具备优秀的思维能力和总结能力。三要拆解目标、循序渐进。起初可以把写作发表作为阶段性目标，找一个目标对象，用时间管理、项目管理、过程管理的方法，确保目标落实落地。每经过一个阶段或者写完一篇重要稿件后，及时总结复盘提高，找准重点、对准焦点、突出特点。四要多读书、读好书。增强知识底蕴、提升写作素养，我向大家推荐王梦奎的《怎样写文章》、安妮特·西蒙斯的《故事思维》、芭芭拉·明托的《金字塔原理》，这几本书都是能提升写作能力的优秀书籍。五要坚持以人为本做宣传。宣传思想工作说到底是做人的工作，我希望在大家写作的稿件中，一定要见到人，有人的名字和鲜活的形象出现。再辉煌的事迹、再光彩的数据都是人创造的，一个普通员工的名字被报道、被记载，印成铅字，他内心的激动你可能无法想象。新闻宣传要回归到人，有血有肉的人，活生生的人，而不是那种高大上、毫无缺点的英雄形象。六要多管齐下。在掌握良好写作技能的同时，要同步学习摄影、摄像、视频剪辑等技能，做一个新时代的全媒体通讯员。

这篇讲话之所以新颖独特，一是构思新颖。没有常规化地提一般性的要求，而是从三个维度即各单位责任人、党委宣传部、通讯员各自要做什么来阐述，让人清晰地对号入座，知道自己该干什么。二是内容新颖。涉及三个群体各自要做什么的内容都具有较强的创新性，都是来自实践总结思考后的要求。三是观点新颖。很多思路不落窠臼，很多要求新颖独特，例如，要求领导干部掌握初步的新闻传播基本知识，具备一定的媒介素养；提出构建"思想宣传＋意识形态""新闻宣传＋舆情管控""文化建设＋品牌建设"的"大宣传"格局；明确说重经营、轻宣传的干部不是真正优秀的干部；通讯员在认识上要破除几种误区；等等。这些都体现了较强的创新性。四是语言新颖。尤其是在对通讯员提出要求的部分，语言鲜活生动，有故事和事例，有适当的修辞运用，有新颖独到的表达，有接地气的语言。五是结构新颖。有总有分，灵活穿插，三个维度的并列结构之下，第三部分关于通讯员要做什么，根据内容表达需要，又形成了进一步的嵌套结构，从态度、认知和方法三个方面系统阐述，不板不乱，清晰有序。

五、鲜活有趣

好的讲话还应该做到鲜活生动、形象可感、饶有趣味，不但当场让人听了很有感受，也会在事后经久不忘。这方面毛泽东给我们做出了榜样，他的讲话总是能用生动有趣的语言来讲清革命道理、阐述形势任务，让每一个普通老百姓都能听懂，深入人心。

鲜活有趣的讲话应该具有一些特点。一是语言生动。语言通俗易懂，如话家常，没有过高的"门槛"，不是高头讲章，也不佶屈聱牙，更不是一副拒人于千里之外的官腔。二是事例鲜活。除了讲道理、谈观点，好的讲话往往讲事例，用实际的例子来证明自己的观点，而且这些事例都是听众能理解的。三是引人入胜。在讲法上、节奏上、风格上把握得好，像讲好一个故事一样跌宕起伏、扣人心弦，让人在思路上、情绪上跟着走。四是接地气。在语言上更多是大家能听懂的话，甚至会用很多老百姓的语言、生活中的语言。在内容上与听众贴近，是大家能够直接感受的，而不是充满隔膜的。

从思维上说，语言鲜活有趣需要运用大量的形象思维。这方面人与人之间差异较大，有的人天生风趣幽默，甚至一开口别人就觉得有趣，有的人想幽默可怎么也幽默不起来，刻意幽默反而效果不好。如果是后者，一方面可以后天学习，提高自己讲话的趣味性；另一方面也不能过于违拗自己的天性，平实朴素的讲话也是一种风格，比强作幽默有趣要好。不管什么样的风格，关键要做到一致和自洽。

语言鲜活有趣的前提是言之有物。如果内容空洞，没有多少实质内容，只是在有趣上做文章，加很多包袱和噱头，弄很多形式上的修辞与美化，就容易陷入油滑，哪怕听众当时觉得幽默好笑，事实上也没有真正的收获，也没有达到沟通的目的。毕竟即兴讲话不是脱口秀，我们每个人更不是逗人笑的艺人。有些庄重的场合，该严肃的应该严肃，这种时候有趣就不是主要的目的和追求。

下面这篇例文是欢送退休员工座谈会上的发言，语言鲜活有趣，引人入胜，但又真挚可感，耐人寻味。

欢送退休员工座谈会发言

首先想感谢一下××同志对我工作的支持和帮助。您的身上有很多值得我学习的地方，对工作、对同事、对团队，特别是敬业精神非常感染我。我还记得自己刚过来任职时，第一次见面，您就在走廊里拦住我，和我谈工作的感受、困难和下一步设想，滔滔不绝讲了一个多小时，让我这个分管领导压力很大（大家笑），这种对工作的认真劲头让我很敬佩。

这一年多共事当中，您除了本职工作，还发挥自己熟悉情况、在大伙儿中号召力强的优势，热心支持和参与支部、工会等工作，帮助团队成员融入和成长，发挥传帮带作用，将年轻同事扶上马送一程，一点也不像船到码头车到岸的样子（大家笑）。而且大家都深深感受到您对生活的热爱，生活多姿多彩，投资也很成功，算得上是人生赢家，是我们大家学习仿效的榜样（大家笑）。我想您身上体现的品质，就是我们这个团队的精神传承、事业传递和情感传播的折射，也说明我们这个团队是一个有战斗力、有人情味的团队，每个人在这个团队留下一点，形成了整体的文化。所以从这个意义上说，我们都要感谢您带给这个团队的滋养和馈赠。

其次想说的是祝福。退休了，不用再为工作操劳，自由自在，没有压力，所以我说中国最幸福的一群人就是广场上跳舞的阿姨（大家笑）。您也可以好好养生，享受各种闲情逸致，享受天伦之乐，做自己想做但以前没来得及做的事，包括饱览祖国的大好河山，记得多发些美景照片，让我们隔屏羡慕一下（大家笑）。

最后想表达的是希望。您最牵挂的就是自己干了一辈子的文档工作，新的同志一定会接好您的"接力棒"。文档处以女同志居多，在您的带领下，保持了很好的工作激情和团队氛围，团结、敬业、和谐、协作，干了很多活，基本上是女人当男人用（大家笑），女性确实很伟大。我们相信，您留下的好传统一定会传承下去，这个团队会始终是坚强的集体、有战斗力的团队。我们也正式发出邀请，明年新的档案馆落成时，您一定给我们排出档期，从退休后日理万机中抽出时间来，参加揭牌仪式（大家笑）。今天有很多的留恋和依依惜别，但看到团队和事业后继有人，您心中应该感到很欣慰。也希望您一直关注办公厅和文档处的发展，有空常回来看看。

下面的例文是一次与文字工作者进行交流的公文培训中，用幽默有趣的方式来讲述一些知识点，从而给人留下深刻印象，取得更好的效果。

与文字工作者交流授课（部分）

例如，在讲到不同行文关系和文种特点时，这样说：

按照行文方向，行文分为上行文、平行文、下行文。我打个生活中的比方，让你们加深了解。例如家里，你夫人是你的上级领导，兄弟姐妹是你的平级，儿子是你的下级。你有事要行文向夫人请示报告时，这就是上行文。到年底了，你需要报告一下全年的财务收入情况，只需要客观报告，不需要批复，这时用的是报告；如果你要买个新款手机，申请经费支持，需要上级批复同意或者不同意，这就用到请示。请示和报告的主要区别就在这里，但实际工作中很多人容易用错，常常在报告中夹带请示事项，或者多头请示、越级请示、一文多事等，这些都是不符合规范的。如果你要邀请兄弟姐妹周末来家里聚会，发一个函过去，这就是平行文，他们可能来，也可能不来。你要通知儿子参加课外班的时间、地点，这就要用到通知这种下行文，是要求认真执行的。

在讲到改写的写作方法时说：

改写的过程，实际上就是重新构思、重新剪裁、重新布局的过程。功夫全在一个"改"字上。练好改写功，需要在三个方面下功夫：一是会驾驭多种文体，多学多练，做到十八般武艺样样精通。二是正确把握修改方向，明确修改意图和改写要求，使修改后的稿子合情、合理、合法。三是充分体现修改的创造性。改写决不是简单的重新组合，而要注入自己的思考和创新的元素。

我给你们讲一个有趣的故事，说明改写的特点。民间流传一首《四喜诗》："久旱逢甘雨，他乡遇故知。洞房花烛夜，金榜题名时。"南宋洪迈的《容斋随笔》有记载。后来历史上几次有人对它进行改写。例如，明朝有人在四句前分别加上两个字，"十年""万里""和尚""教官"，增强了表达效果，让人会心一笑。还有人把每句各加两字，改成《四悲诗》："久旱逢甘雨，一滴；他乡遇故知，债主；洞房花烛夜，隔壁；金榜题名时，重名。"读起来满是调侃的味道，

意味完全不一样了。这就是改写带来的不同效果。

再如讲到如何用事实说明观点时，举例说明：

我们举一个有趣的例子来说。《西游记》里孙悟空大闹龙宫后，东海龙王上天告御状，递了奏折："近因花果山生、水帘洞住妖仙孙悟空者，欺虐小龙，强坐水宅，索兵器，施法施威。臣敖广舒身下拜，献神珍之铁棒，凤翅之金冠，与那锁子甲、步云履，以礼送出。他仍弄武艺，显神通，果然无敌，甚为难制。恳乞天兵，收此妖孽。"

这是一篇专业水平过硬的教科书般公文，没想到龙王还是公文高手。我们看龙王是如何用精心选取剪裁的事实表达他的观点和诉求，做到用事实成就雄辩的。我们来逐句分析。

第一句，"近因花果山生、水帘洞住妖仙孙悟空者"，先说肇事者姓甚名谁，住在何处，方便缉拿。第二句，"欺虐小龙，强坐水宅，索兵器，施法施威"，指称其罪证，做了哪些坏事。第三句，"臣敖广舒身下拜，献神珍之铁棒，凤翅之金冠，与那锁子甲、步云履，以礼送出"，说明自己是如何应对的，撇清干系，言下之意是责任不在我。第四句，"他仍弄武艺，显神通，果然无敌，甚为难制"，讲清楚困难，对手太强，搞不定他。第五句，"恳乞天兵，收此妖孽"，提出诉求，也是核心观点，就是赶紧派天兵天将把他给收拾了。

读到这里，玉帝自然勃然大怒，所以立马派兵征讨孙悟空。试想想，如果龙王的奏折只是说，"快派兵来抓孙猴子吧"，能有这种效果吗？

再看看其他的一些例文片段，也体现了鲜活有趣的特点。

第五章 瞄准靶心：更受欢迎的讲话术

在向基层员工介绍公司战略时说："有一个北大保安问了三个问题：你是谁？你从哪儿来？你要到哪儿去？对一个企业来说也是如此，最重要的就是明确公司的战略。把这三个问题搞清楚了，才能知道自己的定位，自己有什么资源和未来的方向。"

在基层调研改革时说："改革不是秀才在办公室写出来的，是实干家干出来的。"

在公司法律合规办调研时说："咱们这个办公室要发挥好四个作用：风险探头、合规推手、法务专家、制度卫士。"

在三八妇女节活动上主持时说："某种程度上，女士不止顶半边天。去年公司的优秀中层干部评选出来了，总共5名优秀，祝贺我们公司的女士以3：2取胜，希望你们取得更大的成绩。"

在员工参加文艺会演的排练动员会上说："这次我们请来了专业的舞蹈老师给大家辅导，平时你们可能花大价钱还不一定能请到这么高端的师资，我不会跳舞，如果会，我都想参加。"

在"苦练基本功，提高执行力"主题活动动员会上主持时说："有效的反馈机制，是一个组织执行力的重要保障。决策层能及时掌握各种情况，有效指挥，才能高效执行，就像人一样，头脑发达，四肢有力，才能保证肌体的健康。"

与员工座谈时说："既要努力工作，也要爱护身体，工作像皮球，掉下去还能弹起来，身体像玻璃球，一旦摔碎了，就再也没有了。"

在与知名专业刊物人员座谈时说："这本杂志我自己订了一份，单位给我订了一份，今天编辑部又要送我们一份。那以后我在办公室、家里还有车上各放一份，随时都可以阅读了。"

在接待集团规划部调研时说："今年开年，规划部是第一个到我们基层单位调研的总部部门，指导我们的'十四五'规划制定，

确实体现高质量发展、规划先行。"

六、发人深省

真正高级的讲话,除了前述的特征,还应该做到给人启迪、发人深省,不但给人情绪上的激发,还能给人思想上的点拨和陶冶。这是更值得追求的境界。

能做到这一点,首先是能够对所讲的事物有理性上的深刻认知,从中看到了别人没有看到的东西。有一句话说,只有感受了才能理解,而只有理解才能让我们更深地感受。讲话者如果能够从感性认识上升到理性认识,从实践上升到理论,找到事物的规律,透过现象看到本质,就能给人更多的启示,让人产生"原来如此"的感受。

其次是讲话充满哲理,给人思想上的冲击和观念上的突破。或者是从自身经验体会中阐述有价值的人生观和价值观,或者是从对事物的全面深入考察中得出独特的看法,或者是在理性思索中揭示深层的启示,带给人更多思想上的反思和行为上的重塑。

最后是有系统性,能够全面系统地总结、梳理、分析、展望所谈论的话题。零散的认识和观点是没有威力的,顶多只是思想火花、灵光一闪,而只有系统的认识,才具有理论上的有效性和实践上的指导性。这种系统性是多方面的,既包括时间上是延续的、有纵深厚度的,也包括空间上是延展的、广泛的;既包括逻辑上是立足全局而非偏于一隅的,是全面把握而非攻其一点的,也包括在概念上内涵是清晰的、外延是周延的。

下面这篇讲话是在分管处室与文字工作者做的座谈交流,体现了思想性和哲理性，给人以启迪和思考。

在分管处室座谈会上的讲话

今天座谈交流，我听了大家的发言，特别理解大家的感受。咱们这几个处，主要工作是文字工作，或者与文字工作有关，没有多少权力，却承担着不小的责任，看似风光，实则辛苦，"不管人，不管事，只管三千常用字"。如果没有正确的认知和良好的心理调适，这份工作确实很容易影响人的心情和信心，总感觉干这工作不划算、没前途，后悔上了这条"贼船"，恨不得早早脱离苦海。

这里面确实存在一种现象，一些不干这项工作的同志包括一些领导，不知道其中的苦处和难处，甚至会产生一些偏见：一是觉得文字工作没什么难的，谁都能干，对文字工作者吹毛求疵，关心培养不够；二是习惯对文字工作者形成刻板印象，觉得他们除了写材料其他啥也不会。而少数文字工作者不注重综合素质的培养，停留在文字层面当"文字匠"，不能抓住文字工作的本质，或者情商不高，甚至恃才傲物，更加深了这种偏见。

作为一个从事文字工作多年的人，在我看来，文字工作具有双重性，一方面辛苦、枯燥、熬心费力，其中的苦处确实一言难尽。另一方面，文字工作也有它的好处，只要用心去做，真正钻研的话，也能从中找到快乐和成就感。这种成就感来自文字水平的提升，来自自己的建议和想法被采纳，或者推动了某项工作、解决了某个问题。"书生报国无长物，唯有手中笔如刀。"我们工作的价值就体现在这里。

而且，文字工作还有其他工作不能比拟的优势，概括起来说，它体现为"三个机会"。

首先，干文字工作是一个很好的发展自己的机会。说实话，作为一般干部，不是每个人都有很多机会在各种会议上发言，声音很难被领导听到，但通过文字这种方式，却有机会进入领导视野，写得好的东西能给人留下深刻印象，无形中给自己创造了发展机会。在现实中，确实有不少因为材料写得好脱颖而出，进而获得良好发展机遇的人。可以说，不论是在政府机关还是在我们的国有企业，能写得一手好材料的人往往是稀缺人才。

其次，干好文字工作是一个很好的锻炼成长的机会。我们都知道，要真正把一个材料写好，需要大量的积累，这不仅需要文字能力，更需要逻辑思维能力、分析判断能力、思想高度、理论深度、知识储备、学习能力等多方面的综合素质。如果在工作中有意识锻炼自己，保持刻意学习的状态，注重综合素质的培养，进步会非常快。一个人能非常自如地驾驭各种材料，说明他一定有非常好的综合素质，一旦有机会从事别的工作，一定也能胜任。这在我们身边，已被大量的实例所证明。

最后，文字工作者还拥有其他岗位所不具备的学习机会。由于写材料经常要在领导身边，参会跟会，参加调研，阅读文件，以及接受耳提面命，这就是绝佳的学习机会。领导在工作能力、管理水平、决策思路、待人接物、为人处世上都有很多值得学习之处。在与领导的接触中，如果善于虚心学习，能从中学习领导的语言特点、领导艺术和处事方式，了解领导的工作思路和决策过程。这是活生生的管理学案例，也是言传身教的人生成长课。

虽然有这些好处，但不可否认，文字工作干久了，也确实容易让人产生职业倦怠。因为工作繁多，几乎每天都有新任务，让人疲于应付，在日复一日同质化甚至机械化的工作中，在持续的压力中，在雷同的工作场景中，在过于单一的评价模式中，人的激情很容易

第五章 瞄准靶心：更受欢迎的讲话术

磨没。再加上文字工作者大多工作勤恳，却不喜钻营，所以职业进步上有时还比不上别的岗位，容易让人滋生一些不良情绪，从而造成职业倦怠。

如何克服这种困难，我认为，要注重四个"比例关系"：

一是树立远大目标，目标的大小与感觉的苦和累成反比。人不管在什么岗位工作，都应该要有目标和追求，树立理想信念。理想信念说起来很大很远，但如果我们把它们界定为人生当中的一些目标和愿景，它就不是遥不可及的。孟子说"先立乎其大者，则其小者弗能夺也"，就是说人要立下大的志向，要有目标和方向。我们根据自己的优势特点和实际情况，确定一个值得奋斗的目标，并把大的目标分解成一个个小的目标，分阶段去实现，把自己从外在驱动调到目标驱动和成就驱动的频道上。在实现理想目标的过程中，你会发现，苦和累都是值得的。所以我们能理解，长征那么苦，为什么红军战士能坚持下来，就是因为有理想的支撑，有一个目标在前方召唤。

工作是实现人生目标的阶梯，当你为自己的目标而努力工作时，虽然没有直接把目光盯在职位薪水等外在标准上，但由于自己的能力和素质在不断提高，自然能获得更好的发展机会。如果只把眼光放在一个具体岗位上，人生的格局就会变得很小，就会一直用这个目标来丈量自己的付出，总认为自己辛苦而没有回报，觉得亏了，进而影响心态，影响人际关系，最终影响发展。所以，苦和累既是客观实际，也是主观感受，关键看你用什么样的目标来衡量。

我自己在这方面有很深的体会。最初做记者，我的目标是一两年内成为专家型记者，能对一个行业有比较深入的了解。后来我在工作之余学习，做行业研究，目标是三五年内在研究领域有所建树，得到行业人士的认可。应该说经过努力，目标顺利实现了，在行业

研究方面已经出版了五本著作,有了一定的影响力。

我进入公文写作领域后,经过几年摸爬滚打,有了很多体会,也有了一些经验和方法。我就想,写作也是一门专业,我的这些方法不仅能为自己所用,还能用来带队伍和帮助别人。抱着这样的想法,我撰写了一系列写作书籍,出版后广受好评,在写作这个圈子里口耳相传,读者们的认可和热情超出了我之前的预期。

正是因为目标的驱使,我才能坚持努力,不问收获、只问耕耘,因此获得了成果,得到了认可,也收获了一些意想不到的机会。这个过程中的压力、辛苦和疲倦,都水过无痕,化作了人生的营养。

二是敢于迎接挑战,克服挑战的勇气与成长的机会成正比。工作中有挑战、有困难,都是再正常不过的,但很多挑战是可以克服的。有句话说得好:"要有勇气改变能改变的,有宽容忍受不能改变的,更要有智慧分辨这二者。"当你发现工作中有一些挑战,而自己通过努力能克服和解决时,就应该勇敢地去尝试。四平八稳、被动地工作远不如主动迎接挑战更能成长。我记得多年前公司主要领导与我们新员工座谈时说的话:"公司存在一些问题,才凸显你们的价值,如果一切都尽善尽美,你们就是吃现成饭的,价值就凸显不出来。"所以,我一直用这句话勉励自己,大到对系统性的问题积极思考,小到工作中的具体问题努力克服,把这些问题当作挑战,在迎接挑战的过程中磨炼和提高自己。

这些年,我们在工作中也一直面临挑战,几个人的团队承担了大量的工作,人手紧张,人员年轻,经验缺乏,总感觉压力大。每次大的任务面前,我都抱着"临事而惧,好谋而成"的心态,付出加倍的努力,挖掘团队的潜力,获取外界的支持,更加高效地合作,不断优化和改进。尽管过程很煎熬,但每次下来都有新的收获,每个人都得到了新的锻炼和成长。

三是不断学习，持续改进，工作的用心程度与成就感成正比。我们说在文字岗位上有良好的学习机会，但前提是要善于学习，像海绵一样吸收知识，做一个有心人，并且做到学以致用。不断提高工作的质量和效率，找到工作的规律，不断创新工作的方式方法，从中体会到自己能力的提升，体会到自己越来越能承担更多的事，形成工作和学习相互促进的良性循环。

工作有三个层次，用手工作、用脑工作和用心工作，用心工作是最高的层次。只要用心，创新无处不在，潜力无处不在，再平凡的工作都可以越干越好，没有止境。例如一个看似简单的会议纪要，要先掌握基本格式、结构要求、语体风格，再进一步了解深层结构是什么，如何表达更精准，观点和意见如何提炼更到位，这也是一个不断提升的过程。

用这样一种用心的态度去对待自己的工作，你的能力会无形地提升，看待事物的眼光、思维的层次和角度都在发生变化，而且这个成长的过程自己是能够感知到的。从几天才能拿出一份稿件，到一天就可以拿出来，甚至倚马可待；从绞尽脑汁想不出观点，到思路泉涌，新见迭出；从面对一个题材不知如何下手，到心中有数，随手拈来；从掌握了基本套路，到不断打破常规，追求创新。这一切都取决于你的用心程度，如果不用心，工作只是简单的时间累积，而用心会让你的收获和经验不断增值。

四是培养兴趣爱好，合理排解压力，身心的愉悦程度与压力大小成反比。文字工作任务很繁重，没有空闲的时候，时常还需要加班加点，时间久了，不但心情烦躁，还容易得职业病。越是工作繁忙的人，越是要有一些爱好。梁启超先生就是一个例子，他一辈子成就巨大，著作等身，工作远远比我们更繁忙。他有一个兴趣就是打麻将，经常是打着麻将突然想起还有一篇重要的文章没写，于是

来到书桌前一挥而就，又继续投入麻将战斗。当然，梁启超先生的天才和学养不是谁都可以效仿的，但他劳逸结合的工作方式是值得借鉴的。胡适也说过，"你总得培养一两样非职业的爱好。"一些健康的、有益身心的爱好对工作和学习有很好的促进作用，会休息的人才会更好地工作。

干文字工作的，每个人最好能有一两项能坚持的体育运动，这对身体有益。当沉浸于自己的兴趣爱好时，不仅陶冶了情操，愉悦了身心，也排遣了压力。我自己坚持的一项运动就是游泳。此外，我喜欢阅读、书法和写作，有人很纳闷地问我：你工作已经很忙了，怎么还有时间去写各种东西？其实，工作之外的写作对于我来说，是在换脑子和调频道，就是一种休息和调节。

我认为，对待工作要敬业，但不要成了工作的奴隶，热爱工作，更要热爱生活。保持身心健康，塑造意志品格，拓宽心智视野，追求精神的成长和个人修养的完善与职业进步同样重要。人们说，人生是一场修行，而工作是最好的修行场所。文字工作正因其辛苦和艰难，也更锻炼人。"艰难困苦，玉汝于成"。其实，世界上没有哪项工作是容易的，都各有各的难处，也各有各的动人之处。文字工作者手中有一支笔，能把自己的辛苦写出来，所以更要慎用自己的这种"话语权"，少一些自怨和自怜，多一些自强和自信。这何尝不是一种人生的修为。

这篇讲话从自身经历出发，与沟通对象做推心置腹的交流。先谈工作中的感受，设身处地，表达理解和共鸣，然后谈文字工作具有的优势，将其概括为"三个机会"，主体部分阐述克服职业倦怠感要处理好的"四个比例关系"。现身说法，给人启发，展现了不一样的站位、胸怀和格局，也展现了与众不同的视角、系统辩证的思维能力和独特的工作体验，给人激励和思考。

此外，在一些场合的发言讲话中，还提出了一些高度概括凝练的表述和概念，达到发人深省的效果。

如关于工作的正确方法，提出处理好五个关系、避免五种倾向：处理好分工与合作的关系，避免本位主义；处理好内容与形式的关系，避免形式主义；处理好服务与管理的关系，避免官僚主义；处理好重点与一般的关系，避免事务主义；处理好常规与创新的关系，避免经验主义。

如思想政治工作，提出"六导融合"新方法：政治辅导，思想指导，价值引导，心理疏导，利益促导，制度督导。

如政治理论学习的"一二三四"机制：以"第一议题"为核心的学习内容，以两级党组织为重点的学习主体，以"三会一课"为载体的学习形式，以四个群体（党员干部，党支部书记，党务工作者，全体党员）为范围的培训对象。

如基层党建的"四有"标准：有形覆盖，有效抓手，有机融合，有力堡垒。

还有本书其他例文中使用和提到的，办公厅（室）系统的"三服务+"职能定位：服务领导+参谋助手，服务部门+统筹协调，服务基层+指导支持；"三业"的工作态度：敬业就是出活，专业就是懂行，职业就是靠谱；勉励青年员工的"七戒"：戒庸，戒懒，戒虚，戒骄，戒躁，戒贪，戒怨……这些都具有这样的特点。

第六章 / 高效控场成就魅力表达

控场,是指讲话者对场面进行有效控制的能力,包括对演讲效果、时间节奏、现场气氛、突发事件的把控和应对。即兴讲话要想调动听众的情绪,集中听众的注意力,创造良好的现场气氛,需要具备一定的控场能力和技巧。

一、角色控制

控场的第一要务是把握好自身定位,明确角色要求,也就是厘清自己在特定情境当中,"我是谁""我以什么身份讲""我给谁讲"等基本问题,做到得体合宜。如果把定位搞错了,就会贻笑大方。

进入一个场景,首先明确自己的身份和角色是至关重要的,这其中内在包括位势的高低和力量的强弱,如自己是"话事人"还是"龙套""打酱油的",是发号施令的还是接受挑战的,是唱黑脸的还是唱红脸的等,如果把握不好这些,就会出现越位、缺位等情况。与此相对应,讲话的情景和限制条件也不一样,是开场说,是主持串场,是最后总结,还是只接受提问质询、插嘴补充,这些分寸都需要把握好。

角色不是孤立和无所依傍的,而是在一定的关系中产生的。第一,是在与对象的对应关系中产生的。例如是汇报,是提要求,还是平等交流,这是根据对象的情况来确定的。第二,是在与其他角色的配合中生成的,如在一个双边沟通中,己方人员由于职务和位阶的不同,每个人讲话的角度和层面会有细微的差别;再如在一个群体中,个人与他人比较所形成的代表性,决定了讲话的基调和角度,是作为青年人的代表,还是作为企业界的代表,讲的话肯定是不一样的。

下面这篇例文是参加某专业核心期刊召开的理论研讨会时的发言开头部分。

参加某专业核心期刊理论研讨会发言(开头)

今天召开理论研讨会,得到参会的邀请,我感到很忐忑和惶恐。自己来自实践一线,谈不上有什么理论建树和思考,写过一些业务心得,也不是正儿八经的理论文章。我理解主要是各位领导想听听实务界的声音,所以我更多的是提供一些工作感受和实践案例,这样也能请各位领导专家把把脉,看看哪些地方可以在理论上提炼一下。这也是理论界和实务界的一种联系与沟通,我们干实际工作的,也特别需要理论的指导和滋养,所以我对今天的会议充满期待。

我自己体会,秘书工作作为实务性工作和实用学科,理念无非就是那些,不同的人干,成效不一样,可能差异在于对理念的理解和把握深度不一样,知行合一的程度不一样,以及对"默会知识"的感知和运用不一样。实际工作背后的那些规律性、本质性的东西,源于实践又高于实践,可能就是理论的雏形。这些规律是相对恒定不变的,变化的只是形式、要求、工作内容、方式和环境等,这要求理论回应实践的要求,回答实践提出的问题,要不然就会遭到实践的挑战和质疑。在理论与实践相结合的过程中,能更好地攫其要、循其理,更好地把握工作的规律性和主动性,在实践中多一份自觉。

……

在这个理论研讨会上,一开场谈正式的观点之前,首先其实是在明确自己的身份定位。这个特定情境中,要把握的角色定位在于,一是以刊物作者的身份参加,二是以来自实务界的代表身份参加。所以放低姿态,表达谦虚、期待,同时也大胆谈自己的观点,谈对理论与实践关系的认识,既符合理论研讨会的特定场合与主题,也为后面的阐述做好铺垫,显得得体,不卑不亢。

下面两篇例文都与工作检查有关,但讲话时的角色正好是相对应的,所以口吻、角度都不同。第一篇是作为检查组长与被检查单位见面沟通时的讲话。

与被检查单位见面会的讲话(部分)

先介绍检查的背景、目的、要求、任务和安排。(略)

我们这次的检查按照要求是坚持问题导向,但找问题只是手段不是目的,更不是为找问题而找问题,主要还是要以查促改、以查促建、以查促治。

有问题不可怕,找出来整改了,就是工作的促进。如果有问题没有发现,没有得到有效整改,那一定不是一件好事。所以,我们检查的最终目的是推动各级组织提升政治站位、增强思想自觉、落实管党治党责任,改进工作中的不足,为发展创造更好的环境。从这一点来说,我们的目标是一致的,是同题共答,围绕同一个方向,

从不同的角度做工作。打个比喻，我们就是啄木鸟，啄出树上的虫子，把问题指出来，你们切实整改，在下一次"回头看"之前做到见底清零，这是一个最完美的结果。

相反，如果由于认识上的偏差、工作上的疏忽，一些问题依然存在，后面被发现，那么我们的干部和同志会受处分，这是大家都不希望看到的。

总之，还是希望我们共同努力，互相配合，查找问题，改进工作。我们会实事求是地指出问题，也希望你们对反馈的问题高度重视，认真整改，确保件件有着落、条条有回音。既要注重当下改，举一反三，源头防范，也要注重长久立，深挖根源，建立长效机制，实现标本兼治。你们有做得好的地方、工作中的亮点、值得推广的经验，我们也会关注，客观如实地反映。

作为检查组长，要把检查的目的、意图讲清楚，态度坚定而不温吞，要求明确而不含糊，同时也要讲清楚检查的思路、方法和出发点，打消对方的顾虑，让对方更好地理解和配合，也是为了更好地完成工作。

下面这篇是作为被检查单位接受上级检查组反馈意见时的表态。

接受上级检查组反馈意见时的表态

感谢检查组的辛勤工作，感谢检查组对我们工作的肯定和鼓励，这是对我们的鞭策，也增添了我们的信心。特别是检查组指出的问题都非常中肯和到位，涉及基础工作质量和规范性、治理体系、管理体制机制、制度制定与工作落实、队伍建设等方面，这些确实是我们工作中的薄弱环节。通过提醒，我们进一步看到了差距和不足，明确了标准和要求。这是对我们有益的指导和及时的纠偏，我们虚心接受、完全认同。公司党委会高度重视，马上专题研究，全面梳理，制定整改措施，分类推进。能够改的立行立改，需要一定时间的，我们认真研究拿出方案，需要上级部门指导和帮助的，我们及时沟通汇报，同时建立长效机制，杜绝类似的问题再发生。总之，将一项一项落实，确保整改成效。我们会切实担负起主体责任，进一步提高站位，运用好这次专项检查的成果，促进我们的工作进一步改进，推动公司实现高质量发展，不辜负各位领导的重托和期望。希望总部各部门一如既往支持和指导我们。

最后再次表示感谢，检查期间由于条件有限，安排不周之处请多多谅解。

作为被检查单位，需要虚心接纳意见，诚恳接受指出的不足，体现态度的端正和整改的坚决，让检查方感受到诚意和认识到位。

二、场面控制

控场，顾名思义就是对场面的控制。场面是一个抽象的概念，狭义来说，只有一个场景当中气场最足、发言权最大的人才能真正控场。从广义上说，每个人至少在发言的时候，需要对局部的时间和空间进行有效的控制。

场面控制能力，有些是软性的，一个人的气场有强弱，有的人不怒自威，一说话别人就倾耳细听，而有的人气场弱，说话根本引不起别人注意。气场是一个人内在力量的外化，也是控场能力的综

合体现，它的形成不是一朝一夕的，需要长期修炼和内在修养。

在具体层面，场面控制要把握几个要素。

一是对场合的控制。场合是由一定的时点、地点、情况、人员等构成的特定情景，要对此有清晰的把握和体察，使自己的讲话与特定的场合相适应。

二是对时间的控制。不管是总体时间，还是自己发言的时间，都要合理把握。就自己单个发言来说，不要太长太啰唆，言简意赅最好，但也不要太短，以至于意思没有表达清楚。同时，单个发言要放在整体时间中来把握。如果时间充裕，大家都畅所欲言，自己也不妨随大流；如果时间短，特别是留给自己的时间更短，这种时候发言就更要简短，否则既耽误时间，也惹人厌烦。

三是对节奏的控制。讲话的节奏不仅是语速快慢、节律急缓的问题，而且涉及对整体场面的有效控制。它直接影响的是时间，节奏太快无形中缩短了时间，节奏太慢就拖沓了时间。它也影响整个场面的效果，节奏是否与自己讲的内容相适宜，是否与其他人相合拍，讲话效果截然不同。它还体现发言人的信心，胸有成竹的讲话人，节奏一定是张弛有度的，该快的快，该慢的慢。而信心不足的讲话人，要么磨磨唧唧，要么像打机关枪一样一吐为快。

四是对讲话进程的把握。一个持续的会议、交流或讨论，会有很多的节点，有开场，有过渡，有总结。在这个进程当中，讲话人要善于观察，合理把控，该深入的时候进行延伸，阶段告一段落加以小结，有大的情况变化及时转折，出现争执和意见不一致合理中断，出现质疑和挑战予以回应等。需要根据情况顺势推进，或者加以干预，来控制讲话的进程。

下面这篇例文是在一次机关部门参加的督办工作研讨会上的总结讲话。

督办工作研讨会总结讲话

今天把我们总部主要部门的综合处处长叫到一起开这个会,你们都是大忙人,感谢大家百忙之中抽出时间来参加,而且提了很多好的建议,会议很有成效。

督办工作的重要性就不多说了,从中央到党组都有要求,我们主要任务就是抓好落实。前面介绍了新的督办工作体系,思路还是比较清晰,也是求真务实的。其实从去年这个时候就酝酿,按照"分级实施,督办分离,手段先进,信息透明"的理念,逐步明晰思路,基本上到去年年底比较成型了,今年初正式实施。

为什么要做这么大的改造?主要原因还是工作实际的需要。以前的督办工作机制运行下来,虽然也起到了作用,但也发现了一些问题,主要就是重点不突出,眉毛胡子一把抓,事项太多太烦琐;过程管控不到位,对督办事项进展心中无数;缺乏刚性要求,基本上处于无法管控状态;实际效果也不好,变成了文来文往,文字旅行,应付差事。这种情况绝不是督办工作的初衷,也不是领导的要求,无法体现督办工作的价值。

于是下决心整改,当时心里也是忐忑不安,不知道效果怎么样,从上到下的接受程度怎么样。现在运行半年多,总体上还是在不断探索优化,应该说效果是不错的,达到甚至超过了我们的预期目标。后来我们也做了调研,从兄弟单位的做法、从大家的反馈来看,我们觉得这个方向是对的,体现了"放、管、服"的要求,就是围绕核心职能定位,做自己该做的,做下属单位做不了的。能够做到今天这样,虽然有我们的策划、首倡和推动作用,但更多还是靠大家,领导的重视和指导,同志们的支持和配合。所以我们还是要总结经验,发扬成绩,巩固良好的势头。

同时,我们依然觉得还有很多需要改进的地方,还有很大继续提升的潜力空间,督办工作的价值成效还可以进一步发掘。督办是办公厅(室)系统的三大核心职能之一,应该说我们大家在同一条战线上,都有共同的职责使命。请大家来,其实也是彼此交流,学习互鉴,取长补短,听听大家的想法,看看怎么共同促进,进一步完善督办工作体系,提升工作的质量效果。督办工作一定是要开门来做的,大家提了很多好的想法,介绍了各自的做法和思考,都很有启发性。大家提的一些建议,我做些回应。

一是关于督办立项。立项是源头,一定要科学合理,做好顶层设计。我们基本的理念是有效、有价值、可实现,重点关注异常管理而不是常规管理,日常职能、自动运行的工作不重复立项,就是不干扰原则。对所有的事项要明确优先级,分级分类管控。一、二级督办要更好地衔接,互为补充,二级督办由各单位自己发起,向我们备案即可,这样形成一张更完整的拼图。

二是关于重要会议代表意见办理情况督办,也是第一次创新开展,参照两会提案的形式,目的是提高会议发言质量,形成会议管理的闭环。当然还有需要改进的地方,第一次尽可能多地体现大家的意见,今后应该进一步精选,毕竟与两会从代表性、意见的形成机制、含金量上都有差异,不能机械地套用。

三是关于过程管控。我们希望能更加有效和精细化,从总体的完善逐步深化到每一项任务的有效管理,长周期的工作怎么样设置有效的管控节点,从分级到分阶段管理,还有很多工作要做。

四是关于信息化。我们的智能文传系统已经在建设当中,预计年底上线,明年全面推开,其中很重要的一个模块就是督办。我们也想能够快一点,但因为功能的技术实现有一个必要的过程,我们会尽量加快。这也是制度化、流程化、表单化、信息化"四化"工作的最后一环,通过信息化的运行机制把流程固化下来。

五是关于培训。大家都表达了这个愿望,我们准备9月份再组织一次范围大一点的培训交流,今天开这个会,也可以为后面的培训做准备,能更有针对性。

六是关于考核。各个单位承担的督办工作量不一样,考核确实要设计得合理科学,不能变成做得越多风险越多,我们在设计考核制度时也考虑到了。今年是第一年,今后还会继续完善,正负激励相结合,做得好的有加分激励,避免鞭打快牛。

借这个机会,就如何做好下一步督办工作,结合大家的研讨意见,我也谈几点意见。

一是主动作为,抓好立项,提升督办工作的质量。督办工作有利于推动工作从职能驱动向事项推动转变,当然我们的管理资源是有限的,所以在立项上要做好源头管控,既要积极,又要精准;既不要死水一潭,也不要四处冒烟,分级分类,合理分配管理资源。

二是齐抓共管,抓好协作,增强督办工作的合力。在督办工作上,办公厅(室)系统是一个整体,不能闭门造车、单打独斗,要发挥好各部门综合处的作用,多协调、多沟通,用好各自优势,在有些事项上可以开展联合督办。

三是强化检查,抓好管控,确保督办工作的成效。我们一定不能为了督办而督办,要坚持目标导向和结果导向相结合,把立项、落实、检查、反馈、考核贯通起来,形成一个闭环。

四是持续优化,抓好体系,夯实督办工作的基础保障。坚持制度化、流程化、表单化、信息化的"四化"方向,加快系统建设,完善机制流程,构建横向到边、纵向到底的管控模式,形成包含业务体系、管理体系、制度体系、保障体系在内的工作体系。

五是明确职责,抓好队伍,营造督办工作的良好氛围。各单位

各部门一把手是督办落实的责任人,综合处室是牵头部门,明确有专人管督办,相关业务处室、各下属单位也要有人管督办,不能让工作挂空挡。

最后说一下,在工作的过程中,欢迎大家多沟通,有好的建议随时提,不要见外,有问题我们及时商量研究,协调解决,推动工作不断进步。做好督办工作对公司、对个人都有好处,我们也希望督办工作成为个人成长的一个平台,通过自己努力投入、学习和提升,将来大家一定会感谢这段经历。

可以看出,开这个督办研讨会的目的,是统一思想、明确任务、落实要求、协调行动。在场面控制上,针对特定的场合、对象和主题,针对大家可能有的各种态度和想法,深入阐述工作的意义、目的、背景、进展、目标和要求,让大家能够透彻地理解、充分地把握,引导听众在思想上达成一致。而且在表达技巧上,一开始的感谢,对建议的肯定,讲督办体系改造的心路历程,多次表示要多听意见,对问题逐个回应,最后提出勉励和希望,都是在细微处拉近与听众的距离,增强共鸣与共情,从而把场面牢牢把控住。

三、话题控制

讲话讲话,最后都体现在"话"上,就是所讲的话题和内容,这是控场中要关注的核心要素。

要控制好话题,可以从三个方面加以把握。

一是不离题。所讲的内容不能偏离大的主题,随心所欲大讲一通，不但没有任何效果，也是对别人的不尊重和对讲话机会的浪费。如果对所讲的话题确实没什么感受，这种情况下宁肯少说和不说，也好于信口开河、不知所云。

二是有特点。要想给别人留下好印象，引起关注，有特点是必不可少的。特别是在一个人多的场合，如果很多人已经说过了，以至于大家都陷入听觉疲劳当中，甚至昏昏欲睡，这时候要引起听众的注意，莫过于一个有新意、有特点的讲话，给人耳目一新的感觉。内容、形式、观点、角度，如果有创新出彩之处，就能与众不同。

三是善引导。一个善于引导的讲话人，不但能控制好自己的讲话内容，还能因势利导、循循善诱，引导别人讲出有意义、有价值的内容。如果是作为一个主导者，引导是比较方便的，在开场、串场过程中都可以通过点评、总结、引出话题等方式，来对其他人的讲话加以引导，但引导并非主持人的专利，普通参与者在适当得体的情况下，也可以通过提问、插话等方式来引导话题的方向。

下面这篇例文是在公司人力资源工作者务虚会上的总结讲话，在话题的控制上非常有效。

在公司人力资源工作者务虚会上的总结讲话

今天，人力资源部组织全公司的人力资源工作者召开这个务虚会，以头脑风暴的方式，交流探讨公司人力资源一路的工作思路和明年工作打算，大家畅所欲言，谈了很多想法和建议，体现了大家认真准备和积极思考。务虚务虚，并不是说谈的东西是虚的，只是说不决策，我们更多地希望通过这种方式来解放思想，相互启发和

碰撞,找到一些解决问题的创造性思路。我结合自己平时的思考和大家刚才谈的,也做个发言。

第一,要持续优化组织机构、职能设置和人员配备,更好地满足公司发展需求。

公司处在快速发展阶段,就像未成年人一样,不断在长身体,那就需要合适的衣服来穿着。前段时间我们刚刚优化了一轮组织机构,但是,这项工作不能一劳永逸,需要根据公司发展持续优化,近期要对已调整的组织机构运行情况及时开展后评估,进一步调整优化现有机构设置和职责界面。具体需要开展的事项有:区域公司实体化支持;根据业务发展新设立公司;对外合作联管会设置;部门+中心管理模式的持续优化。要始终坚持"精干高效"基本原则,但需要辩证思考的是,精干是手段,高效是目的,公司目前处于迅猛发展阶段,人员合理增加可以带来更大的管理效率效能,要根据公司业务发展和管理需要,研究提出相应的职能完善、岗位增设和人员配备方案。加强合资合营公司管理,科学有效使用工资总额,统筹考虑合资合营公司用工和薪酬设计,提高管控力和管理效能。

第二,树立鲜明的选人用人导向,激励干部担当作为,打造高素质干部队伍。

事业要发展,关键在干部,在于"关键少数"。要贯彻落实新时代组织路线,把优秀干部发现出来、使用起来,突出德的优先地位和事业为上的客观标准。确立鲜明的选人用人导向,从宏观结构、梯次配备、能力素质等方面综合考虑,明确干部队伍培养的重点和路径,打造高素质干部队伍,为事业发展提供坚强保障。

坚持好干部标准选人用人。新时代好干部标准是信念坚定、为民服务、勤政务实、敢于担当、清正廉洁。用干部第一位是把好政治关,深入考察干部政治素质;其次把好廉洁关,做实"四凡四必",

切实防止带病提拔；还要严格把好能力素质关，引导干部想干事、能干事、干成事，具有解决实际问题的能力，考察干部是否有务实作风、担当品格、斗争精神和足够的能力本领。

坚持业绩导向选人用人。坚持事业为上，把干部干了什么事、干了多少事、干的事组织和群众认不认可作为根本依据，选拔任用敢于负责、敢于担当、善于作为、实绩突出的干部。把业绩体现在动议、推荐、考察干部的全过程，做到人事相宜、人尽其才。坚持以事择人，选事业最需要、岗位最合适的干部，用"谁可用"回答"该用谁"，避免因人择岗、论资排辈、平衡照顾。坚持依事识人，注重通过实事、实情、实绩识别干部，真正把那些真干事、真作为的干部用好。组织部门一个重要任务就是发现人才，发现有培养潜力的干部，把考察触角拓展到一线，把识人功夫下到平时，根据事业发展，强化对干部的源头培养、跟踪培养、全程培养。通过思想淬炼、政治历练、实践锻炼、专业训练，提高干部的政治能力和专业素质，达到岗位缺人时有人可选、选了能用的效果。

坚持公道正派选人用人。公道正派是选人用人的优良传统，是干部组织人事工作的重要遵循。要把选人用人作为重要的政治工作，充分发扬民主、集体决策，坚持原则，实事求是。严格执行干部选拔任用工作程序，不断提高选人用人科学化水平，科学设置干部选拔的考核评价标准，自觉防范和纠正用人上的不正之风和种种偏向。坚持五湖四海，坚决杜绝山头、圈子和团团伙伙，用清清爽爽的选人用人环境形成良好的政治生态。强化干部的监督管理，让广大干部明规矩、守纪律、知敬畏。

第三，要加强人才队伍规划建设，优化队伍结构，提高能力素质。

公司总体人不多，要不断提升组织效率效能，关键在于一支数

量充足、结构合理、素质优良、作风过硬的高素质人才队伍，解决目前存在的技术人才储备不足、员工发展通道不畅、重点岗位人才接续难、整体结构不合理等突出问题，抓好专家作用发挥、员工能力提升、高潜质人才针对培养等工作。在人才引进、培养、使用、评价、流动、激励等方面，实行更加积极、开放、有效的政策，形成更有吸引力和竞争力的人才制度政策与人才发展环境。同时，在工作中积极探索队伍建设和人才成长规律，如何广纳英才为我所用，如何压实队伍建设责任，如何激发人才的积极性、主动性、创造性和内驱力，如何使本部门成为业务发展的伙伴和人才成长成才的孵化器与加速营，这些都是人力资源部应该考虑的问题。

要着眼未来5～10年的发展，科学规划未来的队伍建设。队伍结构要科学合理规划、持续优化，在管理、技术序列两支队伍的基础上，研究适当增加部分核心操作性岗位。规划好未来几年人才队伍从哪来的问题，在立足内部挖潜、用好存量人才队伍的前提下，加大高端紧缺人才的引进力度，完善相应政策。优化员工队伍岗位序列和晋升机制，探讨部分岗位实施本地化，做到政策导向、条件依据明确。公司人才要坚持"一盘棋"原则通盘考虑，完善相应政策制度，切实保障员工合理有序流动。人才队伍的培训培养，要建立相应的培养制度机制，开展多形式针对性培训，提升员工干部队伍能力素质，提高队伍建设质量。

第四，建立科学合理可持续的薪酬制度体系，更好保障和发展员工利益。

以不断提高劳动生产率为目标，进一步研究优化薪酬体系，合理考虑职级、地区等差异，科学设计固定部分与浮动部分比率结构，形成激励和约束并重、保障员工薪酬可持续增长的有效机制。强化绩效考核指标体系建设，合理确定组织和个人绩效考核目标，以业绩、贡献为导向，考实、考准绩效业绩，形成效益优先、兼顾公平的鲜明导向，强化"工资是挣出来的"理念。合理设置激励奖励体系，突出激励的精准、及时和有效，专项奖励要更加制度化和体系化，外派等政策性激励要导向鲜明、科学合理。在政策许可范围内努力为员工谋更多福利，对于补贴、休假等员工待遇要整体把握、统筹考虑。充分利用工资总额以外的福利政策，形成综合激励保障体系，调动员工积极性。利用好地方优惠政策办好公寓租赁、房屋团购等事项，提高人才政策的吸引力和竞争力。

第五，扎实开展"三基"建设，强化制度完善、宣贯与执行，提高整体管理服务效能。

加强人力资源领域各项制度建设，做好制度宣贯及制度执行检查工作，确保制度执行到位，有序合规。推动公司各项业务流程、机制完善，做到既有明确的职责分工，又能有效协作，打造协作文化，在职能驱动的基础上，形成任务、流程、机制驱动，推动目标实现。大力深化"三项制度"改革，关键是形成"能下""能降""能退"机制，激发队伍整体活力。要切实关心员工、服务员工，多为员工办好事、办实事，解决员工的实际困难。特别是一线员工、青年员工和家庭困难员工，在政策允许范围内着力解决他们最急、最难、最盼的问题，多倾听员工呼声，带着真心和热心，使人力资源部成为员工之家。

上述各项问题和任务不是孤立存在的，要通盘考虑，系统设计。既要有顶层思考和前瞻性考虑，也要重视基层首创；既要考虑当前发展需求，也要考虑未来规划需求；既要满足集团公司要求，也要因地制宜，结合自身实际。全面考虑后择机向集团提出一揽子改革方案。

最后，我再提几点要求。

一是提高政治站位，忠诚履职。人力资源工作是大家都关注的

工作，也是政治性、政策性很强的工作，大家要有更强的责任心和使命感。会上明确的各项任务，要根据岗位职责分别领办，限期拿出成果。有些事先是内部讨论，不用大张旗鼓，注意好工作纪律和制度宣贯的边界。

二是不断解放思想，主动作为。改革是公司当前和今后发展的主基调，要通过聚焦重点难点问题，持续变革，创新突破，充分发挥主观能动性，释放人力资源部的政策活力。改革的目的是促进公司发展，最终目的是保障员工根本利益，改革过程中要积极稳妥处理好改革发展和稳定的关系，改革成本不能让员工来承担。要不断优化和完善制度，弘扬制度文化，用制度来推进重点难点问题的解决。

三是加强人力资源队伍自身的建设。人力资源队伍的建设涉及政治能力、制度机制、作风建设和业务能力素质，提高服务能力和强化担当精神、服务意识，加强内外上下联动，强化与业务协同，不断提高工作水平和实际成效。

这篇讲话对话题的控制体现在三个方面：一是主题集中。全篇紧紧围绕人力资源工作在谈，内容涉及组织机构、干部队伍、人才队伍、薪酬体系和基础管理等方面，看起来较为庞杂，但都立足人力资源政策体系的优化和改进，主线鲜明，一气贯穿，既内容丰富，又有效聚焦。二是善于归纳总结。在会议的最后总结，不是自说自话只谈自己的观点，也不是简单重复别人的意见，而是把前面他人已经谈过的观点加以完善、提升、归纳、延展和深化，形成完整深入的观点体系，既充分表达自己的想法，也让其他人觉得自己的意见得到了重视，有参与感，从而把握住主导。三是积极引导。从工作的原则和标准上，如选人、用人的考虑，从管理理念和思路上，如关于政策体系要通盘考虑、系统设计的想法，从工作方式和态度上，如对参会人员的希望等，都有针对性地提出要求，如春风化雨让人入心入脑。可见，某个场合中对话题控制得好坏，除了讲话者的角色和位势外，与讲什么、如何讲也有至关重要的关系。

四、气氛控制

我们常说某人善于搞气氛、调动气氛，就是指有些人在积极气氛营造方面具有的特质，而在讲话交流的场合，气氛控制更综合一些，把气氛搞得热烈欢快固然是常常需要的，但更多的时候，气氛需要和特定的场合与情境相适宜。

具体来说，气氛控制至少要做到两点。

一是营造讲的氛围。让需要说的人说，让该说的人说，让想说的人说。如果需要讨论的时候，却是一片鸦雀无声，无论如何不能说是好的气氛。这时候或者是按一定顺序依次讲，或者是主持者点将，或者是有人打头炮，"抛砖引玉"，总之要打破沉寂，使气氛活跃起来。在讲的过程中，也可能出现冷场。这种沉寂和冷场过多、过长，其原因要么是大家没准备，要么是不愿讲、有顾忌，或者有一些潜在深层次原因，但至少在现场气氛控制是做得不到位的。

二是注重讲的效果。气氛有很多种，有的热烈，有的隆重；有的欢快，有的凝重；有的平和，有的激烈。一般来说，大家积极参与、畅所欲言的氛围是最好的，但也不能绝对地一概而论，也没有绝对的好坏之分，主要还是和具体的场合相关。例如，一个本应庄严肃穆的场合，把气氛搞得太奔放就不合适。所以，关

键是根据情境场合的需要来对气氛加以控制,如果需要热烈一点就"点把火",需要冷静一点就"降降温",气氛有点不对劲就"纠纠偏"。

下面这篇例文是与总部部门开展联合党建的交流发言,在气氛控制上把握得较好。

与总部部门开展联合党建的交流发言

感谢×书记一行百忙之中来我们公司调研指导,现场办公,开展联合党建,这种形式非常好,能够互相增进了解,加强沟通,建立多层次的交流。您上次来,提出要加强重点业绩宣传,我们组织了一下报道,上了《新闻联播》,这次知道您来,我们又上了央视。(大家笑)这本身就是党建与业务、总部与基层融合的体现。

我们自己感觉,在新的发展趋势和大背景下,我们公司在集团的战略地位更凸显,战略价值更突出。我们也提出,要努力为集团提供产业价值、协同价值、改革价值和社会价值,这些方面还需要得到总部的大力指导和支持。

在集团总体版图中,我们公司确实有自己的独特性,产业链条长,作业环境有差异,管理界面复杂,技术有自身特点,同时面临着很多挑战,在这种情况下,更需要总部关心、了解、支持、帮助和呼吁。例如刚才讨论的话题中,关于公司治理方面,由我们行政管理部副主任兼董事会办公室主任兼法律风控办公室主任负责,从她的职务就能看出我们人少事多,精干高效,管理摊薄。(大家笑)这方面的工作还需要总部多给予我们指导。关于信息披露方面,我们一定会充分挖掘素材,在严格管控的前提下讲好故事,为上市公司的市场地位、形象和市值增长做贡献。刚才提到年报中有好几段

话是关于我们公司的,很感谢,但希望明年的年报能有我们更多篇幅。(大家笑)

因为今天是联合党建活动,介绍一下,我们公司党建工作的主要特点就是与业务深度融合,对内凝聚人心,鼓舞斗志,促进生产经营;对外树立形象,提升知名度和美誉度。我们提出价值党建的理念,内涵就是党建要为生产经营管理创造价值,要引领人的思想和价值观。在困难和挑战面前,注重充分发挥基层党组织的战斗堡垒作用。党建工作做好了,确实能发挥很大的作用。

我们一位基层负责同志和我说过的一件事,给我印象很深刻。去年这个时候天降大雪,他们有一个很有挑战性的作业要完成,到达现场时已经是凌晨2点,天寒地冻,连热水都没有,机器无法运转,承包商队伍坚决不干要撤,这时候大家都动摇想放弃。我们这位党员干部什么也没说,叫人在现场升起党员突击队的旗帜,在漫天大雪中,一面红彤彤的旗帜特别显眼,大家都被感染了,抖擞精神,满怀激情和干劲,不顾严寒重新开动机器,硬是在凌晨4点完成了作业任务。听到这个故事的时候,我深深被感动,一线员工真是可爱可敬,太值得我们学习。(大家沉默颔首)而我们党建工作要做的,就是把大家心中的激情点燃起来,让干劲迸发出来,完成组织交给我们的任务。

由于时间关系,党建工作我不展开讲,这些故事到我们的基层一线都能看到、听到、感受到。年初计划开展这个联合党建活动后,我们原计划请各位领导到现场,方案都做了,一直在沟通时间,由于工作忙和疫情,没有成行。今年剩下一个月,还可以安排,(大家笑)或者明年去也行,你们平时都是去国家部委、交易所等高大上的地方,也适当找时间来我们这儿,是最接地气的。(大家笑)你们来了确实替我们解决棘手问题,×书记亲自认领了两个任务,

体现了担当精神和部门的务实作风,也体现了离开公司后依然怀有感情,来这儿既是下基层,也是回家。(大家笑)借助集团号召开展联合党建的契机,今年我们与多个部门开展了活动,但这一次是成效最大的。(大家笑)我们特别欢迎你们来,给我们指路、把脉、松绑、输血、打气。(大家笑)有集团各部门的支持,公司会发展得更好,我们很有信心。

    这篇讲话根据特定的场合与双方的关系,通过对气氛的调节与把控,营造出友好融洽的氛围,用幽默风趣的讲述,制造轻松欢快的现场气氛,将会谈推向热烈的高潮。而且,讲话在该严肃的时候能严肃,如讲到现场员工的感人故事时,很有感染力,从而使整个讲话更有张力和表现力。

    下面这篇例文是在给因机构改革转出公司的人员送别时座谈的发言,比较好地控制了一个特殊场合的气氛。

公司机构改革转出人员送别座谈会的发言

    我来公司的时间不长,没想到今天以这样一个形式和大家交流,用这样一个简单也算隆重的方式,表达对你们的惜别、感激和祝福。说实话,在座的同志我还不全认识,所以心里还是有些遗憾,从个人来说,就是与大家共事的缘分浅了一点;从公司来说,你们的离开确实让我们少了一分力量。

    刚才大家讲了很多感受,有的还很动感情,这是真情流露,很自然,也不用难为情。虽然有一些离愁别绪,但更多表达的是对这份事业的深情,对公司的感谢和祝福,是积极的感恩,是对未来的憧憬和信心,这让我们很欣慰,让我们事先预想的要做大家思想工作的压力少了很多。(大家笑)这也体现了大家的思想境界和政治觉悟,能够以大局为重,接受组织的安排。虽然换了一个单位,但还是在一个集团的大家庭里,还是一家人,某种程度上新的平台更适合大家发展。公司的发展带来职能合并整合,这种转换是很正常的,我告诉大家,我工作十几年,类似的事经历过好几次,从来没有伤心过,而且每次都越变越好。(大家笑)

此时此刻,有很多话想说,我浓缩成三句话。

第一,感谢你们为公司发展作出的贡献。公司从无到有,从小到大,大家付出了辛劳和汗水,今天取得的成绩中有你们的一份功劳,很多人在这里留下了最宝贵的青春岁月,难以割舍。我对你们作出的贡献、取得的成就表示感谢和敬意。

第二,祝福你们开启新的美好人生旅程。人生就是一个个驿站,再美的风景也不可能久留。只要在每一段经历中都努力过、尽力了,就没有遗憾,留下的就是值得珍藏的回忆。马上要开始新的旅程,祝你们一切顺利,到新单位发扬各自的专长和优势,适应新的角色和岗位,取得新业绩,展现新作为,续写更精彩的人生篇章。

第三,希望大家继续关注、支持公司的发展。毕竟这是大家参与的事业,曾经待过的单位,有感情,不是时间、空间轻易就能割断的,打断骨头还连着筋呢。今后的工作中还是有很多交集,要继续多合作、多交流,取长补短,共同进步。不管到了哪儿,大家还是希望公司好,这就靠出去的每个人把工作干好,说公司好,把相互的情谊保持好。这样每个人都会成为公司的形象大使,让我们有更多的同盟军。我想,这份感情的牵挂,也会激励你们前行,而且不管你们走了多远、飞了多高,也别忘了这儿还有一个血肉相连的"娘家",可以常回来看看,公司时刻欢迎你们。

既往不恋,纵情向前。真诚祝大家新年快乐,工作顺利,身体

健康！多多保重，后会有期！

古人说：黯然销魂者，唯别而已矣。离别本来是让人伤感的，特别是这种因为改革成建制划转的情况，人人都比较敏感，而且很容易互相感染，如果不能很好地控制气氛，场面将很难收拾。这篇发言效果好的原因在于，首先是真诚。说的都是人之常情，感谢、安慰和鼓励人的话，让人感到受尊重、被理解。其次，左右情绪而不被情绪所左右。不受现场气氛的影响，能制造气场，举重若轻，用轻松的语气、幽默的话语调高现场的气氛。最后，展望未来，祝福大家。用情感的纽带强化彼此的联系，用积极正面的话语激励人，由忧伤难舍变得温馨期待，扭转了预先的气氛设定，从而有了壮行的味道。

五、情绪控制

讲话时的情绪不是独立的，它往往与讲的内容、气氛等紧密相关，受到这些因素的影响，但情绪有时把控不好也会反过来影响讲话的内容，影响现场的气氛和效果。

情绪控制要注意以下几点。

一是自洽。一个人的情绪表达与其一贯的性格特点是一致的，这样容易被别人接受。例如，一个人一直是比较感性的，那他/她的讲话情绪化一点，大家都可以理解。但如果一个人的情绪表现与平常大相径庭，但又没有什么特别的原因，就会带来不自洽。

二是得体。在正常的场合下，情绪稳定是最好的，减少情绪的波动。有些时候在当众讲话时容易出现的一些情绪表现，如紧张、激动等,也并非完全不好,只要它是得体的、合宜的。例如在讲到令人兴奋的事情时,情绪比较亢奋,或者在表达深厚的情感时,心情显得激动,这些都是允许的,也是一个人性情特点的显现。

三是影响。情绪的影响有两种,一种是通过自己某种积极的、得体的情绪表达带动其他人的情绪,产生涟漪效应;另一种是对他人出现的不良的、极端的情绪表现加以干预和控制,避免负面情绪的扩散和蔓延。

下面这篇例文是在参加支部组织生活会时的总结发言。

支部组织生活会总结发言

刚才大家分别进行了检视剖析,开展了批评与自我批评,指导组进行了点评。虽然时间比预定的有点超,但有意犹未尽的感觉。这次组织生活会前期工作扎实认真,会上大家开诚布公,实事求是,检视剖析很深刻。提的批评意见针对性强,质量很高,直入主题,实实在在,没有水分,不绕圈子,很多都说在了点子上,体现了对同志负责的精神,取得了咬耳扯袖、红脸出汗的效果。

大家平时都会交换意见,对于管理者来说,交流就是工作,就是激励,就是管理,所以要有交流的意愿和方法,要多了解员工的实际困难,并通过党政工团多种渠道切实为群众办好事。而组织生活会这种形式,更多的不是谈工作,而是谈思想,相比来说,思想的交流更健康、更高级,大家也更重视,交流更深入。除了每年一次的组织生活会,我们平时也要用好批评与自我批评这个武器。有什么问题平时可以提出来,小毛病随时改,要是都等到年底,就会变成大毛病。人无完人,每个人都有缺点,如果一个人已经完美了,

也就意味着没有进步的空间。

我有一个体会,人越长大,能听到的意见就越少,所以别人提出善意的意见,一定要非常珍惜,闻过则喜,这是一种雅量,一种风度,更是个人成长的成熟心态。大多数人不能接受别人的批评,这是人的本能,能真正接受别人的批评才是本事。而作为提意见的人,需要勇气和胆略,也需要表达的艺术,更需要负责任的态度,也不要为了批评而批评。

希望我们把这个做法作为一种良好的习惯保持下去,着力营造有利于建设性反馈的良好氛围,形成长效机制,保持我们组织肌体的健康和每个同志的精神健旺,使新时代政治生活的战斗性、严肃性与人文化管理相结合。人文化管理不是不讲原则和规矩,不是一团和气,不是降低工作标准和纪律要求。真正的人文化管理是,环境风清气正,干事心齐气顺,互相团结友爱,工作充满激情,人人心情舒畅。

要着力营造这种氛围,其中支部发挥很重要的作用,包括:不断创新形式载体,提高党建活动的活力和吸引力,把党建工作与业务工作深入融合,以钉钉子精神抓工作落实,发挥战斗堡垒作用,发挥好支部思想交流平台的作用,做好员工的思想政治工作,促进内部沟通交流,这些方面支部任重道远。各位党员领导干部更要发挥关键作用,做好示范引领,要多想办法,多推动工作攻坚,多搭建交流平台。

结合大家的意见,我最后从"五个加强"说一下支部整改的想法。一是加强政治理论学习;二是加强调查研究;三是加强团结协作;四是加强能力锤炼;五是加强工作开拓创新。由于时间关系,后面还要做党支部经费通报和民主评议,我就不详细展开。会后支部将围绕这些方面制定具体的整改措施,认真改进工作,并接受各位党员同志的监督。

这篇发言是在支部组织生活会上做的,在这种政治性很强的场合,如何使讲话既有该有的严肃性,又不落俗套、充满新意,同时给大家启示和思考?这就离不开对现场情绪的把握和控制。在开展完批评与自我批评之后,场面会相对沉闷、滞重一些,这篇发言在开篇简要评价后,没有过多停留在事情本身,而是适当延展,讲到相互思想交流的重要性,讲到要珍惜批评意见,讲到要形成建设性反馈的氛围和对人文化管理的理解,最后落脚到支部工作如何加强和改进上。发言始终围绕主题进行阐述,但又显得别开生面、观点新颖、入情入理,在娓娓道来中引导大家的情绪和思想。

六、语音控制

讲话要通过声音传递出来,所以语音语调也是很重要的一个控制要素。大部分人都没有学过播音主持等知识,如果想提升这方面的能力,学习一下相关的教材或者参加一下相关培训未尝不可。如果没有这方面的条件,可以在实践中加以探索提高。

一是声音清晰。这是首要的,讲得再好,如果声音含含糊糊,别人听了也不知所云。所以要掌握基本的发音知识,使自己发出的声音明白准确、吐字清晰。如果是地域性的场合,用方言交流也无碍;国际性的场合,可能要用到外语,发言的挑战就更大,有时甚至要用到翻译;大部分情况下,可能是全国性的或者是比较正式的,需要用到普通话,对于普通话不太标准、方言比较浓

重的人更是挑战，越是这种情况，越要吐字发言更加清晰，让人听懂。

二是运用气息。我们每个人发出的声音是情、气、声的结合，要让自己的声音沉着有力，有穿透性，更有表现力和感染力，而不显得飘或者不稳，需要学会运用气息，但不能过于做作，变成播音腔。这方面可以多加练习，不断精进。

三是语速合适。一般来说，当众讲话的语速是每分钟200～250个字，既不要过快，突突突像打机关枪；也不要太慢，像没吃饭一样有气无力。适中的语速不仅让别人听起来比较舒服，而且自己讲的时候还可以一边构思。

四是注意易错读音。汉语中有很多字词从读音上，或者是多音字，或者容易读错，虽然偶尔读错一两个无伤大雅，但经常错或者错的地方很不应该，还是会很影响讲话的效果，甚至给人留下不好的印象。这方面主要靠平时的学习和积累，也要有意识地给自己把握不准、容易搞错混淆的字词读音挑错，及时加以纠正。

由于人的生理结构，当我们讲话时，自己听到的声音和别人听到的声音其实不完全一样，在语音语调上有细微的差别。所以为了增强自己的发音表现力和效果，可以录一些自己讲话的片段来听，把握其中的差别和特点。

下面这篇例文是为青年员工所做的入职培训的授课提纲，围绕"敬业、专业、职业，成为企业不可替代的员工"这一主题，做了一个3小时的即兴讲话。长时间的讲话要取得好的效果，离不开对包括语音在内的各要素的控制，把握好讲话的音色、语调和节奏，该舒缓的要舒缓，该激昂的要激昂，使声音在预定的时间里能保持一个良好的状态，这也是需要特别注意的。如果经常遇到这种情形，学会控制声音也是一个基本功。

敬业、专业、职业，成为企业不可替代的员工
——为青年员工入职授课（提纲）

……

什么样叫作成才？不仅仅是他能拿多少薪水，得到多高的职位，这些只是外在的表征。我理解的成才，更多的是指，一个人始终朝着自己的目标，找准自己的定位，付出持续的努力，作出自己的贡献，实现应有的人生价值，在自己的工作环境和职业生涯中留下独特的痕迹与影响。如果能做到这一点，不但别人会觉得他很优秀，最主要的是他自己觉得获得了人生的成长、精神的满足和自我的实现。

……

我们把这些始终如一、持续努力，不达目的誓不罢休的人，视作我们团队中不可替代的员工。因为这种坚持，这种信念，这种命运与共的连接，是我们团队不可或缺的。

……

每一个组织里都有一些不可替代的人，即便他的职位可能被替代，但他的作用、他的影响力、他给这个组织所带来的滋养，是不可替代的。

……

每一个士兵都想成为将军。一个职业生涯刚刚开始的人，可以把目标定为成为将军，但走向将军的第一个台阶一定是成为士兵。所以，希望我们的员工从基层做起。作为新员工，要成为企业不可替代的人，首先要成为兵王。

……

怎样使自己成为一个不可替代的员工，这是我们每个人都要考虑的问题，我主要谈三个方面：敬业，这是精神气质方面的要求；专业，这是技能学养方面的要求；职业，这是职业素养方面的要求。具有这三个特质，也就是扣好了职业生涯的第一粒纽扣。

一、敬业，就是出活

敬业首先是一种精神状态。这种状态，用稻盛和夫先生的一句话来说就是：付出不亚于任何人的努力。

……

敬业同时也是一个结果，就是要出活，拿出成果和贡献来。……发扬大庆精神和铁人精神，这是敬业精神的高度体现和敬业精神在石油工业领域的具体体现。……

二、专业，就是懂行

一是建立知识体系与学养框架。……知识体系的建立，最需要精读的是经典。……第一，得自己去读。……第二，要有选择地读。……第三，要输入和输出相结合地读。……

二是保持专注和认真。……一时的专注，提升效率。……长久的专注，成就专业。……一生的专注，获得幸福。……

现在有一个流行词，叫斜杠青年。……人在受教育阶段，可以博雅、通识，多接触一些知识。对于刚进入职业生涯的青年人来说，应该先专后多能，首先要让自己成为一专，找到自己的特点和优势，足够专注和坚持。成为一个领域的佼佼者，也就是在一个领域里面研究更精深，一个行当弄得更明白，然后再去想其他的，成为多能。

……

三是用工匠精神磨炼专业技能。……工匠精神没有职业之分。……工匠精神没有国界之分。……工匠精神没有高下之分。……工匠精神没有时代之分。……

我们公司正在开展一项主题活动,"苦练基本功,提高执行力",为什么要开展这个活动?这基于两点认识:第一,基本功是非常重要的,是一个人最重要的发展基础,也是一个组织能力体系的核心素质;第二,基本功的好坏,直接决定了执行力的强弱和执行的效果。

……苦练基本功,苦是前提。……苦练基本功,练是核心。……

怎么练基本功,可以尝试五个方法。

一是对标化学习。……

二是刻意式训练。……

三是闭环化工作。……

四是系统化思考。……

五是建设性反馈。……

要做到专业,我们还要修炼两种能力。

一是学习能力。要想学习有好的效果,主要是破解影响我们学习的几个问题。

首先是效率。……其次是坚持。……再次是思考。……最后是运用。……

二是实践能力。实践能力内涵丰富,我认为主要有以下三层含义:首先,实践能力是一种执行能力。……其次,实践能力是一种创新能力。……最后,实践能力是一种总结能力。……

三、职业,就是靠谱

靠谱,就是做事让人放心,注重结果,执行力强,关键时候不掉链子,让人可以放心大胆地把重要的事情交给你。

有一本很有名的书《把信送给加西亚》。……

这个故事给我们几点启示。

第一点启示:勇于承担责任。……

第二点启示:忠诚敬业、使命必达。……

第三点启示：强大的执行力是成功的关键。……

职业素养与职业技能是一个人职业能力的两个方面，职业技能是枝叶，职业素养是根，只有根深，才能叶茂。

那么职业素养究竟是什么？我觉得职业素养包括至少三个方面。

一是职业理念。职业理念或者叫职业精神，包括责任意识、忠诚、担当、服从、信念、原则、执行力等。……

二是职业规范。职业规范就是适应职业需求，在言行举止方面应该有的一些规范。职业仪表。……职业着装。……职业行为。……

三是职业习惯。……

如何成为一个职业人，推荐大家读一读德鲁克。在《卓有成效的管理者》这本书里，贯穿其中的一个完整逻辑是，组织的命运取决于团队创造的成果，组织成果源于外部的机会、组织的有效决策、每个人长处的发现与发挥、组织对人自我发展的激励，这一切皆源于管理者自我管理的有效性。

传统认为，只有管理别人的才是管理者，而德鲁克说，人人都是管理者。人人都可以做到卓有成效，卓有成效是可以被学会的。……

我们总结一下，成为不可替代的员工，需要做到敬业、专业和职业：敬业，就是出活；专业，就是懂行；职业，就是靠谱。

最后再和大家交流几句话。

第一句话，毛泽东说过："我们队伍里边有一种恐慌，不是经济恐慌，也不是政治恐慌，而是本领恐慌。"

……

第二句话，一个企业家对他的员工说："当领导者交给你一个难题的时候，你不能说没有办法，而要说我试试看。当交给你一件以前没做过的事时，你不要说我不会，而要说我可以学。"

……

第三句话，"一个人最大的敌人不是别人而是自己，一个人最大的悲剧不是被别人打倒，而是自己把自己打倒。"

……

第四句话，茨威格在《人类群星闪耀时》中写道，"一个人生命中最大的幸运，就是在他人生的中途，在他年富力强的时候，发现自己生活的使命。"

……

衷心祝愿大家都能成为企业不可替代的员工，与公司共同发展，实现最大的人生价值。

七、突发情况控制

在一些场合，甚至在自己讲话过程中，不可避免会出现一些突发情况。这时，要能够随机应变，灵活处置，巧妙化解尴尬。

突发情况分为以下两种。

一是客观的。如话筒发出炸音吓人一跳，如突然停电一片漆黑，或者手机忘记关机突然铃响，或者有事冲突需要临时打断或者终止，甚至突然有人当场晕倒。这些情况说实话笔者都遇到过。如何应对处置要具体情况具体分析，关键是根据事情的重要程度和轻重缓急来加以处理。如果是特别急的事情，必须优先处理；如果是无伤大雅的小事，可以根据情况加以无视或者巧用幽默加以度过。

二是主观的。例如自己说着说着突然忘记该说啥了，一些重要的情况和数据一下不记得了，或者一时冲动失言，说了不该说的话，这些都可能造成骤然的紧张或者失控。这时候，首先要平

复心情,消除紧张,快速找出解决问题、化解尴尬的办法,或者求助,或者转移话题,或者及时道歉,总之不要在尴尬情景下停留太长时间,用后续更好的表现抵消其影响。

突发情况是难以预料的,如何处置需要经验也需要智慧。可以适当做一些预案,如针对具体的会议活动等,做好各种突发情况如何应急处置的预案。自己要预测和模拟演练,一旦出现意料之外的情况,自己可以准备一些"包袱""话术",来巧妙幽默地加以处置。

下面这篇例文是在一次全系统信息培训班上的主持和总结讲话,看似平常,但中间遇到好几次突发事件,都比较好地处理,做到了平稳过渡。

全系统信息培训班主持与总结

各位领导、同事,大家上午好!

首先欢迎和感谢大家来参加信息工作培训班。明天十九大就开幕了,大家都非常期待,情绪高涨,相信我们今天的培训也会有非常好的效果。

集团公司领导对信息工作非常重视,董事长前不久专门做了批示,要求信息工作争当央企一流,这对我们既是鼓舞,更是鞭策。举办这次培训也是为了落实领导的要求,研究讨论如何争当一流。

Z主任也出席了今天的培训,一会儿要做开班致辞,这里特别要说一下,他昨天牙齿做了一个小手术,医生嘱咐这几天尽量少说话,但Z主任为了对大家支持信息工作表示感谢,还是决定来看看大家,并且忍受着牙疼致辞,确实体现了对信息工作和信息队伍的重视与关心,体现了工作的责任感。下面,就请他为培训班致辞。

（致辞）

（培训环节）

我们继续上午的培训。接下来，我们请行业研究专家×××老师为大家做讲座，她带来的内容是行业环境和产业规划。为什么要设计这样的内容？我们考虑，做好信息工作，要跳出信息看信息，要站在公司战略发展的高度和整体产业链的角度，才能对自身业务有更深刻的认识，做信息工作才能更有的放矢。这个课程会对大家更全面地了解行业和公司发展规划有帮助，有助于解答大家关于行业趋势与热点的一些疑惑和问题，然后把信息工作放到一个更大的背景和格局中定位，针对性和成效也会更好。下面就请×××老师做讲座，大家欢迎。

（讲座）

（交流培训成果）

一天的培训临近尾声。我感觉这一天过得很充实，也过得很快。我想，这次培训至少有几个方面的收获。

第一个收获就是，我们进一步明确了信息工作的目标是什么。简单说，争创央企一流。一流直观体现在央企的信息工作排名上，深层次是要体现在信息工作发挥的作用和价值上。

第二个收获就是，我们在靠谁来做好信息工作这个问题上达成了进一步的共识。信息工作要做好，不是靠几个人，要靠大家。信息工作素材在基层，力量在基层，工作也应该主要在基层。

第三个收获就是，我们进一步认识到了做好信息工作的关键是什么。能力素质是基础，制度机制是关键。一个是生产力，一个是生产关系。信息工作要做好，最重要的是选题能力，就是发现信息价值的能力，就是整合、加工、提炼、升华的能力，这个要作为今后培训的重点。制度机制方面，大家提了很多好的建议，下来要认

真梳理，把好的观点和意见纳入工作中。

简单从这几个方面总结了培训的收获，由于时间关系，我不展开讲。围绕争创央企一流这个目标怎么实现，我再谈几点意见。

一、发扬成绩，正视差距，坚定在央企中争当一流的信心和决心

过去几年，公司的信息工作在央企当中一直排在前10位左右，对我们这样一个信息相对并不密集、信息队伍基础相对薄弱的单位来说，维持这样的成绩其实相当不容易。一段时间以来，信息工作的针对性、实效性、计划性增强，效率和质量不断提高。但是对照一流标准，查找我们的差距在哪儿，我觉得有几个方面：观念上，一些领导对信息的重视不够，看不到信息的价值，有重宣传、轻信息的思想；体系上，我们的信息工作体系还不够健全，上下贯通、左右互联的渠道和机制还没有建立起来，工作合力发挥不够；基础上，还有一些薄弱环节，制度基础、能力基础、队伍基础、手段保障都还有不少需要加强的地方。

所以我们要正视差距，发扬优势，迎头赶上，争创一流。怎么样体现一流？我觉得，要有一流的工作质量、一流的队伍素质、一流的作用发挥、一流的品牌形象。这是我们追求的目标。事在人为，我们要有这种信心和决心。

二、以实现央企一流为目标，提高信息工作的整体质量和水平

要优化制度机制，创新工作方式，具体来说，要畅通一个渠道，发挥两个作用，抓住三个重点。

畅通一个渠道，就是把办公厅（室）系统作为信息传递的主渠道。什么样才是主渠道？总体目标就是畅通、及时、准确。要畅通这个渠道，基本要求就是，拓展信息来源，加大报送力度，明确归口管理，强化沟通共享。在全系统初步建立500人左右的专兼职信息员队伍，其中骨干信息员100人。集团提出建设规划和名额，进行业务指导，

具体的培养任务放在基层各单位，上下合力，各司其职。

发挥两个作用，就是信息集散地、信息处理中央厨房。在内容上，挖掘现有信息价值，拓展必要信息触角，加大信息整合力度，提升信息质量和深度，编报决策参考类信息，提供信息增值服务。在选题上，坚持问题导向、突出特色、打造品牌的工作方针，抓住重点，在重大战略导向、重要改革方向、重要政策取向、重大活动动向上用力。在机制上，要形成选题策划、收集约稿、加工整理、反馈提高的闭环，加强协同共享，合理配置资源，增强工作合力。在能力上，增强选题、收集、研判、整合、处置、报送的一系列能力。在管理上，做到制度化、流程化、专业化、信息化。

抓住三个重点，构建大信息格局。一是信息集中的机关部门，及时了解重要事项、重要工作进展、重要会议与活动等信息。二是主要生产经营单位，选聘50~100名特约信息员，在重点三级单位甚至四级单位建立10~20个信息直报点。三是内部研究机构，挂牌3~5个决策信息重点支持单位，选聘20名特聘专家，每季度召开一次选题会议。总之，要充分调动各方面积极性，建立覆盖广泛、布局合理、反应灵敏、运转高效的大信息格局。

三、以争当一流为抓手，推动四个转变，加强信息队伍建设

做好以上这些工作，靠大家一起努力，靠一支有激情、有干劲、有能力的信息员队伍。争创一流既是创造一流业绩的过程，也是建设一流队伍的过程。具体来说，要有四个转变。

信息收集上，从被动等向主动找转变。积极主动寻找选题，收集信息，善于发现问题，分析问题，提出解决问题的建议和思路。在基层的同志，要善于抓活鱼，机关的同志要善于解剖麻雀。

信息处理上，从二传手向深加工转变。不要只是简单地复制粘贴，一转了之，要深入进去加工处理，善于变废为宝，化腐朽为神奇。

信息反馈上，从阶段性向全程性转变。不要只是反馈结果，要在选题、收集、撰写、报送的每个环节，加强沟通与反馈，提供及时有益的指导，做到无缝衔接。

信息队伍上，从事务性向研究性转变。要善于琢磨，做一个有心人，增强问题意识，多一点钻研精神，抓住事物的本质，挖掘信息隐含的价值，提高信息的含金量。

最后，感谢各位参会代表一整天认真投入地参加培训，感谢发言的同志们精彩的分享。希望大家一如既往地支持信息工作，也欢迎多提宝贵意见。希望我们争创一流目标早日实现，通过信息工作为公司发展作出更大贡献。

在一天的培训中，主持上午的开班和培训，以及最后的总结，遇到了三次突发情况，而且都是外在原因导致，无法自主把控。一是开班致辞的Z主任，前一天由于牙疼做了小手术，说话困难，在经过沟通和评估后，还是决定议程不变，但把致辞做了大幅压缩，同时在主持的时候特意说明一下，为万一出现的突发情况做一个交代。二是上午第二场培训讲座，由于原定的老师突然有要事冲突无法前来，只能临时更换一个老师，而且告知的时间很仓促，所以新更换的培训主持都是临时现场构思，同时还要讲得理由充分。三是在交流、汇报培训成果的环节，由于主持的处长算错了时间，留给总结的时间大大压缩，从一小时变成了半小时，但该讲的内容又不能省略，所以对原来构思的讲话提纲快速加以调整，把培训收获的内容大大压缩，把重点放在后面的工作思路和措施上，利用有限的时间阐明工作要求，统一思想认识，推动工作落实。对突发情况的控制，体现了相机行事，随机应变，把握主动。

八、形象控制

　　形象控制比较好理解，狭义来说，就是让自己的言谈、举止、谈吐、相貌、着装等给人展示和传递一种直观的、外在的良好形象。这方面来说，一个人的长相是无法改变的，但可以做到整洁、清爽、友善，给人良好的观感；着装要职业，要符合职场着装规范，有些特定场合还有特殊的着装要求要遵循，不能着奇装异服，或者穿着过于随便；言谈举止要得体，不要哗众取宠。

　　广义的形象控制，包括前述所有方面在内的有效控场所体现出的整体形象和观感，也就是一个人通过其讲话以及相关联、所折射的所有方面，给人留下的印象和评价。只有把握好了各个方面的控场要素，才能成就有魅力、打动人的表达。

第七章 / 不打无准备之仗

第七章 不打无准备之仗

"

我们说,即兴讲话常常是突发性的、临场的,不是事先准备好的,但这并不是说即兴讲话不用做任何准备,可以张口就说。

即兴讲话要想取得好的效果,需要有备无患,不打无准备之仗。这种准备不是针对讲话内容本身所做的细致周密的斟字酌句,而是包括知识底蕴、心理素质、对所探讨话题的"前知识"等广义的准备,也包括临场快速捕捉信息和构思等现场准备。

从某种意义上说,即兴讲话的准备比围绕一份具体稿件的准备更多元、要求更高,因为涉及知识积累的慢变量和现场应变的快节奏两个维度。

一、知识素养准备

我们常说,要给别人一滴水,自己要有一桶水。一个人知识的广度和深度,决定了他的谈吐。肚子里没有货,靠临时抱佛脚是很难的,需要讲的时候自然没有东西可说,一旦开口也是言辞干巴且无味。而如果知识广博,富有思考,对很多问题有自己的观点和见地,那自然能侃侃而谈、畅所欲言,将自己的知识水平充分展示出来,给别人以启示。

要提高知识素养,主要靠学习,包括书本知识的获取,以及实践经验的积累,并且将学习、思考和实践结合起来,形成自己的知识体系和观点。这是一个长期积累的过程,无法一蹴而就,也不能立竿见影。功夫在诗外,积累在平时。只有坚持不懈地点滴精进,知识底蕴才会增厚,才能临场不慌,胸有成竹。

但要注意的是,知识素养只是即兴讲话取得好的效果的必要条件,对一个事情学习得深、了解得多,自然会在视野上、专业性上、见地上与众不同。但切忌将即兴讲话变成卖弄学问和掉书袋,变成自己的知识表演,否则会适得其反。

下面这篇例文是为公司直管干部培训授课的部分内容,介绍了行业发展趋势。

为公司直管干部培训授课(部分)

党员领导干部要加强学习,把握大势,找准发展的方位,明确发展的坐标,培养国际视野和战略思维,这样才能更好地谋划工作,推进发展。我们所处的能源行业,目前正在发生深刻变化,需要我们时刻关注、认真思考、擦亮眼睛,准确把握发展趋势,提高规律认知,找到方向和路径,指导具体的实际工作。借这个机会,我和大家分享一下我对当前国内外能源行业发展趋势的一些认识和观点。

第一个方面,对全球能源发展趋势的七个判断。

一是当今世界总体上仍然处于石油时代,油气仍占主导能源地位,并在未来较长时间依然是重要能源。由于前些年页岩油气等技术发展,以及全球经济不景气与今年新冠肺炎疫情,全球油气消费大幅缩水,世界石油出现供大于求情况,并将持续一段时间。

二是全球正处于第三次能源转型过程当中,总的方向是向更清洁低碳的方向转型,但各国转型的模式、路径和节奏并不一致。

三是由于石油生产地与消费地的地理分割,油气行业与生俱来具有国际化特征,叠加大国博弈与地区争端。地缘政治依然是影响全球能源格局和市场供需的重要因素,石油依然具有商品、政治和金融三重属性,但大的石油战争发生的可能性很小。

四是应对气候变化成为大的潮流,给各国带来相应的减排控碳压力,甚至成为一种意识形态和道德压力。从很多国家到能源企业,碳中和、净零排放的目标和时间表已经提出,但实现起来挑战重重,需要全球一致行动。

五是资源依然是争夺的焦点,但技术创新的重要性日益凸显,新的技术革命、产业革命正在孕育,蓄势待发,技术创新将成为未来能源竞争的核心,特别是数字化、智能化发展加速了这一进程。储能、核聚变等技术能否取得突破备受关注。

六是新能源、可再生能源正在快速发展,竞争力逐渐增强,但总的基数还很小,在各国发展不均衡,一些领域(如氢能)的发展路径还在探索,油价下降降低了新能源的竞争力。未来的能源格局将是多能互补、系统集成的能源体系,各种能源都将发挥自己的比较优势,从全球能源结构来说,可能是煤、油、气、可再生能源四分天下的局面。

七是全球能源领域发展存在种种问题,如市场供需不稳定、能源贫困与能源鸿沟、控温减碳难以协调行动、生产国与消费国的利益得不到有效平衡等,根源在于缺乏一个良好的全球能源治理体系。重建全球能源治理体系的任务刻不容缓,这也是全球治理体系的重要部分,其中中国将发挥更重要的作用。但由于单边主义、保护主义抬头,这一目标的实现还非常艰巨。

第二个方面,对中国能源发展趋势的若干判断。

一是中国已经成为世界能源生产大国与消费大国,能源需求仍在持续上升。基于产业结构和经济发展质量等原因,经济发展对能源的依赖仍然较大,能源强度、能源密集度等指标没有明显降低,经济发展与能源消耗短时间内难以完全脱钩,节能减排、提高能源效率的潜力巨大。

二是中国富煤、贫油、少气的资源禀赋特点,决定了中国还是以煤为主的能源结构,加上中国终端用能的电气化程度不高,使我国总体上化石能源消费占比较大,而且短期内难以大幅降低,带来较高的油气对外依存度。为了保障国家能源安全,油气行业启动了增储上产"七年行动计划",取得了成效。

三是中国"四个革命、一个合作"的能源生产和消费革命与世界第三次能源转型同步,但具有自身特点,总的方向是化石能源清洁化与清洁能源规模化。中国能源转型将主要沿着清洁化、电气化两个路径推进。

四是能源的市场化改革加快推进,国家石油天然气管网集团有限公司的成立、电改的深入、管住中间放开两头的改革思路以及要素价格市场化改革等,将使市场主体增多,竞争更加激烈。但要打破中国竖井式的能源发展格局,联通行业壁垒,以及政府监管职能上进一步构建和培育统一市场、优化政策供给和市场要素供给、环境负外部性监测及定价等,还有比较长的路要走。

五是天然气加快推广利用意义重大,扩大天然气在能源使用中的比重,对于优化能源结构与减碳减排非常重要,而且与未来的新能源体系能很好地衔接。天然气已定位为主体能源,在四大应用领域(工业、发电、交通、民用)中,发电领域的潜力最大,可以取代更多的煤电,交通领域有望单点突破,民用领域在区域市场仍有潜力可挖。天然气发展空间和潜力很大，但目前在政策、市场、技术、发展模式等方面的障碍仍然存在，竞争力有待进一步提升，亟须解决存在的一些问题。

六是"一带一路"能源合作取得一些成效和进展，能源合作成为"一带一路"的基石。如何从能源项目合作拓展到经贸合作，将能源合作与外交大局更加紧密地结合起来，还需要进一步探索。

七是能源发展将逐渐从资源主导转向市场主导和技术主导，谁贴近用户、谁掌控终端，谁就能在未来的竞争中具有更大优势。在中美经贸斗争的大背景下，攻克"卡脖子"技术成为"华山一条道"，挑战很艰巨，但做比不做好，早做比晚做好。数字化技术在能源行业的总体应用程度偏低，数字化转型将释放巨大潜力，在生产端、消费端、转换端、运输端将产生很多新的业态，乃至重塑整个能源行业。

八是"十四五"乃至再往后一段时间，发展最不确定的是新能源，虽然成本下降很快，但总体规模偏小，市场环境不完善，加上补贴退坡等因素，会使新能源在曲折中前进。

九是整个社会的能源素养不高，就是对能源知识的了解，对能源与社会、能源与自身关系的认识以及善用能源的能力总体缺乏，因此产生很多隔膜和误解，能源改革发展出现困扰和阻力。如何增强整体能源素养是整个社会的事，其中能源产业链上的企业承担着重要责任。

十是中国能源发展的一个重要方向是建设生态文明、成为能源强国。不仅要有能源生产和消费等硬指标，还要有能源技术、能源效率、能源治理水平、能源话语权、能源文化等软指标。这方面还有很长的路要走。

可见,这一部分的授课展示了对行业深入的了解和透彻的认知,这些都来源于日常的积累和学习。持续地思考和研究,才能成为某个领域的行家甚至专家;有了深厚的造诣,才能在需要的时候充分展示出来,这也就是功夫在诗外的道理。

二、心理素质准备

面临即兴讲话的时候,很多人存在着心理障碍,导致怯场、自信心不足,具体表现为讷讷不敢言,开不了口,甚至被点名了还要推脱退缩;一说话就脸红心跳,紧张得不得了,声音发抖,身上冒汗,言不成篇,语无伦次,说着说着就忘词;眼神游移,不敢看人,动作拘谨,手足无措。最后往往草草收尾或者以卡壳收场。这种时候不仅自己难受,别人也觉得尴尬。

其实,除天生自信心强、生来不怯场的人之外,每个人或多或少都有这样的经历,从不敢在众人面前讲话,到适应了小场合,到人数众多的大场合仍然感到紧张。这绝不是哪一个人或者少数人的感受,即便是那些看起来谈笑风生、潇洒自如的政客、企业家、演说家,同样会有紧张的时候,只不过他们经验丰富,能够比较好地掩饰和驾驭这种紧张感,别人看不出来而已。

内心强大也好,良好的心理素质也好,都是捶打磨炼出来的。如果天性中有内敛害羞的一面,那么总得迈出这一步,总得经过几次这样的经历,才会蜕变和成长。这就是在心理素质上要做的准备。

所以,每当紧张的时候,给自己积极的心理暗示,告诉自己不是我一个人这样,人人都有这样的时候。这里需要破除的一个心理障碍是，怕自己讲得不好，而又被别人所关注。这种时候告诉自己，我说的就是对的，大胆说，没什么大不了的。还有很重要的一点是，其实真的没有那么多人会认真关注你讲得怎么样，所以不用为别人的眼光而担忧。

还可以使用一些小的方法窍门，如讲之前深呼一口气，保持呼吸均匀，讲到中途适当停顿，控制语调语速，不要越说越快。如果还是有一些紧张，也是很正常的，保持适度的紧张感不是坏事，反而可以转化成为让自己警觉和高度注意的力量。学会去驾驭和使用这种紧张感，而不是试图去逃避它。

下面这篇例文是主持领导授课时的发言。

主持领导授课的发言

同志们，刚才，C总给大家讲授了一堂重要而精彩的党课，一开篇就阐述了安全环保对公司的极端重要性，为大家重点解读了习近平生态文明思想，展示了公司的生态文明实践，对安全环保管理体系的内涵框架和安全文化理念进行了详细讲解，结合最新的政策就深化安全生产责任落实提出了要求。C总的课站位高、内涵深、要求实，指导性强，也充满了危机意识，饱含警醒，语重心长。而且C总刚才两个小时一直站着在讲，让我们以热烈的掌声感谢C总精彩的授课。

为了组织好这次活动，我们特意安排了答问环节，这也是"党组接待日"的特色活动。相信大家听了C总的授课之后有很多的感受，也有很多想进一步交流的，请大家抓住难得的机会，围绕今天的主题，结合C总授课内容以及自己的工作实际，踊跃提问或者提出建议。请想要提问的同志举手示意，站起来简要介绍一下自己，

提问尽量简明扼要。请工作人员递一下话筒。

……（提问回答环节略）

刚才的提问回答环节，大家围绕安全环保主题，就安全管理方式、责任落实、处理环保与经济发展关系、数字化转型等话题，提出了问题和建议，C总一一予以了回应。整个活动虽然时间不是很长，但内容很丰富，交流很深入，达到了预期的效果。

各位领导、同事，C总一会儿还有会见活动，上午就到这儿了。再一次感谢C总的精彩讲授和答疑，也感谢大家的积极参与。

这篇主持词不长，但体现了较好的现场把控能力，而这又来源于良好的心理素质，不论是对领导授课内容的归纳和评价，还是对答问环节的掌控，以及最后的"见好就收"，既周到得体、引导有方，又程序完整、环环相扣，而且干净利落，毫不拖泥带水，让人感觉胸有成竹，一切尽在掌握之中。

三、背景知识准备

除了前面讲的广义的全面而持续的知识学习与积累外，即兴讲话也可以将涉及的话题和内容，做一些适当的背景知识的学习与准备，或者称为备参、参考，缩小知识准备的范围，提高精准度和瞄准度。

要参加一个会，虽然无法预知会出现什么样的情况和观点，但会议的主题与议程事先总会有所了解，那么就可以有针对性地加以准备。如果是关于月度工作的总结讨论，那么就对这个月的工作情况做一些了解；如果是关于经济形势的分析研判，那就关注学习一下当前的国内外宏观经济形势；如果是与合作伙伴见面磋商，那就把合作伙伴的资料和背景情况调取出来加以研究和了解；等等。

知己知彼，百战不殆。这里的彼，就是除了自身之外其他各方面的情况。了解背景知识，提高知识准备的针对性和指向性，将达到事半功倍的效果。

下面这篇例文是在重点信息选题会上的总结发言，其中多处体现了对背景知识的掌握。

重点信息选题会总结发言

今天这个会开得很好，把各单位主要的研究人员和信息作者聚在一起，围绕近期的重点热点选题进行研讨，总结经验，加强交流，研究储备了一批好的选题，也增强了进一步做好信息工作的信心。

近期我们组织报送的一些重点信息接连被上级主管部门采纳，并被呈送到高层，多次得到批示，推动解决了一些困扰公司多年的瓶颈问题。这说明我们的工作方法越来越对路，特别是今年以来，我们加大力度建机制、建平台、建队伍，夯实信息工作的基础保障，成效逐步体现。今天这个会的目的除了选题研讨，其实也是进一步巩固和完善信息工作联动机制，搭建系统内研究力量的交流平台。

同时，今天也有一个好消息要告诉大家，公司领导高度重视信息工作，刚刚批准了我们提出的信息激励政策，对被上级采用或得到重要批示的信息给予一定的奖励，采用的层级越高，奖励金额越大，今天在座的同志里面就有得到奖励的。当然奖励只是一种手段，主要还是为了充分调动大家的积极性，群策群力把信息工作做好。

刚才大家交流了很多好的选题，其中有不少具有写作和报送的

价值。综合大家刚才所说的，我认为，一条信息要取得好的效果，要把握两个关键，就是选题和写法。选题方面，重点做到站位高、切口小、角度新、内容实。选题找准了，还要注意写法，充分把选题的内在价值挖掘出来。标题上，要尽量简洁、鲜明、新颖、醒目；导语上，要开门见山、直入主题、简明扼要，突出内容的精华；结构上，要逻辑清晰，层次得当，言之有序；语言上，要准确简练，要言不烦，观点和素材有机结合，内容充实。我们每一条信息都要按照这样的标准和要求去打磨，把重点信息打造成精品。

对于下一步工作，我提几点建议。

一是服务大局，多出高质量研究成果。……

二是坚持差异化，构建特色研究格局。……

三是加强沟通，完善工作联动机制。……

在介绍情况、交流工作方法过程中，根据议题安排和沟通目的的需要，先后介绍了重点信息被上级采用的情况、激励机制出台的情况，尤其分享了对于如何写好信息的一些想法。如果前两个方面主要是工作情况的话，后者则是专业背景知识和实践经验的展示，体现的是厚积薄发。

下面这篇例文是在基层调研时的总结讲话。

基层调研总结讲话

听了刚才的情况介绍，很受鼓舞和启发。××分公司成立一年多来，工作可圈可点，成绩可喜可贺，主要体现为"四个形成"：形成了清晰的发展思路，形成了相对完善的管理体系、技术体系和业务体系，形成了融洽的企地关系，形成了一支充满干劲闯劲、能打硬仗的队伍。"四个形成"展现了公司良好的发展潜力。这些成绩与大家的辛勤付出分不开。同志们以强烈的事业心和责任感,在条件比较艰苦的地方扎根和发展,顶着压力负重前行,克服种种困难,加速推进各项工作,成效突出,精神可嘉。我对你们为公司的付出、为事业发展作出的奉献表示致敬和感谢。

下一步的工作,我提几个方面的建议,供大家参考。

一、加强基层党建,发挥好党建引领和保障作用

以政治建设为统领,抓好思想理论武装,加深对新发展阶段、新发展理念、新发展格局的理解,提高思想站位。将党建工作与生产经营管理同谋划、同部署、同落实、同检查,推进党建与生产经营深度融合,统一思想,凝心聚力,发挥好党建的引领作用和保障作用。

二、强化责任担当,承担好促发展、促增长的重要职责

××地区有较为良好的政策环境,也有资源基础,发展大有潜力;今后几年产能建设和产量任务也很重要,有压力;同时,分公司要发挥在西部地区的桥头堡作用,这样的定位和作用将给大家创造更广阔的发展空间,所以也有动力。希望分公司全体干部员工进一步增强责任感,强化担当意识,胸怀大局,振奋精神,攻坚克难,奋力向前,当好增储上产的主力军,为公司发展作出更多贡献。

三、科学有序组织,抓好项目建设,努力实现高质量良性循环

各项工作头绪多,任务重,人手也紧张,更要提倡精干高效、一专多能,强化内引外联,加强人才队伍建设。科学安排,有序组织,统筹生产、建设、销售各个领域,做好关键环节把控,完善制度,优化流程,提高整体效率和组织效能。要持续强弱项、补短板,创新工作方式和管理方式,不断总结提升,提高工作成效。要强化目标管理,根据任务完成的关键节点倒排进度。提前预计各种风险,做好应对预案。提前计划、安排和准备,做到大局把控、微观落实。

方案设计、资源组织、设备采办、项目建设投产、市场落实等各个环节要做好衔接，高效运行，协同推进。始终强调成本意识、效率意识、经营意识，提升精益化管理和科学化管理水平，以效益为导向提升投资质量。今天的投资就是明天的成本，要科学降本，提升成本竞争力，努力保持在行业领先水平。

四、坚持企地协同，助力地方发展，营造和谐共赢良好局面

在区域发展战略和能源战略实施中，我们作为企业和地方政府承担着不同的责任，要从各自的角度加以落实。要积极探索，努力构建以政策为指引、以发展为根本、以产业为依托、以惠民为目的的企地关系新格局，寻找最大公约数，画出最大同心圆，找到双方利益的结合点，形成合作发展、互利共赢的良好局面，为公司发展营造更好环境。加大在地方的宣传力度，积极承担应有的社会责任，塑造公司的品牌形象。同时要争取更多政策支持，更好地融入地方发展。

五、大胆求新求变，聚焦资源、技术和市场，闯出发展新路

从产业本身来说，天然气出现局部性、季节性过剩，不排除今后一定时期内出现供大于求情况。为了提高抗风险能力，我们要努力打造以天然气为主体、多产业布局的陆上清洁能源产业体系，聚焦资源、技术和市场，提升产业竞争力。在天然气销售上，实现就地消纳与跨区域外输相结合，加强产、供、储、销一体化建设，早日实现以产定销、全产全销。所以，分公司要立足长远谋划发展，从业务格局、市场销售、发展模式、地方合作、管理体制上，从一线的角度提出建议，不断优化工作思路，以非常规的手段和思路闯出发展新路。

六、加强队伍建设，提升队伍的战斗力和凝聚力

要大力弘扬优良传统作风，凝聚干事创业的精气神。党员干部

要率先垂范，在作风、能力、工作标准上做表率、树标杆。我们的队伍比较年轻，都处在干事创业的阶段，大家要以饱满的激情、奋斗的姿态投入工作当中。要积极引导员工想干事、能干事、干成事，提升干部员工政治能力、业务能力、管理能力和解决实际问题的能力，打造超级团队。要切实关心员工，多为员工解决实际困难；党政工团齐抓共管，发挥好桥梁和纽带作用；凝聚队伍，鼓舞干劲，形成强有力的战斗力。

七、把牢质量安全，加强基础管理，夯实发展根基

要把质量安全放在更突出的位置来抓，按照百年大计的标准，从设计、采办、建设等源头抓起，杜绝质量隐患。切实抓好施工安全、作业安全、交通安全等重点环节，加强承包商管理，规范现场操作规程，强化安全隐患排查与治理，切实提升本质安全水平。

今年还剩一个多月时间，各项工作面临收官，生产经营进入冲刺阶段，安全管理更是一刻也不能放松。希望你们认真组织，统筹兼顾，推进重点工作落实见效，做到生产经营和党的建设两不误、两促进，交出一份高分答卷，为明年开好局奠定基础。祝愿你们取得更大成绩。

第一次到某家基层单位调研，要做总结，提要求，说得到位，有针对性，离不开必要的"案头工作"，包括：对行业现状的熟悉，对该单位大致情况的了解，对具体工作开展情况和重点难点的掌握，对员工思想状态的判断等。有些是平时的积累，有些要靠有意识地通过各种渠道调研了解，只有在熟悉、掌握这些情况的基础上，才能把话说到点子上。

四、临场构思准备

到了临场的时候，除了告诉自己不要怕之外，还能做些什么呢？其实完全可以利用等候发言的时间，现场快速构思，为自己的即兴发言打一个腹稿。

不要坐在现场无所事事，更不要魂游或者开小差，集中注意力，看现场讨论进展情况，听别人在说什么，再想想自己该怎么说。把之前模糊轮廓的想法逐渐清晰化，结合现场的情况、别人的信息和观点，加入自己现场思考的成果，进行快速构思。

快速构思一个框架结构，填入和完善相应内容。快速构思几个关键的观点，并想好相应的论据。快速构思自己要说的重点内容，厘清层次与逻辑。快速构思自己发言的主线，让它形成一个有机的整体。如果还有时间，在脑海里搜索，快速构思好的表达、好的案例、好的论点等，让自己的即兴讲话更出彩。

下面这篇例文是员工竞聘新岗位成功后对其提出的要求。

员工竞聘后提要求

首先祝贺你参加岗位竞聘并取得成功，这是领导和同志们对你工作的认可，也是为了加强档案工作作出的组织安排，更是对进一步做好档案工作提出的更高要求。

应该说，现在档案工作迎来了更好的条件，从中央往下，各级都提出了政策要求，领导高度重视，公司上下达成了共识，实际工作也有强烈的需求，可以说是大有可为。对标国内一流先进水平，我们这方面还有很多的工作要求，有不少的欠账要补。你一直在做档案方面的基础性工作,也取得了一定的业绩,面对新的形势和任务,需要进一步提高站位,增强做好工作的责任感。

在一个万亿资产级别的企业总部从事档案的管理、规划和指导工作,平台其实不小,大有用武之地。希望你发挥专业优势,承担更大责任,一心一意把公司档案工作推向更高的台阶,发挥自身价值,成为档案一路的专家和牵头人。要坚信有为就有位,付出必要回报,也要坚信事在人为,积极、主动、创新地开展工作,取得更大突破。

在工作方式上,还要加强沟通,深入基层,深入业务,找准需求,多接地气,不要只停留在书本上。加强思考和研究,找到工作的抓手,明确每一个时期的任务和重点,抓好推动落实,补短板、强弱项,创造性开展工作,改变按部就班的状态。既要专业,又不要局限于档案工作,要跳出档案看档案,眼里要有大局意识,要思考档案工作如何创造更大价值,在学思践悟中全方位提升自己的能力素质。

人的能力不会随着职位提升自然提高,希望你到新的岗位后,持续加强学习,不断提升管理能力、协调能力、文字能力和沟通能力。你提到目前档案人员整体专业化程度不高,在这种情况下,要更多地思考如何提升整个队伍的能力水平,如何为他们赋能,还要看他们身上的优点和长处,再想想怎么样调动他们的积极性,采取什么好的办法去帮助他们提高。所以,希望你把这次竞聘作为一个新的起点,在工作理念、意识、能力和素质方面全面提升,这既是做好工作的基础,也是个人成长的必要条件。相信你能做得更好。

在员工竞聘成功后,对其提出希望和要求,分析形势任务,明确工作目标,指出改进的方向。这篇讲话是根据员工竞聘所阐述的内容、所表现出的想法,结合一贯对其的了解,有针对性地

说的,这样临场构思能形成即时的交流,予以及时的指导。

下面这篇例文是主持公司保密培训的讲话,也是一边听一边想,现场构思然后再讲。无论是对培训内容的归纳概括,还是结合授课内容强调要树立几种认识,以及对保密工作和员工提出的要求,都是在授课内容的基础上结合工作实际来讲述的。这样就起到了重申关键内容、提炼重要观点的作用,通过现场快速构思,对授课内容做了进一步提升和拓展。

保密培训主持讲话

刚才,××同志为大家做了一个全面系统、指导性强、生动直观的授课,简要介绍了保密规范常识,从入党誓词讲起,让大家认识到保密工作极端重要性,不仅是工作责任,也是党性的体现和政治素质的体现;然后提示了集团保密工作重点,包括责任体系、检查考核、宣传教育、问题整改、出国境教育几个方面,结合案例让我们加深了理解,特别是对商业秘密做了重点讲解,引起大家重视。再就是指出了保密检查发现的一些问题,介绍了问题情形、原因、危害和处理情况,用身边事教育身边人,足以引起警醒,也让人触目惊心。虽然这些问题不是发生在我们身上,但也要引以为鉴,不要等发生了再追悔莫及。

结合今天的授课,我想大家要树立几种认识:一是保密工作无小事的思想。保密工作看起来不起眼,但出了问题都是大事,不但单位受影响,更重要的是自己要付出代价。二是全员保密意识。保密工作人人有责,与安全责任一样,只有大小之分,而无有无之别,只要产生、接触涉密内容,都有保密责任,都要牢固树立保密意识。三是涉密不上网、上网不涉密的红线意识。这是最容易出事的地方,

第七章 不打无准备之仗

千万不要图方便,不要掉以轻心,涉密材料只能在保密电脑上操作,保密文件要妥善保管好,看完要锁在柜子里,不要做"粗心的劳模"。四是人防、技防、物防相结合的理念。三管齐下,综合施策,强弱项、补短板,才能夯实保密基础。五是保密工作重在平时的理念。不要等检查发现问题才去做,检查只是手段,更重要的是日常把工作做好。

保密永远在路上。下一步,按照集团要求,我们要进一步加强管理,完善制度,增强全员保密意识,做到意识到位、知识到位、措施到位、责任到位,包括这样的培训还要继续做,扩大范围。也希望集团办公室和保密办继续对我们加强指导和支持,帮助我们更好地做好工作。今天的培训就到这里。

第八章 / 一定要避免的误区

第八章
一定要避免的误区

"

前面我们讨论了很多即兴讲话的方法和技巧，这是需要了解和掌握的。与此同时，我们也要知道，要想做好即兴讲话，有哪些"陷阱"一定不要踏进去。本章我们就把存在的主要误区指出来，列出即兴讲话的"负面清单"，供大家参考借鉴。

生活中有哪些讲话容易引起人的反感呢？心理学家将其归纳为12种：①抱怨自己的命运，或夸耀个人的成就；②喜欢扮演心理分析家，对任何人的言行都要评头论足；③自我膨胀，夸夸其谈；④拒绝尝试新事物，不肯听取别人意见；⑤言谈冷淡，缺乏真诚热情；⑥过分取悦或阿谀奉承别人；⑦毫无主见，人云亦云；⑧视自己为焦点人物，一副"舍我其谁"的狂妄姿态；⑨言谈时态度暧昧，模棱两可；⑩言辞逞强，喜欢咬文嚼字；⑪经常打断别人话题，影响他人说话兴趣；⑫过度谦虚，恭维别人。这些情况对即兴讲话基本上同样适用，需要加以避免。

我们所见的众多即兴讲话场合中，常见问题主要有以下几种。

一、准备不充分

这里说的准备是多方面的。第一种情况,如果平时不注重学习,缺乏知识积累,思维方式上的训练也欠缺,就会出现无知而盲,面临临场时无话可说或者词不达意的尴尬。第二种情况,对所涉及的具体主题内容所知不多、知之不深,在认知和思考上存在不足,无法谈出有针对性的话题和有价值的观点,只能讲一些大而无当或者于事无补的话。第三种情况,对具体情境中的场合、对象、气氛、环境等观察和了解得不够,所以无法很好地结合具体情形,把握好讲话的关键要素,做到准备充分,有的放矢。

二、内容不合题

能够把子弹射在射程之内并且命中靶心的才是好枪手。讲话也是如此,所讲的内容切题,合乎具体话题讨论的范围,才是好的讲话。如果讲的内容与话题无关,哪怕讲得再天花乱坠、妙语连珠,也是不合适的,既浪费自己讲话的机会,也浪费别人的时间,甚至可能驴唇不对马嘴。所以,一个讲话好不好的评判标准,不完全在于讲话本身精彩与否,还在于所讲的内容是否合乎特定的主题需要,是否与大的背景话题相契合。因为与工作相关的讲话和讨论毕竟是以实用性和针对性为上的,而不能是漫无目的地玄谈、清谈。

三、表达不得体

即使准备充分，内容也非常好，如果说得不得体，也不会有好的讲话效果，甚至成为一次失败的讲话。不得体的情形包括：讲话不看对象，造成身份的错位和表达的针对性差，变成对牛弹琴；情绪控制不佳，出现不该有的情绪化表现；心态不对，过于居高临下、趾高气扬，或者过于谦卑、客套、奉承等；拿腔拿调，满口官话，缺乏真诚，尽说一些漂亮的场面话或者像外交官一样使用娴熟的外交辞令，拒人于千里之外；缺乏变通，不顾情形，千篇一律，或者事前做了准备、打了腹稿，到了临场情况有变化，没有相应的改变，依然一股脑儿地往外抛；等等。

判断讲话是否得体，一个很简单的标准就是所讲的话别人听了是否心里能够愉快接受。如果是让人喜闻乐见的，自然是得体的；如果别人听了心生厌恶，就说明需要改进。讲的时候换位思考一下，假设自己是听众，听到这些话会有什么感受，人同此心、心同此理，只要情商和感受能力不是太差，都能很清楚地加以判断。

四、风格不搭调

风格就是讲话所呈现的整体风貌、别人从中感受到的总体概貌，它常常是讲话主题风格的体现和外化。风格偏于形式的范畴，需要服从内容表达的需要，风格把握得好，对内容表达的效果至关重要。风格的把握有两个要点。第一，与具体的情境和整体风

格是否搭调与契合，例如在一个庄重严肃的场合，如果说话过于风趣，引人发笑，或者是一个放松交流的时候，显得过于严肃拘谨，这都属于不搭调。第二，与个人一向的风格是否自洽和一致。每个人大致的风格是相对稳定的，也是为身边人所了解和熟悉的。通常一个人的风格一向如此，大家都比较好接受，如果风格突然出现巨大反差，就会让人觉得怪异。

五、缺乏自信心

如果自信心不够，个人所具有的内在素质和能力会打很大的折扣，而一个自信的人，讲话所展示出来的气度和对场面的控制，就会平添更多的魅力。前面讲的准备不充分，在内容组织、得体表达、风格把握等方面又缺乏足够经验，如果自己对这些问题又清楚地觉察的话，自己的信心就会受到极大的打击。这些经验的取得，需要在实践中加以磨炼和增长。还有很重要的一点，要想提升自信心，还必须克服性格和心理上的障碍，这是很多生性内向腼腆的人需要克服的挑战。

即兴讲话
造就人生高光时刻

第九章 / 罗马不是
　　　　一天建成的

> 即兴讲话能力的提升需要时间的淬炼、经验的积累,最关键的是基础能力的增强、思维方式的改进以及掌握一些常用方法。这些方面的提升不是一朝一夕的,需要明确目标,用对方法,持之以恒,在实践中不断提高。

一、四种能力

对于即兴讲话来说,有四种能力最为重要,那就是观察能力、记忆能力、运思能力和机敏能力。

(一)观察能力

观察能力主要体现在临场观察上,观察周遭的环境,观察其他人的发言,观察现场的反应等,敏锐捕捉和有效处理这些信息,将其纳入自己讲话的构思和表达当中。如果不注意观察,就无法与环境和他人形成有效的互动,那就变成了自说自话。

下面这篇例文是接待政府部门来访时的发言。

第九章
罗马不是一天建成的

接待政府部门来访发言

感谢部领导、全国馆领导对我们的关心和指导,以及长期以来给予我们的大力支持和热心帮助。刚才各位领导对我们此次的资料汇交工作给予了充分认可,给了我们鼓舞和鞭策,也客观指出了下一步工作的改进要求,我们全盘虚心接受,不找任何理由,一定不折不扣地加以落实。

对这项工作,从集团到我们公司都高度重视,态度认真,严格按要求扎实做好各项前期准备工作。我们首先在思想认识上是到位的,地质资料是国家财产,我们能替国家保管这份财产,这是一份荣誉,也是一份责任。你们是甲方,我们是乙方,一定按照你们的要求,把国家交给我们的这个任务完成好。同时,做好资料档案整理工作,也是公司基础管理、规范管理的重要内容和发展的重要保障,我们从组织机构、职能配备、管理制度、工作机制、队伍和软硬件条件上不断改善,在这次核查中充分给各位领导予以了展示,也为下一步工作上台阶打下了更好的基础。

最后表个态,我们一定遵照政府部门的要求,扎实做好后续各项工作,好的地方继续巩固,不到位的地方加以改进,接受上级部门的监督管理。结合这次核查指出的问题,制订计划,倒排时间,确保按期完成、应交尽交。也欢迎各位领导今后多来指导,帮助我们改进提高。

这篇发言其实主要是做工作表态,要取得好的效果,就要准确把握对方的心理,观察对方的反应,把握好讲话的分寸和火候,介绍自己的认识和做法,不卑不亢地表明态度。

下面这篇例文是在公司月度经营分析会上提出的工作要求。

公司月度经营分析会提要求

月度经营分析会上数据比较密集,有些数据很重要,是生产经营商务的关键数据,有些还属于商业秘密保护范围,现在会议参加人员比较多,存在失泄密风险,一旦发生,会给工作造成被动,损害公司利益。下来请梳理一下,界定哪些数据是敏感信息,如产量曲线、成本、价格、潜在客户等,对这些数据要规范使用,明确管理要求,控制在一定范围内知悉。同时要着眼长效,明确信息管理的相应规定,建立完善商业信息保密的制度要求。今后月度会要固定一下参会人员,非涉密人员要签订保密承诺书。各单位、各部门一把手都是保密第一责任人,和安全一样,管业务就要管保密,要抓好责任落实,管好自己的员工。

还要进一步明确这个会的定位,就是检查督促重点工作,协调解决问题,分析经营形势,所以要坚持问题导向,重在分析。分公司提出很多具体事项,大家在现场工作,心情着急可以理解,但这些事很多是生产经营过程应该正常推进的。公司实行专业化管理,每件事都有人管,出现了困难,应该是生产单位和专业部门沟通、研究、论证,拿出方案,征求相关职能部门和分管领导意见,按正常流程往前推。只有遇到异常情况或者现有流程不支持的,才提出来到这个会上讨论。现在大家习惯提出一股脑的具体问题,直接让领导到这个会上来定,用对结果的认可替代前面的沟通论证过程,让我们决策层做了很多工作层面的事和我们不应该做的工作。这种情况必须纠偏。

今天再强调一下,对于基层单位的困难和问题,各部门要及时掌握了解、协调沟通、推动解决,做到守土有责,信息对称,无缝衔接。解决不了的,提交给主管领导协调,或者召开专题会研究。涉及跨部门的、外部关系的、关系重大的、有重要潜在影响的问题才提出来，到这个会上研究讨论。这一条作为这个会议的改进措施，从现在开始落实。

这篇发言很明显是从会议现场观察的情况即兴而发的，一是保密存在不严密的问题，二是会议组织方式和信息沟通的问题。通过观察发现问题，然后分析问题，进而提出解决问题的方法和措施要求。假使不能敏锐地观察到这些问题，自然无法针砭和纠偏。

（二）记忆能力

因为即兴讲话没有提前准备，所有内容都靠临场组织，需要大量的知识储备，这对记忆能力也是一大挑战，包括：对各种知识的掌握，对事情的复述能力，对情况和数据的稔熟，甚至对一些细节的刻画，以及对他人观点、名言警句的引征。这种能力有的人天生就具备，有的人天生记忆力强，博闻强记，讲话时能旁征博引，运用自如，但更多还是靠后天有意的练习和有针对性的积累。"书到用时方恨少"，日常积累多了，讲话时才能将平时的记忆储备拿出来用。

下面这篇例文是在集团改革领导小组办公会上的发言。

集团改革领导小组办公会发言

公司党委按照集团要求，结合实际，一手抓发展，一手抓改革，扎实推进改革三年行动计划。

我们建立领导机制，明确领导小组、办公室以及对标提升工作

专班等工作机构,强化组织领导;建立工作推进机制,定期召开专题会、领导小组办公会,推动工作进展,动态调整进度,强化统筹协调;建立督办机制,把改革纳入年度绩效考核,按月督办,及时评估,压实责任,强化激励约束。

改革的主要工作:一是加强党的领导和党的建设,推动党建与业务融合深化。深入开展"苦练基本功,提高执行力"主题活动,一体推动能力建设、作风建设、制度建设和"三基工作",刀刃向内,苦练内功。二是完善公司法人治理,加强规范化管理。推进内控制度体系建设,积极化解重大风险,风险值平均降低×××。努力降低采购成本,节约资金×亿多元,成本降低××%,精细化管理水平进一步提高。三是着力推动销售机制等特色改革,努力为集团贡献改革价值。销售机制改革按照全员销售和多劳多得的方向,充分激发内生动力,销量同比增长××%。四是健全市场化经营机制,激发员工干事激情。核心是三项制度改革,通过改革实现"能上能下,能高能低,能进能出",完善业绩考核与工资分配联动机制,劳动生产率同比增长××%。五是推进科技创新和数字化转型。科技研发投入同比增长××%,完成"十四五"科技攻关顶层设计,形成整套技术体系。建成生产动态信息系统,正在做智能工厂整体规划,从而实现"远程操控,少人值守,数据共享,智能诊断,辅助决策"等目标。

以上这些工作初步体现了改革的真谛:改就是改变员工的精神面貌和队伍的精神状态,革就是革除不适应生产力发展的生产关系和不利于安全稳健发展的制度机制。

下一步工作要聚焦几个方面:一是聚焦任务目标。发力提速,力争更大进展,尤其在主业发展上取得更大业绩。二是聚焦重点领域和关键环节。把三项制度改革作为重中之重,推动改革落地。三是聚焦自身实际。推动在规范董事会建设、合资公司管理、产业体系塑造、企地协调、组织机构持续优化、队伍建设等难点问题上取得更大改革成效。四是聚焦管理提升。以对标一流为契机，持续提升管理的制度化、规范化、精细化水平，在快速外延式拓展的同时更加注重内涵式提升。

这篇发言是在完全没有准备的情况下即兴而作的，本来没有被告知有发言的安排，但会上领导突然点名要求"说一说"。在这种情况下，运用快速构思，讲工作机制、讲改革的五方面工作、讲下一步工作聚焦的四个方面。有了框架之后，其中的内容要充实，"血肉"要填充，靠的就是记忆，特别是其中改革的五方面工作，既有情况又有数据，完全来自平时的积累和掌握，做到熟稔于胸，心中有数，才能临场不慌。

（三）运思能力

运思能力就是运用正确的思维方法，构思和组织即兴讲话的内容与观点，使之成为系统化、条理化的表达的能力。对于即兴讲话来说，运思能力首先在于准确性和有效性，即运用正确的逻辑工具、思维方式和分析手段等，对话题相关内容加以思考并得出正确结论。思维方法如果不对，势必会造成思维的混乱和观点的错误。运思能力其次在于思维的效率，就是能在较短时间内快速思考，这种能力的获得主要靠大量的练习和总结提升，把快速思考能力内化为一种思维程序，遇到需要的时候，这一程序就能触发，从而达到思维的精准与高效。大家平时不妨有意地做一些训练，例如让自己对于任何一个话题能在短时间内构思出若干个观点，坚持一段时间，运思能力就会大为提升。

下面这篇例文是在公司直管干部培训结束时对干部队伍提的要求。

直管干部培训结束提要求

这几天大家培训很充实,也有很多的收获和成果。我不占用太多的时间,主要围绕公司重点工作任务的落实,围绕领导干部的能力素质要求,结合大家讨论汇报的内容,重点谈四点意见,其实也是四个方面的要求。

一、提高站位

一是旗帜鲜明讲政治。讲政治不是一句空话,必须落到实处。要深入贯彻落实习近平总书记的一系列重要讲话精神,坚持正确发展方向,更加自觉地把习近平总书记重要讲话精神转化为生动实践。

二是聚精会神抓党建。各级党组织主要负责同志要坚决扛起全面从严治党的"主体责任",牢固树立"抓好党建是最大政绩"理念,带头示范,以上率下,以提升组织力为重点,突出政治功能,夯实党建基础,把基层党组织建设成为坚强的战斗堡垒和发展的中坚力量。要加强领导班子自身建设,履行好"一岗双责",切实落实好党风廉政建设责任制、意识形态工作责任制、基层党建工作责任制,加强党建工作研究部署、推进落实以及党建队伍建设,坚决杜绝党组织政治功能虚化、弱化、边缘化、管党治党责任缺失的问题。

三是凝心聚力求实效。实现公司各项目标,需要全体员工的共同努力,需要充分发挥党委的领导核心作用、各基层党支部的战斗堡垒作用以及党员的先锋模范作用。要狠抓工作落实,加强目标管理,细化工作计划,加强协同配合,完善工作机制,确保各项工作落地见效。要坚持发扬民主、群策群力,关注、倾听基层员工的意见和呼声。加强思想政治工作，完善诉求表达、矛盾化解和利益协调机制，使思想政治工作更加有针对性和实际效果，更加贴近员工的思想和工作实际。将解决思想问题和解决实际困难紧密结合起来，激发每一个员工干事创业的动力和活力。

二、提升境界

一是要有全局观念。要树立"一盘棋"思想，从服务公司大局出发，从全局的高度、发展的高度想问题、看事情、谋思路，做到对公司整体发展形势和发展方向有准确把握，对当前的主要矛盾和关键问题有清醒认识，对眼前利益和根本利益作出准确判断。要跳出部门单位看公司发展，自觉将工作放到公司改革发展的大局中去考量，只要对公司发展有利，即使受点损失和委屈也要做；只要对公司发展不利，即使局部得利也不能做。这样才能在宏观上形成协同，产生"1+1>2"的效果，保证公司整体利益最大化。

二是要有担当精神。当前，公司发展到了一个新的起点，进入实现新的、更高层次的内涵发展的提升期，改革也进入深水区、攻坚期。面对繁重任务和各种矛盾问题，如果黑不下脸、铁不下心，缺乏担当精神，工作就难以开展。我们要让敢担当、善作为的干部有舞台、受褒奖，让不作为、慢作为的受警醒、让位子。要落实好"三个区分开来"的容错、纠错机制，鼓励干部轻装上阵创造性开展工作，但要坚决杜绝不按制度规矩办事的乱作为行为。要有功成不必在我的境界，多做打基础利长远的事，不要只做表面光鲜的事，把问题留给后人、留给别人。

三是要有服务意识。党员领导干部服务员工的宗旨意识要强。要从广大员工最关心的事做起，走好群众路线，始终与员工站在一起、想在一起、干在一起。我们有的同志认为领导干部是掌权的，是管理员工的，从内心就没有真正确立为员工利益、为公司发展服

务的宗旨。关系员工切身利益的小事，都是公司党委和各级党组织必须高度重视的大事。要尽可能为员工办实事、办好事，在政策条件允许内的要多办，政策条件不允许的不能空口承诺，管理好员工的预期，正确加以引导，这也是服务员工的体现。

三、拓宽视野

首先，解放思想，摆脱路径依赖。如果思想不解放，思维固化，凡事习惯于向后看，习惯于用老思路、老套路去想问题办事情，我们就很难看清矛盾问题症结所在，很难找准突破的方向和着力点，很难拿出创造性的改革举措。要通过学习和思考，清理我们的内存，清空自己传统的固有的认识，接受新的思维方法，换个角度看问题。公司要改革发展，领导干部的思维首先要跟上，联系时代背景、行业趋势，提升对公司所承担的责任使命的认识，在实现公司高质量、内涵式发展上凝聚共识，在统一思想中推动思想的再解放。

其次，学思践悟，提升系统思维。要加强政治理论学习，更加自觉、更加系统地多读马克思主义经典原著，熟悉、掌握国家改革发展的方针政策，明确行业和集团改革发展的战略重点，确保我们的工作准确站位，更好地融入大局、服务大局。要加强对履职所需能力的学习，干什么学什么、缺什么补什么，有针对性地学习掌握履行岗位职责所必备的各种专业知识，增强工作的科学性、预见性、主动性，说内行话、做明白人、干正确事，多从成功案例中找方法，不从失败中找借口。要通过学习建立一套系统的思考框架和思考方法，思考未来的目标，思考与自己角色相匹配的、与自己工作相关联的内容，以及重要的、关键的事情，了解员工想什么，找到主要问题。要学会换位思考，将自己与领导、与员工角色互换，站在对方的角度思考问题，这样有利于统一思想和目标，有利于团队的融洽和谐，最大限度消除冲突；有利于信息的沟通和反馈，通过系统性思考优化工作和行为模式,扮演好领导和执行的双重角色。

最后,走出家门,开阔眼界视野。领导干部要扑下身子搞调研,围绕工作重点、难点、痛点,带头深入一线,面对面听取员工意见建议,全面深入准确了解实情,这样才能集思广益,精准施策。还要走出公司,开阔视野,对标一流,主动俯下身子虚心请教,积极借鉴先进经验。外出学习考察、参加会议、学术活动,不能走马观花,满足于带回一堆表面性的文字材料。要坚持问题导向,深入总结提炼人家经验背后理念性、规律性的东西,并结合实际将其转化运用。

四、增强本领

一是提升管理的本领。管理本领体现在三点:明白干什么事,懂得怎样干事,知道事交给谁干。我们的干部特别是一把手要扮演好三个角色:一是当好船长,带好班子。要善思、善谋、善断,立足单位、部门工作,深入思考,超前谋划,定好方向,确立目标,并且要指挥有序、果断、得当,确保部门单位这艘船保持正确的航道,跟公司同向而行。二要当好教练,带好队伍。准确定位与副职、与员工之间的关系,准确处理用权和放权的关系,准确处理激励管理与压力管理的关系,熟练掌握授权的方法、沟通的技巧和用人的策略,用有效方式手段激发每一位成员的激情和活力。三要当好裁判,用好人才。严格目标管理考核,定好标准,明晰流程,抓好监管,搞好责、权、利、能的匹配,切实做到坚持原则,鼓励竞争,公正用人,合理分工,把大家的干劲和闯劲合理调动起来。

提升管理能力,要清楚什么东西更重要。例如,愿景比任务更重要,制订目标时请员工共同参与,得到大家的认同,就能使大家积极响应。信念比指标更重要,坚定的信念能够统一大家的价值观,队伍有了士气和战斗力,再有挑战性的目标也能完成。人才比资源更重要,人才是企业的软实力,是企业的财富和未来,所有的业绩

都是人干出来的，只要有高素质的人才，没有资源可以创造资源。要善于发现、爱惜人才，创造机会培养人才。团队比个人重要，团队的利益永远高于个人利益，整体利益永远高于小集体的利益。中层要扮演好团队协作的协调者。授权比命令重要，要给下属工作空间，最大限度地释放员工潜力和创造力。平等比权威重要，要重视和鼓励员工参与工作目标的制订，真心听取员工的意见和好的建议。均衡比魄力重要，突发事件时需要魄力，平时少用魄力，不能老想做惊天动地的事情，均衡就是平常心，就是"临事而惧，好谋而成"，需要谦虚、执着、勇气、耐心，需要科学管理的能力和处理复杂问题的能力。

二是提升抓落实的本领。抓落实首先要有强烈的事业心，有认真负责的职业精神。始终充满激情、充满干劲，干工作才能更加主动、更加自觉。抓落实要有科学的方法，办法、方法对路，才会事半功倍。要熟练掌握科学思想方法和工作方法，学会运用马克思主义的立场、观点、方法分析问题和解决问题，学会抓住问题的关键和要害，找到破解问题的杠杆与方法。抓落实还要提升队伍素质，苦练基本功，改变员工的低水平、老毛病、坏习惯，提倡敬业、职业、专业的态度，并且以身作则，率先垂范，带动提升整个队伍的执行力。

三是提升团结的本领。领导干部必须把广大员工，特别是业务骨干、技术专家、重要岗位干部等中坚力量紧紧团结在一起。在推进工作时多通气，遇到重大问题时多协商，在工作职责上多配合，多说有利于团结的话，多做有利于团结的事，营造宽松和谐、团结共事的环境。各部门、各单位在履职尽责做好分内事的基础上，要以大局为重，多一些理解担当，少一些推诿扯皮，相互配合、相互协作，集中力量干大事。不能只扫自家门前雪，把自己的责任撇得太清，本质上就是不负责任。

四是提升依法合规的本领。首先，要强化遵纪守规、依法合规的红线意识和底线意识，算好人生账和职业账，不要为了一点小利赌上自己的人生和职业发展。要自省自励，注意小节，注意净化朋友圈，区分正常的人情交往和不正常的利益往来，从内心深处筑牢拒腐防变的红线。其次，要管好队伍，管好员工，严格按照制度规矩办事，把好关，履好职，坚持严管才是厚爱。

大家新的聘期刚刚开始，新的一年马上要到来，新的起点、新的机遇和挑战，更加需要我们迎难而上，勇于担当，奋力向前。希望大家通过这次学习培训，进一步统一思想，凝聚共识，振奋精神，真抓实干。成绩面前放低姿态，岗位面前放平心态，压力面前保持状态，带着学习的收获和成果，全身心地投入工作中去，在各自岗位上取得更大业绩。

这篇讲话发表于培训结束时，根据干部队伍的思想实际和工作实际，围绕干部队伍建设需求，结合培训班汇报交流的意见建议，对干部提出要求。讲话从提高站位、提升境界、拓宽视野、增强本领四个方面，从政治、思想、知识素养、视野、能力本领、修为等角度，条分缕析加以阐述，体现了较高的站位、较强的针对性和有益的引导，是一次较为全面深入的思想阐述和工作部署，是系统高效的运思能力的体现。

（四）机敏能力

机敏能力就是机智敏捷地处理随机信息和突发情况的能力。即兴讲话本身就是灵活的、随机性的，过程当中不可避免会出现一些事先无法预料和设计的情况，如果缺乏足够的机敏能力，就会对这些情况手足无措，从而影响观感和效果。相反，机敏的人，

总能因时、因地、因事巧妙地把讲话与相关信息融合起来,并且给人毫不突兀、浑然天成之感,遇到各种情况包括意外突发情况,也能灵活巧妙地加以处置,甚至产生意想不到的良好效果。所以,机敏能力是控场能力、思维能力、表达能力和心理素质的综合体现。

下面这篇例文是为基层联系点支部讲授党课的部分内容。

为基层联系点支部讲授党课内容(部分)

……

加强政治建设,对于党员干部来说,就要筑牢信仰之基,补足精神之钙,把稳思想之舵,其中很重要的一点就是处理好苦与乐的关系。在一些人看来,加强政治建设的要求很多,而且都是苦、累、难的事,如学习钻研苦,为民服务苦,严肃的政治生活苦,严格的纪律约束苦,干事担当苦。如果没有树立正确的苦乐观,党员干部就会在这些事情面前望而却步,贪图安逸,意志消磨。而一旦树立了正确的苦乐观,则会把这些当作锤炼党性修养的"大熔炉",当作践行初心使命的"试金石",以苦为乐,苦而后乐。

老百姓有俗话说:"苦不苦,想想红军二万五;累不累,想想雷锋董存瑞。"对共产党人来说,践行初心使命的奋斗过程或许是苦和累的,但为使命而付出的感受却是快乐的。这恰恰体现了共产党人的苦乐观:为党为国为民而付出,先苦后乐,才是至乐。

树立正确的苦乐观,需要理解得与失的辩证法。人生如棋,有得就有失,得与失是相对的。某些时候看似失去了一些东西,但同时也得到了一些东西。为工作牺牲了一些休息的时间,但得到了成长的机会;在荣誉面前退让,但得到了大家的认可;选择到基层工

第九章 罗马不是一天建成的

作失去了大城市的安逸，但得到了一线的历练。可见，得与失的标准不只是物质的，精神追求更重要。党员干部应该深刻理解得与失的辩证法，说白了就是处理好奉献与索取、给予与获得的关系。

树立正确的苦乐观，需要认识苦与乐的双重性。趋乐避苦是人的本能，而正确对待苦和乐才是人的本事。世界上没有光享清福而不要付出的事情，幸福是奋斗出来的，快乐是耕耘出来的。"荣誉的桂冠，都用荆棘编织而成。"只有日拱一卒，跬步不休，才会功不唐捐，不断进益。有副对联写道："若不撇开终是苦，各自捺住即成名。"撇开一些名利纠结，按捺住内心欲望，才能离苦得乐。

树立正确的苦乐观，需要把握多与少的"平衡术"。自然界能量是守恒的，人生的能量是守恒的。一个人的时间就那么多，应酬的时间多了，读书的时间就少了；往领导身边钻营多了，体察群众疾苦就少了；看肥皂剧、刷手机多了，深度思考就少了。对待名利也是如此，人生在世，难以回避"功名"二字。有人把功名看得很重，把荣誉作为向人炫耀的资本，殊不知功名常常成为前行的负担和累赘。在虚名浮利上看得轻一些，追求得少一些，反而会获得精神的丰盈和充实。

宋代大臣范仲淹曾写下"先天下之忧而忧，后天下之乐而乐"的千古名句，这是历代仁人志士的忧乐观。前不久习近平总书记提出的"我将无我，不负人民"，更是将传统的忧乐观提升到了更高的境界，展现了共产党人的纯粹品格和博大情怀，是对新时代苦乐观的深刻诠释，也是对新时代党员干部正确处理"有我"与"无我"、树立高尚精神品格所发出的号召。

要有功成不必在我的栽树精神。"前人栽树，后人乘凉"。社会的发展、我们党的事业就是这样一代代传承的。功成不必在我，是一种境界、胸襟和情怀，是甘为人梯的精神，它折射出淡泊的名利观，体现出正确的政绩观。事业的成功不属于个人，因此未必要

在自己的手中或任期看到并实现，但一定要为它埋头苦干、接续奋斗，无问东西、不计得失。党员干部要不戚戚于功利，不耿耿于声名，抱着"功成必定有我"的使命和责任，既做显绩又做潜绩，既着力当前又着眼未来，干出为后人做铺垫、打基础、利长远的好事实事，甘于不显山露水，不扬名立万，甘于做地平线以下的工作。

要有忠诚履责的担当精神。不管干什么事情，责任心最关键。责任在肩，则心生自觉；责任在心，则变"要我做"为"我要做"。知责明责是履责担责的前提，人的价值是在担责尽责中实现的。要把责任当回事，不要把权力当回事。权力是组织和群众赋予用于干事创业、为民服务的，如果不珍惜权力，看不到权力背后的责任，不作为、慢作为，或者乱作为、瞎作为，只会让自己的人生一钱不值。

要有甘于付出的奉献精神。为官当干部，就得甘于付出，甘于奉献，这就是格局、境界和情怀，也是责任、使命和操守。"计利当计天下利，求名应求万世名"，这才是一个党员干部在面对名利时应有的胸怀。"求名心切必作伪，求利心重必趋邪。"说到底，党员干部还要从世界观、人生观、价值观去找答案，这是"总开关"。什么样的世界观、人生观、价值观，决定了什么样的政绩观、责任观和名利观。在名利这道人生难题面前，党员干部一定要破解它。谁破解好了，就找到了平安为官的金钥匙。希望我们的党员干部都能在这些方面不断修炼自己、提升自己。

这篇讲话作为一次党课，从政治建设谈起，切入苦与乐的关系，聚焦党员干部具有的苦乐观，从得与失的辩证法、苦与乐的双重性、多与少的"平衡术"三个方面加以阐述，无论是这三个大的观点，还是其中的具体内容，都颇有新意。然后落脚到"栽树精神"、担当精神、奉献精神上，理实据丰，论述透彻充分，旁征博引，体现了思维机敏的特点。

再看一个例子，其体现以上四种能力的综合运用。

在信息工作特聘专家选题策划会上的总结讲话

今天这个会有几重意义。首先，这是一个聘任会。特聘专家工作是去年 10 月份信息工作培训会上提出来的，后来经过酝酿、沟通、推进，到今天算是取得初步成果，把这件事张罗起来了。其次，这是一个见面会、联系会。信息工作没少得到大家帮助支持，有些同志比较熟，也有的同志平时只是打电话、发邮件，今天聚到一起见面，都对得上号，以后沟通就会更顺畅。再次，这也是一次交流会、研讨会。事先大家都带来了选题，刚才又就自己的选题做了介绍、进行了交流，进一步加深了对这些选题的认识和理解，同时就如何做好信息工作也做了研讨，提了很多好的意见。最后，这还是一个信息工作的推进会。为了满足工作的实际需要，为了达到领导的要求，信息工作一直在不停地探索创新，从管理制度、平台搭建、渠道畅通、内容提升、信息化建设等方面在做工作。我们制定了"争创一流"28 项措施，特聘专家是其中非常重要的一项。

今天，我们把系统内有思想、有才华、有想法、有研究能力的同志请到这里来，就是为了共同探讨如何推进公司信息工作更上一个台阶。信息工作是展示能力和水平的大平台、大舞台，是锻炼人的工作。没有信息，领导决策就失去依据，所以信息工作不是哪一家的事，而是大家的事。各个行业、各个领域的许多工作，从信息的角度来看都有价值，所以大家有参与做好信息工作的责任和义务。

大家提到的选题，我就不一一回应，谈谈总体印象。

一是符合当前大势。党和国家正在推进的高质量发展、供给

侧结构性改革、"一带一路"、三大攻坚战、两化融合、中国制造2025、京津冀一体化、能源生产和消费革命、五大发展理念、海洋强国、创新驱动等大趋势、大战略，都应该是我们要关注的。特别是这些决策部署在企业怎样落实，有什么问题建议，值得关注和反映，大家提的选题很多都涉及了这些。

二是立足公司实际。包括提质增效、深化改革、统筹国际国内、加强党的建设等任务，特别是改革创新、干部年轻化、成本优化、市场开拓等重点工作，以及风险防范、进一步加强战略管理、优化协调机制等问题，大家也都有涉及。

三是着眼公司长远发展。对公司来说最重要的就是做到有质量、有效益、可持续发展，以改革和转型为主线，转型引领改革，改革推动转型。转型不只是产业转型，包括思路转型、管理转型、发展动力转型、体制机制转型，需要通过改革推动，通过改革调整不适应的生产关系，释放生产力，这些问题大家也都讨论到了。

四是体现了对象意识和需求意识。对象分两类，一类是公司领导，他们想看到的是内部单位一些好的做法和经验，工作过程中的问题和建议；另一类是上级领导和部门，他们希望看到的是我们贯彻落实中央政策和决策部署的情况、问题和建议，以及可以推广、值得借鉴的经验，对一些工作的建议等。对象不一样，需求不一样，我们提供的信息的内容和角度也不一样。我注意到我们的选题也涉及了这两个层面。

总体来讲，这些选题在内容上体现了广度，涉及面很广；角度也适宜，切口有大有小，但题目和表述的事情是比较契合的；体现了高度，不只是站在自己的角度，能跳出来，站在更高层面思考问题；在深度上，大家提到如何深入透彻地思考问题；再就是瞄准度，主要体现为针对对象的需求、契合度；最后是尺度，自己内部讨论

第九章 罗马不是一天建成的

和往外报的尺度会有不一样,需要把握好。

今天这个会的目的就是通过培训交流,巩固发展信息工作服务领导决策的良好势头,进一步围绕中心、服务大局,提高信息服务决策的能力和水平。这里其实要回答三个问题:要做什么,做成怎样,怎样才能做到。

第一,要做什么。

具体来说,一是把信息工作的重点放在中央决策部署和公司的重点工作上。做到公司重点工作是什么,决策信息服务的重点就是什么;决策层的关注点投向哪里,信息工作的重点就在哪里;决策贯彻落实推进到哪里,信息工作的重点就推进到哪里。二是把信息工作聚焦到改革发展的重点和难点上。三是把信息工作聚焦到长远发展的瓶颈和短板上。只有这样,信息才能起到服务决策的作用。

第二,做成怎样。

既然决策的主体是各级领导,就要做到领导需要的能及时提供,领导没有想到的能及时想在前面,领导想到的能进一步细化完善,这样才能真正使信息成为服务决策的重要载体。

第三,怎样才能做到。

关键要健全信息的工作机制,强化全系统信息工作的"一盘棋"意识,整合力量,完善协调联动的工作机制。

一是完善信息载体。考虑建立决策信息的报送渠道,设置新的决策信息参考刊物,优化决策信息服务的流程和机制。

二是明确工作责任。信息是各个层级、各个部门共同的职责,就特聘专家工作来说,特聘专家是选题构思、策划、撰写的责任主体,可以组织其他人写,也可以自己撰写,方式可以灵活,要因地制宜。集团办公厅负责总体协调特别是跨部门协调,畅通渠道、搭建平台、建立完善工作机制,不断改进和优化工作流程。特聘专家

所在单位和部门要提供支持和帮助,特别是综合部门要承担起责任,做好信息收集等工作,为特聘专家提供工作便利。

三是建立工作机制。办公厅要通过督促指导、制度指引、业务培训等形式,与各单位、各部门、各位特聘专家一起抓好信息工作。各级综合部门要立足部门优势,建立和完善信息交流平台,强化不同部门的协调配合,建立健全信息工作联动机制,完善沟通协调机制,形成各级各部门同轴共转、共同推动的信息工作格局。

四是加强交流共享。通过建立机制、畅通渠道、搭建平台,最终推进信息共享交流。今后每年至少举办一次选题研讨会,进一步挖掘研讨选题,提高信息的针对性和质量,建立重要信息会商会签机制和重要选题研讨机制。坚持共享理念,利用多种方式加强信息的共通共用。俗话说,"吃人三餐,还人一席",通过相互输送和共享,促进信息增值,每个人都可以获得更多的信息和咨询。

希望各位特聘专家增强责任感,保质保量组织提供好信息,把选题变成成果,把信息融入决策服务当中,通过自己的工作为公司发展作出贡献、发挥才智。

可以说这篇讲话体现了几种能力的综合运用。开头对会议的描述、对选题的肯定评价、对特聘专家工作责任的强调、对加强信息共享建议等,都离不开对参会人员心理和想法的把握,状态和反应的观察。总结和回应所讨论的选题,进行梳理、复述和点评,靠的是良好的记忆能力。对工作提出的几方面要求,是在对工作准确把握和全面分析基础上的运思能力的体现。在归纳、梳理选题时,不是简单罗列和连缀,而是按特点进行分类,并从几个"度"的角度加以概述,使点评更专业到位,是思维上的机敏能力。

二、四种思维

即兴演讲的成功,离不开良好的思维能力,而其中重点需要把握的几种是系统思维、创新思维、发散思维、红线思维。

(一)系统思维

系统思维就是能够综合、立体地把握事物整体与特征,全面系统地对事物加以分析和论述的思维方式。运用系统思维,才不会片面地认识和理解事物,才能准确把握整体和局部的关系,在讲话当中更好地把握所讲述话题与其他内容的关联,以及话题当中各部分之间的关联。系统思维可以帮助我们增强逻辑性,克服片面性,避免攻其一点、不及其余,以偏概全,或者孤立地看待事物。

下面这篇例文是在集团务虚会召开前,部门为参加务虚会筹备而召开的讨论会上所做的发言。

参加集团务虚会前部门讨论会发言

因为是为务虚会做准备,我就谈点自己的看法,说错了也没关系,毕竟人的认识是有局限的。主要是两个方面的观点。

第一个方面,坚持问题导向,分析我们人才队伍的结构性问题及原因。我觉得当前公司干部人才队伍呈现这些问题:业务人才多,综合素质高的复合型人才少;单方面经历的人才多,多方面历练的人才少;生产工程人才多,市场经营人才少;守成型的人才多,开拓型、创新型、具有企业家精神的人才少。出现这种情况的原因,

一是过去有计划地培养少，干部培养需要考虑他干过什么、能干什么、将来要他干什么，前瞻性地培养，这方面做得不够；二是我们的干部人才存在板块、专业、地域的壁垒，画地为牢，出现结构性短缺和结构性富余并存的情况。

在干部人才的数量和质量方面，也存在诸多问题：高层次人才少，国际化人才少，在行业内叫得响的人才少，各个层级优秀的后备人才少，干部的担当精神和作风建设有待加强，一些专业的系统能力不足。我从自己工作角度出发，发现全系统具有优秀文字、口头表达能力的干部少，成为整个组织系统能力的短板，影响组织效能，也不利于提升公司形象。

分析起来，这些问题从根本上说是我们的人才理念和体制机制问题，表现为人才政策的"一刀切"，针对性和因地制宜不够；干部培养的基层导向不明显，有计划地多岗位历练不够，在人才培养和干部使用上思想不解放，担当作为不够，干部能上不能下；缺乏退出机制，业绩考核虚化、平均化，导致活力不足、动力弱化，用人环境没有完全做到公平公正，影响了队伍的积极性。

第二个方面，谈谈我对精干高效用人政策的理解。毛泽东说，政策和策略是党的生命。要从根本上破解上述问题，最终要归结到人才政策上来。我们公司的一大优势是人少，人均劳动生产率高，这是前辈留下的特殊时代的产物，也形成了精干高效的用人政策和管理理念。但在新的形势下，这一政策是否还适应，需要重新考量。

这几年公司人数增长较快，但很多是并购带来的被动增长，真正有计划、有目的的主动增长并不多，也就是说，增长的可能并不是组织真正需要的，而真正需要增加的没有得到满足。这样导致的弊端是，人才厚度不够、储备不足，就像一支球队，"板凳厚度"不够，在场边观摩的人就少，人才梯队缺乏后劲，人才红利不够，

第九章 罗马不是一天建成的

人才流动空间少；基础工作不扎实，为决策提供支持的参谋类、行业或政策分析的研究类、提高科研水平的专业技术类、提高表达效果和沟通效能的文字综合类、夯实基础管理的基层职能管理类等人才都没有得到足够发育，一定程度影响工作质量和决策科学性，最终影响事业发展。

相比于从前，公司在人才方面的主要矛盾发生了变化。以前是追求人少多创利，而现在是人才的结构性短缺影响了发展，过去追求一个萝卜一个坑，现在是很多该填的坑没人填。而且要准确分析一些问题背后的因果关系，例如公司这些年效益很好，不应该简单归因到人少上，主要还是因为市场环境和产品价格，而人才队伍发育更健康的情况下，人能创造事业，效益可能会更好。事业发展必须要有一定的人才储备，才能有更多的培养、交流、使用人才的空间和余地，否则知识管理、经验传承都很难，需要的时候就找不到人。高素质人才不是阿鸡阿猫，想要就能找到的，需要一定周期的培养，才能出苗，才能有忠诚度。

所以，新的形势下，应该有新的思路，重新理解精干高效的内涵，精干只是手段，高效才是目的，二者应该统一起来。不能把人才看作成本，一味地压缩，而应该把人力资本看作有价值的投资，能够带来收益。假如多投入一部分人力，产生的效益远远大于所投入的人力成本，就是非常值得的。当然，这不是说人要无限扩张，关键是增加需要的人。同时人才队伍还应该做结构性调整，例如机关人多，而且很多具备生产经营职能，综合职能却不足，这需要根据改革的进程，逐步向管资本的战略管控型转变，机关的人员就可以精减、下沉，同时通过信息化手段提高管理效率，解放一部分劳动力。

这篇发言在认识问题、分析问题和解决问题的思路上,鲜明地体现了系统思维的特点。在对人才队伍现状加以分析时,能从整体与局部、结构与矛盾、历史与现实、导向与靶向、目标与差距等系统多元的视角来审视,得出准确的判断和深入的认识。在阐述对精干高效用人政策的理解时,以辩证的、联系的、发展的观点,用矛盾分析的方法和整体框架性的系统思维加以分析,从而得出独具新意的观点和解决问题的思路。

(二)创新思维

创新思维就是能够用新颖的视角、独到的方式、创新的思路对事物进行认识、思考和阐述的思维方式。即兴讲话最怕陈词滥调,毫无新意,或者人云亦云,鹦鹉学舌,要讲出新意,与众不同,就离不开创新思维的运用。不管是选取新的角度,运用新的材料,还是采用新的组织方式,表达新的语言风格,总之一定要有新的元素在其中。除了使自己的讲话与别人相比有创新之处,更高的追求是自己的讲话每一次都有创新。

下面这篇例文是就开展对标工作进行讨论时所做的发言。

对标工作方案讨论与部署会

要做好这项对标工作,首先要树立正确的对标思维。我们很多的管理对标,往往只对标结果,这是不完全的,关键是结果是如何出来的,所以过程对标、结构对标、要素对标、动态对标更重要。

对标要有正确的思路和方法。坚持目标导向,就是确立我们的愿景是成为央企一流;坚持问题导向,梳理清楚自己运行管理中存在哪些问题。树立高质量意识,按照新时代各项工作的要求来确立工作的标准；树立创新意识，立足未来，不是小修小补，要有破有立，敢于在体制机制等方面创新。同时要坚持务实态度，实事求是，这样才能真正见到成效。

明确了这些要求之后，我们就要选择最适应的对标对象。在广泛了解的基础上，找出学习的样板，然后采取交流、调研等方式，学人所长，补己之短。找出改进工作的方向、目标和任务，形成具体的工作建议供领导决策。

这里面重点需要考虑的，一是由于各个单位的机构设置和职能分布不同，对标之后，我们是针对职能优化提出建议，还是在现有职能范围和工作现状的基础上改进优化？二是我们是按照职能进行对标，还是按照管理要素进行对标？这涉及对标内容和指标的设计问题，不管是哪一种，都不能太笼统，要抓住重点和关键，透过现象看本质。这需要我们讨论一下加以明确。

再就是考虑调研的安排，包括对象、范围、组织方式等。我的想法是各路工作根据需要组成调研小组，有目的、有计划地开展调研，运用老一辈革命家提出的好的调研方法，就是"出门一把抓，中心带其他，各记一本账，回来再分家"。在调研成果上，形成标准模板，供大家参照使用，同时运用好以往调研成果，减少重复工作。

如何开展好对标工作？这篇发言围绕这一话题，在工作理念、工作思路和工作方式上体现了创新，从树立正确的对标思维、明确对标工作的原则以及对标工作的组织和安排等方面，提出了创新的思路，这将指导和推动创新性开展工作，取得创新性的成果。

（三）发散思维

发散思维就是善于联想，广泛拓展思路，延伸思维触角，不

受拘束地自由思考，沿着一条主线激发众多的思路和灵感，从同一问题中产生多样的解决方案与答案，从而极大地扩展思维的广度和宽度，并从中选取合适的思路和语点作为讲话内容的思维方式。所以，多元、灵活、广泛是发散思维的特点，跳跃性大，常常在看似不相关的事物间搭起思维的桥梁，甚至达到神游千仞、精骛八极的效果。当然，发散思维的运用并不是越发散越好，在发散的同时要围绕核心主题加以聚敛，使讲话不至于漫无边际。发散与聚敛是辩证统一的关系。

下面这篇例文是在参加所在支部读书会上的发言。

参加所在支部读书会上的发言

今天支部读书会选择的内容很好，关于德鲁克及其最经典的著作之一《卓有成效的管理者》。德鲁克的思想值得深度学习，他被称为"大师中的大师""管理学之父"，由于他的努力，管理学成为一门科学，而且在数十年的研究生涯中，他一直处于管理思想的最前沿。他的思想、理论、观点和研究方法影响了很多人，也让无数人顶礼膜拜。从他的思想底蕴来说，我觉得称其为"管理学家"都是一种矮化，他更是一个思想家、哲学家、人文主义者和社会生态学家。

《卓有成效的管理者》这本书，主要阐述了管理者应该卓有成效、卓有成效是可以学习的等核心观点，并且阐明了成为自我管理者的路径、方法和关键要素。德鲁克提出这些观点的背景是知识管理者成为现代组织的主流，有别于早期泰勒的科学管理等思想，以及用机械隐喻、人体组织隐喻、家庭隐喻来理解管理的思路，展示了全新的视界，开创了新的理论范式，提出了值得思考的管理命题。

第九章 罗马不是一天建成的

就阅读德鲁克思想的感受，我想谈三个方面。

第一，为什么要特别强调自我管理。除了德鲁克在书中已经阐述的观点之外，就我们而言，还有一个很重要的原因在于，在现有的管理体制下，企业的中层和基层管理者在某种程度上都处于不充分管理的状态。我们说管理是计划、组织、协调、控制，这主要是指对事的管理，很难完全自主，会受到各种局限。而在对人的管理方面，选用、激励、考核、培养更不充分，很多权限不掌握在自己手里。在这种局限条件下如何实现更好的管理绩效，很重要的一点是靠自我管理，来发挥引领、示范、带动、浸润等作用，影响他人，推动工作，实现目标，特别是非职务权力的影响。对自己的管理是充分管理，是自己可以做到和掌控的，也是管理的起点。

第二，如何实现更好的自我管理。德鲁克讲道，管理者应该追求贡献。这对我们最大的启示就是，不要成为陷入事务主义的"伪工作者"，就是每天忙于具体事务性工作，却不能创造更多价值。一个优秀员工，应该找到最重要的工作，并且完成它。首先，要让每个员工明确应该做什么对组织最有贡献，而不是简单交差完成任务，知识工作者的主动性非常重要；其次，要让员工明白，创造性工作最大的受益者是自己，只有作出更大的贡献，在过程中才能得到更多的锻炼成长，在结果上才能不断拓展管理的幅度、提升自己管理的层级。

第三，究竟应该管理什么。自我管理的内容首先是时间管理，包括管理自己的时间，运用同样的时间取得更大的成果，提高时效比，还包括管理他人的时间，如何让别人愿意为你付出时间。提高时间管理的成效很重要的一点是坚持要事优先，特别是要把重要而不紧急的事放在更突出位置。这对于个人和组织都是如此，对于组织来说，人才培养、一些重要基础工作都是重要而

不紧迫的;对于个人来说,提升能力、拓宽视野、更新思维也是重要而不急迫的,都应该优先安排。生年不满百,常怀千岁忧,时间对每个人都是公平的,但运用同样长度的时间,结果和效果是不一样的。要事优先,其实要求我们在更高的维度、更长的跨度中把握时间分配,用好时间这一最宝贵的资源。自我管理还包括资源的管理,每个人的人际资源除了自己,还有上司、同事和下属,通过参与、承诺、共情和影响等,把这些方面管理好。还有成果贡献的管理、职业规划的管理等,最终这些都体现在有效决策上。我们应该重点做好重要决策,而不要做太多的具体决策,应该在思考决策上花时间多,在决策时花时间少,做到"临事而惧,好谋而成"。好的决策不是制造轰轰烈烈的效果,不是为了追求魄力,而是让日常管理均衡有序,自发演进,平稳无奇,让思考决策、制度安排、方法设计、路径选择上的"有为",实现管理上的"无为"。

这篇发言从读书会所选择的德鲁克及其著作谈起,结合具体的工作实际,围绕自我管理,从为什么、怎么样、是什么三个方面进行阐述。但所谈论的内容没有简单停留在一般性概念上,而是发散思考,充分体现思考的跳跃性,分别谈及不充分管理条件下自我管理的重要性、避免成为陷入事务主义的"伪工作者",以及要事优先原则下做好重要而不紧迫的事,既紧紧围绕主线,又体现了思维的广度和灵活性。

(四)红线思维

红线思维强调要把握讲话当中一些不能触碰的红线和底线,以免带来颠覆性的失败。例如,不要说不符合法律法规的话,不要说政治上明确不合主流的话，不要说明显违背公序良俗的话，不要说触犯公众良知和道德底线的话，不要带有人身攻击、谈论别人的缺陷或明显歧视，不要说触动别人痛处或冒犯别人隐私的话，等等。有一些内容虽然不是明显的红线，但也尽量不要触碰，例如，不要谈容易引起争论的话题，不要到处诉苦发牢骚，对于不知道的事情不要冒充内行，不要过分吹嘘自己等。如果触碰了这些红线或"准红线"，整个讲话会变得失败，哪怕别的内容讲得再好，也会被一笔勾销，因为别人会记得那些说错的话。

下面两篇例文是研究如何落实领导工作指示的讨论会上的发言。在这种情形下，需要把握说话的分寸和尺度，体现落实领导指示和意图的坚决，对领导基本要求的充分阐发和深入落实。态度的积极和思考的全面是互为表里的，同时不能把话说得太满，符合实际，适可而止。

研究落实领导工作指示讨论发言之一

领导对加强文字支持保障工作提出了新要求，落实好这些要求，更好地加强服务保障，是大家的分内职责。在了解透彻领导真实需求和意图基础上，对下一步如何改进提升，我有几方面建议。

一是努力满足领导要求，该完善的职能尽快完善，该补充的人员尽快补充，可以特事特办。

二是在突出重点的前提下，明确对领导班子支撑保障的统一标准，在人员配备、服务保障上一体考虑。

三是部门内部的职能设置、工作机制、保障条件、人员调整要尽快跟上，以适应新的工作要求。

四是领导服务保障工作要实现多层面互动，避免单打一和信息

孤岛,加强工作统筹和把关,理顺工作流程和汇报关系,提高工作效能。

五是处理好为领导服务与规范各部门工作要求的关系,合理挖掘各部门潜力,发挥部门的积极性,形成合力保障的格局。

研究落实领导工作指示讨论发言之二

领导对机关部门改进作风、切实为基层减负提出了新要求,同时要求办公厅在这方面做表率,我觉得这是对我们的信任,也是对我们的鞭策。接下来就如何落实领导指示要求,做好改进作风、为基层减负的工作,我提几点建议。

一是提高思想认识,统一思想,体现办公厅干部员工应有的站位。为基层减负是落实中央要求的体现,是坚持群众路线的体现,是队伍作风的重要内容,也是提高公司管理效率的重要环节,只有从这个高度认识,才能增强责任感。

二是办公厅要以身作则,率先垂范,敢啃硬骨头,借这个契机推动工作改进提升。例如,在调查研究、文件报送、指导基层、为群众办实事等方面真正取得成效。

三是以钉钉子精神抓好落实,善作善成。我表个态,一定带着分管处室的同志们共同研究思考,抓实这项工作,推进精准减负,使减负措施可操作、可落地,减负成果可衡量、可对比、可感受。

四是注重实效,建立完善长效机制,接受群众的监督。建立上下"一盘棋"的联动机制、各部门合力减负的协同机制以及反馈、后评估和持续改进机制,坚决杜绝"一阵风"。

三、四种方法

掌握正确的方法,等于成功了一半。在即兴讲话时,也有几种常见的方法,可以经常运用,熟能生巧。

(一)散点连缀

人的思维模式有很多种,如散点思维、线性思维、结构化思维等,在即兴演讲前的紧张构思中,纷杂的思维触点往往呈散点出现,那么要做的就是捕捉这些思维点,并迅速找出和锁定其中心和主线,统领和连缀散乱的思维点,快速地聚拢、整合、梳理和取舍,留下有用的思维点并进一步延展扩充,而把与主题无关的全部舍弃,使之成为一个重点突出、主线集中、条理清晰的有机整体。当整体的构思初步形成后,对不断冒出来的新的散点,可以继续根据需要将其纳入整体构思当中,不断充实完善讲话的内容。

下面这篇例文是在讨论工作报告起草时的发言,在讲述的时候基本是按照散点连缀的方式展开的。

工作报告起草讨论发言

对今年报告的认识,我觉得要考虑到三个特殊:特殊的情形,包括新冠肺炎疫情、中美冲突、行业形势的新变化;特殊的时点,从国家来说是全面建成小康社会的决胜时期,从公司来说是新一任领导班子和新的主要领导应该要有新的思路;特殊的任务,这次的报告要提振士气,统一思想,明确目标,让大家知道下半年怎么干。

报告主题要聚焦到危机，突出增强信心，突出提质增效，落脚到生产经营和疫情防控双胜利，从这些方面来提炼最合适的主题。

结构上不宜太复杂，也不要机械套用前两次的框架形式，总体上还是三部分比较合适，上半年工作总结、形势与任务、下半年工作要求，这样逻辑上比较顺，也好驾驭。每一部分中的若干个层次要有序、均衡、匹配、逻辑清晰。

内容方面，上半年工作总结，包括生产、经营、项目建设、安全、改革、党的建设等，要全面梳理，把主要的业绩亮点都展示出来，不要遗漏；下半年工作重点，要长短结合，除了全面的任务目标和工作外，还要考虑"十四五"规划制定、能源转型、向战略管控转变以及补短板、强弱项方面的工作。观点要清晰、要肯定，要尽可能醒目、新颖，给人启示；数据要用得恰到好处，要准确精当，不要贪多求全。

形势分析方面，要理解我们分析形势的出发点是在不确定形势下追求确定的目标，所以，要明白哪些形势会对我们有影响、如何影响，我们如何应对，对自己有影响的形势才是形势，要突出这种相关性。

语言风格还是应该一贯的庄重平实，不过多地讲道理，不用太多反问和修辞，不用过于复杂的句式，不用探讨式、独白式、文学化的语言。

这篇发言没有繁复的结构和精深的逻辑，完全按照事物本身的特点，从中攫取若干具体要素，依次加以述说，连缀起来，形成整体思路。例如对报告的整体认识是"三个特殊"，具体到报告的写作分别涉及主题、结构、内容、形势分析、语言风格等方面，从而构成串珠式的、散点连缀的结构形式。

（二）扩句成篇

扩句成篇就是在确定讲话各部分主旨句基础上，围绕这些主旨句进行内容的扩充，从而形成整篇讲话。在运用扩句成篇的方法时需要把握几点。第一，主旨句不论是简单句式还是复杂句式，常常是一个表达观点的句子，那么应该围绕主题来展开，并与其他观点相协调，观点后面还需要有事实和素材来加以论证与支撑。而且，主旨句或者叫段首句，常常是一部分内容核心意思和主旨内容的概括与提炼，对整个段落起到统领作用。第二，扩句成篇的句子，在句式上往往是一致的，或者有相似之处，或者存在一定的逻辑联系，这样的好处是有利于进行构思，可以根据一定的句式逻辑进行内容的概括和推导，而且有利于句子的整饬，做到逻辑有序、层次得当和条理清晰。掌握好了扩句成篇的方法，可以熟练地根据内容的构思，从一个句子或若干个句子出发，不断扩展、仿作、连缀和提炼，从而扩句成段、扩段成篇。

下面这篇例文是在讨论重要材料写作时的讨论发言。

讨论重要材料写作时的讨论发言

刚才大家各自介绍了自己撰写的内容。我还来不及细看全部报告，初步总体观感是，尽管时间很紧，但调研充分，基础扎实，体例结构比较清晰，内容完整，为后续形成好的报告奠定了基础。

这次组织起来的写作组，是各部门最能打的精兵强将，可以说是最强阵容。领导要求做比较大的修改，并不是大家不努力，写得不好，主要是因为有新的要求，情况发生了变化，希望大家理解。

我想修改的总体考虑是：提高站位，辩证思考，综合分析，突出重点。

提高站位就是进一步加强对文件精神的学习,把握精神要求。

辩证思考主要体现在对问题的认识上。问题要么是普遍的共性问题,要么是少的但典型的问题,要么是不突出的但值得关注的苗头性问题。在问题分析上要去粗取精,由表及里,举一反三。除了这次调研的情况,还可以综合运用以往的材料以及手里掌握的情况,做好结合工作。

综合分析就是对材料进行进一步的归纳提炼和加工处理。现在材料不是少了,而是多了。多的,要取舍归纳;低的,要提升层位;散的,要浓缩提炼;同类的,加以合并;具体的,加以概述。要从动态把握而非静态的角度、全面系统而非孤立的角度进行分析。有趋势分析,把握重要节点;有面上情况分析,加以补充完善;有变化分析,做前后对比;要以下看上,把自己摆进去;有总体分析,也要有典型事例的解剖麻雀。通过综合分析,做到总体把握,点面结合,互相协调,平衡兼顾。

突出重点就是聚焦重点领域和关键环节。在作风变异、容错纠错机制、基层减负等方面多着墨。要注重实际,以调研情况为基础,实事求是,每个问题都要有坚实的基础。

时间上,争取明天交出一稿;篇幅上,总字数控制在2万字以内,调研情况、存在问题、整改思路分别按5 000字、10 000字、5 000字来分布。目标是这次改完一次过。

各部分写完后再请各自部门领导把一下关,再给各小组长,最后汇总修改提交。

这篇发言是典型的扩句成篇的构思方式,在开篇不久提出修改的总体考虑是提高站位、辩证思考、综合分析、突出重点,然后围绕这四句话展开论述,明确具体的要求,提出其内涵。这样

第九章 罗马不是一天建成的

看起来结构松散,但其实内在有着很紧密的逻辑。总体上是总分结构,在每一句话的内涵阐述上又形成或并列、或递进的结构,而且最主要的好处在于,扩句成篇的构思方式可以根据内容表达的需要,提炼出多少不等的短语和句子,然后加以展开阐述,因而在构思上是开放的。

下面几篇例文分别是在支部学习时所做的发言提纲,以及在几次分管处室工作例会上的总结发言提纲,都是明显运用了扩句成篇的构思方法。可以看出,这一方法的适用面是比较广的,而且在类似的场合可以根据实际情况不断推陈出新。

支部学习发言(提纲)

今天的学习形式和内容都很好,效果也不错,体现在几个方面。
学出忧患意识,学出坚定信心……
学出政治站位,学出为民情怀……
学出责任担当,学出优良作风……
下一步要继续巩固支部学习的成效,创新方式,提高学习质量。
要深入思考学,不要浅尝辄止学……
要系统全面学,不要孤立片面学……
要有机关联学,不要脱离实际学……

分管处室工作例会总结发言之一(提纲)

传达学习公司领导干部会议精神,并结合实际提出工作要求。
一是总结提高,巩固势头,坚定信心,再上台阶。……
二是学习领会,把握精髓,提高站位,明确目标。……

三是贯彻落实,立足职责,结合实际,推动落地。……

分管处室工作例会总结发言之二(提纲)

一是发扬抗疫精神,再接再厉,全力攻坚。……
二是适应形势转变,积极谋划,善作善成。……
三是突出工作重点,压茬推进,务求实效。……
四是立足职责任务,创新工作,岗位建功。……
五是强化队伍建设,锤炼作风,提升本领。……

分管处室工作例会总结发言之三(提纲)

一是提高站位,自我加压,发挥好应有的职能作用。……
二是加强学习,补齐短板,提高做好工作的履职能力。……
三是主动谋划,周密实施,提升各项工作质量和效率。……
四是树立信心,担当作为,保持奋发昂扬的精神状态。……

(三)模式构思

从第七章所讲述的快速构思诸种方法中选用适合的,根据情境和需要从多种结构方法中加以选择运用,形成一定的模式框架,既快速构思、组织内容,也使自己的表达充实有条理。模式构思的方法运用熟练了,每遇到特定的场景,就能从"模式库"中选择某一种合适的加以使用。模式也可以理解成通常所说的"套路",它是对各种复杂情况的抽象和简约。这些模式和套路一方面可以从自己的实践中不断加以总结,另一方面可以从学习他人经验中加以借鉴,通过持续积累和掌握,对不同的情况能够做到胸有成竹,见招拆招。

下面这两篇例文,同样是在分管处室工作例会上的总结发言提纲,可以看出,第一篇运用的是"金字塔法"的构思方式,在局部又运用了并列式的结构方法;第二篇运用的是嵌套式的并列结构,即在大的并列结构中嵌入小的并列结构。如果熟练掌握构思的逻辑方法和结构形式,与实际的情况相结合,就能有源源不断的模式与"套路"可供选择。

分管处室工作例会总结发言之四(提纲)

一是确立年度工作主题。

每年一个主题,从前年的体系构建年,到去年的流程优化年,今年的主题应该是制度建设年。……

二是明确工作思路和原则。

要增强计划性、权威性和实效性。……

三是突出工作重点,做到几个结合。……

以文辅政方面,要"两条腿走路",文稿起草与调查研究相结合。……

信息工作方面,要"内外开花",外报信息与内部信息增值服务相结合。……

督办工作方面,要"弹钢琴",常规督办与重点专项督办相结合。……

公文方面,要做好"加减法",提质与减量相结合。……

档案方面,要"软硬兼施",提升硬件保障水平与完善管理体系化水平相结合。……

分管处室工作例会总结发言之五（提纲）

……

在工作理念上，要注重流程建设，理顺工作界面，同时加强合作协同，不打乱仗。……

在工作节奏上，不要急于求成，不求毕其功于一役，不把目标理想化，采取的措施要实际、管用、有针对性。……

在工作方法上，要学会抓主要矛盾，抓住重点和关键。对重点工作要提前计划、制定预案，推进中要注重过程管控，提高执行效果，事后要加强总结、分析和复盘，对出现偏差的情况认真分析原因，避免出现类似问题。……

结合这次的工作安排、工作原则和队伍建设需要，提几点要求。

一是勤于学习。一个人的成长既靠组织，更靠个人，要把学习作为终身课题，在纷乱的信息中选择和把握哪些是不变的，汲取经典养分，完善知识结构，将学习成果运用于实践，在实践中不断更新和提升。……

二是善于思考。人优于动物的地方就在于人会思考、会分析、会总结，要提升思考能力，并使它成为自己的核心竞争力。把每一次失误作为教材，从中反思、改进、优化、提高。……

三是乐于沟通。沟通是信息传递的主要方式，也是合作的基础。沟通就是生产力，也是凝聚力。要有沟通的意愿，也要会沟通的技巧和方法。……

（四）破立并举

谈论一个话题，要面对破题和立论两个环节。破题就是选择合适的角度和切入点，打开话题，进入和引申后面的内容。这虽然是一个引导，但对后面内容的基调和方向非常重要。立论就是提出自己的论点，摆出核心观点和主要想法，并围绕其进行必要的阐述和论证，使之具有说服力。一般来说，做一个讲话，需要先破题，再立论。没有破，光有立，就会显得突兀；光有破，没有立，就没有灵魂。破题的方式，可以是结合环境来谈，可以承接前面别人的话题从赞成或反对角度来谈，也可以从一则故事、一句名言谈起，自然巧妙就好。立论可以先摆出观点，然后加以论证，也可以先阐述事实，再总结观点，还可以夹叙夹议，把观点和事实融为一体。

下面这篇例文是在作为信息部门负责人与外宣部门沟通交流时的发言。

与外宣部门沟通交流时的发言

我们一直想与宣传一路加强合作，双方工作中有很多可以协作的地方。宣传与信息不分家，也是其他很多兄弟单位的成功经验，虽然体制上是分的，但机制上可以合作。我们希望和兄弟部门一起商量，群策群力，看看怎么共同做好信息工作，实现合作共赢。共享是时代精神，也是我们的企业文化，更是我们做好一切工作的基础。

说起来，我是从宣传部门出来的，和大家很亲切，与在座的都是老熟人，工作中互相支持帮助也很多，所以于公于私，我们加强合作都是应该和必要的。今天这个会就是这个目的，大家一起介绍情况，摸摸家底，看看能做些什么，当前能做些什么，长远能做好什么，探讨一下如何共同做好党组交给我们的这项工作。

……

经过大家的讨论，我觉得收获很大，有比较多的成果和共识。

首先，我觉得这件事是需要做的。它是领导要求，是同行经验，是实际工作的需求，也是基层的呼声。

其次，这件事是可以做的。信息和宣传之间有很多共通之处，新闻宣传突出信息的传播性，信息突出决策辅助作用，新闻宣传是多媒体的、形象化的，信息是以文字为主的。虽然二者在功能上、载体上、内容上有所不同，但很多地方是交叉的、可以共用的。相对来说，我们公司宣传深耕的时间长，信息起步晚，体系上、机制上不够完善，所以更多要在机制上下功夫。很多信息工作做得好的兄弟单位让我们羡慕的是，它们不需要做太多费劲的工作，就能保持很好的成绩，因为它们的基础好，机制成熟，表面上的无为，前提是制度有为、机制有为。我们这么做就是借鉴这个经验。

再次，这件事是值得做的。我想了一下，加强与新闻宣传的合作，短期内能产生最大边际效益，能产生最大的价值，而且对双方都是有益处的，也只有这样才是可持续的。现在不管是新闻宣传，还是信息报送，都是大量的资讯在冲击，单篇的影响力很有限，很容易就淹没在信息海洋里，只有多渠道形成合力，才能造成声势，形成影响。

最后，这件事是有基础、有条件做的。刚才从大家讨论中感受到，在认识上、意愿上和技术操作上，双方合作都是具备条件的。总的思路就是工作联动、资源共享、队伍融合。具体可做的包括：选题共研，共同策划选题，采用联席会议、选题策划会等机制，加强沟通和交流；信息共通，在素材收集、内容使用上互相合作，一稿多用，一源多流；系统共用，新闻稿件系统与信息系统是相互独立的，完全可以各为对方开通若干个账号，用好双方的平台，起到

第九章 罗马不是一天建成的

"1+1>2"的效果;队伍共建,信息员队伍和通讯员队伍可以更好地结合,在人员配备上、队伍培养上共建共育共训;经验共鉴,宣传方面有很多好的经验、做法值得借鉴,值得仿效,包括刚才的讨论启发都很大,只要加强交流就能带来经验的推广和传播;渠道共建,宣传通联站与信息直报点之间可以更好地协同使用,发挥合力;资源共享,包括重要选题策划、渠道资源、队伍力量都可以适当共享,在一些重大问题、重要节点上同频发声,增强效果。

今天这个会特别好,开出了成效。接下来把讨论的成果逐条梳理,推进落实。

在与外宣部门商讨加强信息与宣传的合作时,先破题,把问题提出来,其实隐含的意思是这方面过去做得还不够。后面再立论,围绕加强协作,从这件事需要做、可以做、值得做、有基础和条件做几个方面,充分阐述这一思路和任务的重要性、必要性和现实可操作性,谈论了许多具体可行的方法和措施,能引起双方的共鸣,具有较强的说服力。

下面这篇例文是在开展基层党组织日常述职时的点评发言。

基层党组织书记日常述职点评发言

我们创新做法,在每月党建小组会上开展党组织书记日常述职,目的是传递压力,坚持考在平时、述在经常,推动管党治党主体责任落实,确保各级党组织书记知责、明责、履责、尽责。虽然日常述职不计入年度考核,但也是了解大家履职情况的重要依据。

从刚才两家单位述职情况看,一段时间以来,各级党组织书记对党建的重视程度进一步提升,主体责任意识正在增强,党建工作

基础更加牢固,党建工作质量持续提升,各项工作更加扎实有效,还有一些创新的做法值得肯定,但是依然存在学习不深入不到位、"三会一课"不够规范、支部发挥作用不明显、思想政治工作效果不佳等问题,需要我们加以改进。

今后要继续坚持问题导向,加强党建引领,发挥好党建对于思想政治建设、锤炼队伍作风、攻坚克难的作用,也要把抓党建、强党建作为干部队伍特别是年轻干部培养的重要基础,促进干部提高政治能力建设,善于用党建抓班子、带队伍、做工作,把党建与业务更好地融合。

在今天第一次开展日常述职的基础上,接下来要进一步把这项工作抓紧、抓实、抓细,推进工作常态化、规范化开展。一是明确要求,突出党建主责主业,不能把抓党建述职与工作述职混为一谈;二是做好安排,合理安排,坚持抓两头、带中间,用一年时间实现所有基层党组织日常述职全覆盖,提高工作的计划性。

从发言的内容可以看出,破题的环节主要体现为指出为什么要开展这项工作,提出问题和不足,随后立论主要是指出今后工作的目标和要求。破题为立论提供基础,立论为破题找到方向和归宿,破立并举形成了完整的意思表达。

第十章 / 没有最好,只有更好

当掌握了即兴讲话的方法,积累了一些经验之后,在很多场合就能胜任讲话的任务,能力也因此而不断提升。通过实践再总结、再提高,就能形成螺旋式上升的过程。如何判断即兴讲话的效果,如何持续提高和精进,有哪些改进的方法和路径,本章主要讲述这些方面的内容。

一、效果标准

从即兴讲话的效果来说,主要应该把握三个方面:说服力、带动力和感染力。

首先是说服力。讲话的目的很大一部分在于说服,也就是讲话人所提出的主张、意见和想法取得他人广泛认同与积极支持。如果一个人的讲话说服力强,能得到大家的服膺,我们就说这样的讲话较为成功,也有良好的效果。说服力一个最明显的表征就是所讲的内容能成为会议的成果,在会后得以推行;间接的表现在于所讲的内容能改变人的想法和观点,对他人的行动产生潜移默化的影响。

其次是带动力。好的讲话能产生较强的带动力,就是讲话人

第十章 没有最好，只有更好

所讲的内容对所谈论的工作、所讨论的话题起到的引领、推动作用，形成推波助澜甚至首倡、率先发声的效果，引起后续众人的仿效和附议。或者在一片混沌之中别开新面，提出别具一格的观点和意见，达到见人之所未见、发人之所未发的效果。

最后是感染力。有些讲话具有较强的感性色彩，给听者带来强烈的情绪感受，产生情感上的冲击，这就是感染力的体现。好的讲话能不知不觉地把听者带进去，让听者产生代入感，无形之中被讲话人所营造的感觉和氛围所影响，顺着讲话人的思路进行思考。如果说说服力更偏向于晓之以理的话，那么感染力则更偏向于动之以情。

下面这篇例文是在旨在提升办公厅（室）系统办文办事办会信息化水平而建设的智能文传系统启动会上的讲话。

智能文传系统启动会讲话

很高兴参加今天的会议，首先对项目组前期做了大量卓有成效的工作表示感谢！

这个项目，从我们的角度来说，可以用12个字来形容：高度重视，全力支持，非常期望。

我想和大家交流一下，为什么要做这个项目？重要体现在哪儿？我个人理解，可能有以下几个方面的需要。

第一，建设这个项目是业务的实际需要。当前，形势在发展，技术在进步，公司的事业在拓展，对行政综合一路传统的办文办会办事提出了更高的要求。要满足这些新的要求，其中很重要的一点就是我们的技术手段要跟上，要用信息化来提高我们的工作成效，来适应新形势的要求。基于业务的实际需求，我们决定建设一个整

体的智能文传系统,对原有的系统进行全面改进,从单纯的文档一体化系统扩容为办文办事办会一体化系统,整体考虑和统筹推进公文处理与督办、信息模块同时建设上线,实现这些业务同时处理,上下联动,互相贯通。

大家知道,公文处理是办公厅(室)系统的传统业务,但在新形势下,办文的内涵和要求发生了变化,总的一条主线就是"控量、提质、增效"。控量既指精减公文数量和篇幅,也指控制纸质材料的数量,转为无纸化;提质既指提高公文本身的质量,也指提高公文收发处理各个环节的质量;增效既是提高效率,更是提高公文指导工作的成效。所以,这里面哪一项都离不开信息化的作用。

这几年,我们还加大了信息报道工作的力度,要进一步提高信息报送的及时性、信息内容的质量、信息使用的便捷性和反馈的有效性,并且增加培训、统计、分析等功能,就需要靠信息化系统来实现。督办方面,我们从去年开始,对督办工作体系进行调整和优化,分级实施、督办分离的工作格局定下来以后,手段先进、信息透明就靠我们的信息化建设,在一个统一平台上进行管理,整合督办资源,提高工作成效。

所以通过这个系统的建设,办公厅(室)系统几方面核心业务都能够线上运行,实现各模块的互联互通,从而极大地提高工作效率。这一切都是基于业务的需要,体现了信息化"业务驱动、IT引领"的宗旨。

第二,建设这个项目是用户的需要。各级领导以及办公厅(室)系统人员是我们这个系统的关键用户,大家反映,过去的系统在使用中沉淀下来不少问题,其中很突出的一点就是用户体验不佳,或许是界面不够友好,或许是线上走一遍、线下再走一遍,或许是各个子系统之间脱节,需要不断切换……这些问题的存在,和我们的系统建设、功能设计、沟通界面甚至一些同志的工作习惯都有关系。客观上，这些问题导致工作分割和缺乏衔接，以及一定程度的低效，也增加了很多不必要的事务性工作量。信息化工作要提高大家的获得感，针对工作中的痛点进行优化，为用户提供更人性化的服务和一站式解决方案，提高工作效率，减少事务性工作量。

第三，建设这个项目是公司发展的需要。我们追求高质量发展，这就离不开我们工作的高质量和高效率。我觉得至少有一点，就是打破我们的"信息孤岛"，让信息流通起来，让信息产生更大的价值。智能文传系统的建设有一个畅想，就是在基本模块的基础上进一步扩容，在信息的外延上不断扩展，把现在上上下下报送的材料、信息、报表、数据等纳入一个平台运行，真正建设成为纵向贯通、横向联动的文传系统。

到时候，同一个信息能够被更多的人所享用，同一个人不需要到多个地方去寻找信息，这样的话，内部的信息就能够高效运转，口径一致，有利于领导决策，有利于夯实工作基础。当然，要通过设置权限、涉密与非涉密分类管理等必要的技术手段，处理好信息共享与保密的关系。

我们一直在说，各级机关要多做一些宏观指导、统筹协调、政策把关、督导检查等工作，从繁忙的事务性工作中挣脱出来，不要把下面单位能做的具体工作都做了。要做到这一点，除了提高每个人的能力素质、加强沟通合作以外，还要靠信息化系统来减负。当我们有一个贯通的、集成的、共享的、高效的信息系统时，就能解放很大的劳动力，就能减少很多的具体工作，大家也才会有时间和精力思考更重要的事情，做更有价值的工作，这其实也是每个人成长的需要。

第四，这个系统建设也是适应时代的需要。现在是一个信息化

时代,云、大、物、移,又有区块链、人工智能,技术在加快发展。信息既是一种工具也是一种思维方式,既是世界观也是方法论,不仅可以用来认识世界,也能用来改造世界,改造我们的工作。我们不能在火箭、高铁的时代,还坐马车、驴车,还刀耕火种,要跟上信息化的步伐,用信息技术来武装自己,使工作适应时代要求。

从以上方面来说,这个项目的重要性和意义是不言而喻的,所有参与这个项目的同志,不管是建设者、需求方,还是关键用户,都有责任做好它。上次项目组内部召开启动会,我谈到几点工作上的建议:一是认识到位,做到全情投入。二是方法科学,坚持需求导向。三是协作紧密,上下通力合作。四是管理有序,确保安全合规。这是对项目组的希望,由于时间关系,我就不展开说了。今天我还想补充两点。

首先,围绕中心,服务大局,始终把推进工作的高质量、管理的高质量、发展的高质量作为系统建设重要出发点和落脚点。这是我们这项工作的初心,离开了对需求的挖掘、适应与引领,离开了对高质量的追求,离开了对公司战略的落实,我们的系统建设得再精美、再高大上,意义也不那么大。

其次,着眼长远,分步实施,一步一个脚印把各个阶段的建设任务落到实处。短期是在试点单位上线之后,接着在全系统运行;中期在PC(个人计算机)和移动两个场景中使用;远期就是实现我们说的智能文传功能,同时与智能档案、智能会议相连接。

总之,要坚持高起点谋划、高标准推进、高质量打造,把智能文传系统做成精品项目,使我们的工作插上信息化的翅膀,使办文办会办事适应新的形势要求,更上一个台阶。

对各部门、各单位有一点建议,虽然这次只有部分单位参与试点,大家只是参与的程度不同、参与的时间不同,但在这项工作上的责任是一样的。所以希望各单位、各部门领导高度重视,积极关注,指派得力人手参与系统建设,落实相应的工作责任。不要当看客,要积极投入,共同来推进。

具体做这些业务工作的同志和关键用户,要认真反映需求,积极谏言献策。一些自主建设做得好的单位,希望能贡献经验,把你们的智慧上升为集团公司的智慧。试点单位要积极探索,勇担责任,在系统上线的同时,形成和积累好的经验。在新旧系统转换期间,要做好衔接,有序推进,确保工作不受影响。

在这个过程中,各单位、各部门可以随时与项目组沟通,提出意见建议。希望大家一起努力,协同作战,最终使这个系统好用、实用、管用。

最后,在这个项目正式启动的时候,我提出三点期望:一是极大地提升我们的工作效率和质量,提高管理水平。这是项目建设的目标。二是让用户有尽可能多的获得感。这是项目成功的关键。三是参与项目的所有同志,都在项目建设中得到进一步锻炼,从信息化和业务两方面双向提高,学到更多的东西。这是项目做好的保障和结果。

我们相信,只要我们一起下功夫、齐努力,这个项目一定能取得预期的成功。

如果要评价表达效果,从说服力、带动力和感染力三个方面来衡量,这篇讲话有很好的表现。说服力方面,在阐述项目建设的重要性和必要性时,从业务的实际需要、用户的需要、公司发展的需要和适应时代的需要四个方面加以充分论述,无疑让人信服。带动力方面,在进行工作部署和提出要求时,无论是工作的几点建议、两个方面的考虑,还是对参与各方的要求,都明确、

清晰、到位,能起到很好的引领和带动作用。在感染力方面,无论是文中掰开揉碎地讲项目建设的必要性,设身处地地分析项目建设带来的好处和获得感,还是最后从三个方面提出的期望,都能够引起受众的共鸣,具有较强的感染力。

二、效果监测

我们要知道每一次即兴讲话效果如何,才能有所参照,便于改进提高。那么效果好坏如何监测呢?我们主要从三个维度来进行:自我评估、受众反馈和对比评价。

一是自我评估。每一次讲话效果如何,自己是最清楚的。有没有充分深入地构思,有没有完整准确地表达出自己的想法,思维是清晰还是混乱,观点是独到还是一般,阐述得精到还是空泛,自信心如何,相比前一次有哪些提高和改善,存在哪些明显的不足……这些方面的情况,自己在心里会有一个客观的评估,对于做得好的,应该发扬和巩固;做得不好的,则不要讳疾忌医,应该大胆正视,找出原因,以便改进。

二是受众反馈。很多时候听众对讲话人会有所反馈,有些反馈是及时和直接的,当场就能接收到,通过语言、神态、表情等方式加以表达。有些反馈则相对缓慢滞后一些,是在讲话完成后给出的,甚至是在一段时间以后才给出的。反馈的通道也不一定是直接的,有些是直接反馈给讲话者本人,有些可能是经过多次转告才到达讲话者耳中。但不管是哪一种形式的受众反馈,对于即兴讲话者来说,都是非常宝贵的"受众体验"和意见建议,应该充分地加以吸收。赞扬的话可以增强自己的信心,批评的意见也可以从中反观不足，有则改之，无则加勉。

三是对比评价。要想提高即兴讲话的水平，需要知道自己的客观水平和所处的层次方位，找出自己的优势和不足，明确改进的目标和方向。这些方面的答案从哪儿来？可以从对比评价中来。例如把自己的讲话与同场其他人的讲话相比，与自己听过的、心目中好的讲话相比，与自己预期的理想状态相比，在比较鉴别中找出成败得失，从而有一个客观公允的评判。

下面这篇例文是在"不忘初心，牢记使命"主题教育学习讨论时的发言。

主题教育学习讨论发言

开展主题教育，对我来说是思想洗礼、政治锻炼和党性提升，学习教育的最终目的是体现在实际工作中，用实际工作的成效来检验学习的成果。主题教育明确了"守初心，担使命，找差距，抓落实"的总要求。守初心就是要始终秉承在党言党、忧党、爱党、护党之心；担使命就是立足岗位，践行在经济领域为党工作的使命；找差距就是要对照检查不足，特别是要对照先进典型找差距，以他们为镜鉴，不断提升自己的党性修养和人生境界；抓落实就是要落实习近平总书记提出的"五个坚持"的要求，这为办公厅建设指明了方向，也是办公厅初心使命的主要内容。

再联想到习近平总书记前不久说"我将无我，不负人民"，这展现了共产党人的纯粹品格和博大胸怀，是对新时代党员干部践行初心使命的重要指导，我觉得这对于办公厅系统人员提高思想认识和党性修养，正确处理"有我"和"无我"的关系也具有很强的指导性。

具体说，要锻造三种精神。

一是锻造奋斗有我功劳无我的栽树精神。我们这个行业是一个长周期的行业，很多工作不能很快见效，所以我们既在享受前人成果，也要为后人栽树造福。办公厅工作也是这样，有些该做的事，也不是短期内就能见效，马上能兑现，更不是能在领导面前露脸的。一些基础工作很重要，但不显山不露水。所以要有正确的认识，有栽树精神，甘为人梯，事业成功不属于个人，不一定要在自己身上实现，但一定要有功成不必在我的境界和责任担当。埋头苦干，不计得失，既做显绩又做潜绩，既立足当前又着眼长远，多干为今后做铺垫、打基础的好事实事。

二是锻造责任有我权力无我的担当精神。在办公厅工作，责任心最重要，首先是知责明责，这是角色意识，在哪个岗位都应该尽到应尽的责任。其次是担责履责，是担当实干精神，人的价值在尽责中实现，没有责任感的人，得不到别人的尊重。办公厅好像有一些权力，但要认识到，权力是组织和群众的信任，是用来干事创业、为群众服务的。如果不能珍惜和对待权力，看不到权力背后的责任，迟早会出问题、栽跟头。

三是锻造付出有我名利无我的奉献精神。党员干部就得甘于付出、甘于奉献，这是格局和境界，也是责任和操守。办公厅更是这样，好多工作都是默默无闻的，都是幕后英雄，为人搭台，鲜花和掌声都是别人的，辛苦和汗水是自己的，任劳还得任怨。没有奉献精神，很难保持心态平和。

这篇发言从主题教育"守初心，担使命，找差距，抓落实"的总要求切入，突出"有我"与"无我"关系的分析，落脚到锻造栽树精神、担当精神、奉献精神上，具有很强的理论性、思想性和启发性，起到很好的引导作用，特别是提到的奋斗有我功劳无我、责任有我权力无我、付出有我名利无我，是对"我将无我"在具体工作中的内涵阐释。从效果检测和评估来说，这篇发言无论是自我思考的深度、现场的感染力还是受众反映以及对工作的引领推动来说，都起到了很好的作用。

下面这篇例文是在信息特聘专家会上的总结讲话。

在信息特聘专家会上的总结讲话

今天这个会开得很好，很及时，也很有必要。刚才各位特聘专家提了很多选题思路，也提了不少工作建议，信息处也向大家介绍了即将运行的激励机制的情况。所以这是一个选题策划会，也是一个信息交流会，还是一个政策宣贯会。

首先，还是要对各位特聘专家的努力付出和贡献表示感谢。特聘专家机制运行以来，得到了大家的大力支持，初步统计，特聘专家一共提交了160篇信息稿件，其中很多是优质稿件。所以信息工作取得的成绩当中包含了各位专家的突出贡献，向大家道一声感谢。

其次，想和大家沟通一下我们的想法。一段时间以来，集团领导对信息工作给予了空前重视，体现为把信息工作成效列入KPI（关键绩效指标）、作出一系列批示，提出明确要求，以及亲自协调和点题等。为了落实领导的要求，我们采取了一些措施，重点是建机制、建队伍、建平台，把信息和宣传并举，充分挖掘内部研究力量的潜力，深入各部门挖掘素材，以及创新开展信息特聘专家工作模式，为的是解决信息工作的高质量要求与我们力量比较单薄的矛盾，也因此我们对特聘专家的作用寄予厚望，事实证明我们这条路走对了。大家都是公司各个领域的精英，从个人能力、工作积极性、信息敏

锐性来说，都是很出色的，也有很多想法，同时分布在各个行业领域，具有广泛的代表性，我们今天请来的几位更是这个队伍中的优秀代表，也是我们的重点联络对象。我们认为在现有基础上，这个队伍还大有潜力可挖，想把大家吃干榨净。（大家笑）

最后，我谈一谈对特聘专家这个"特"的理解。一是特别的贡献。它包括组稿撰稿、选题策划、提供线索、建言献策、发现人才等方面，要建立日常性沟通机制，包括这样的选题策划会要定期召开，广纳专家们的智慧。二是特别的作用。希望各位专家发挥好带动、推动、示范、引领、影响和转化等作用，成为信息工作的宣传队、播种机、推动器。三是特别的激励。这种激励是综合的，也是我们特别想为大家做的，我想了想大概有这些方面：信息稿费、被采纳的奖励等物质激励；参加培训、采风活动的政策激励；优秀特聘专家的证书、感谢信等精神激励；通过提出政策建议、展示亮点经验从而推动工作进展的业绩激励；还有很重要的一点，通过信息的撰写，展示自己的能力素质和发展潜质，得到领导重视和关注所带来的成长激励。我们特别希望大家能利用这个平台茁壮成长。（大家笑）

这篇讲话具有较好的效果，主要在于态度真挚，诚恳表达感谢、重视、期待等心情，敞开心扉谈自己的情况和想法，同时有很好的概括和观点，从特别的贡献、特别的作用、特别的激励三个方面谈对特聘专家"特"的理解，让人耳目一新。另外，讲话通篇体现了双赢互利的理念，在表达希望得到支持的同时，也充分考虑能给对方带来什么益处，这种表达效果比一味地提要求要好得多。

三、改进方法

知道了即兴讲话好的效果标准,也懂得了效果监测的主要方法,那么对自己的不足之处如何加以改进呢?如何持续提高即兴讲话的水平呢?这里介绍几个方法,那就是总结复盘、标杆学习、刻意训练和善用工具。

一是总结复盘。如果有志于提高即兴讲话能力,应该要养成一种习惯,每一次较为重要的讲话完成后,要认真复盘一下过程,看看哪些做得还不够好,应该在哪些方面加以改进,怎么样才能取得更好的效果,如果再来一次同样的过程,会有哪些做得不一样的地方。一段时间之后,应该系统地加以总结,看看哪些方面有明显的提高,还存在哪些共性的问题,哪些方法、技巧已经能够自如地运用,自己有哪些独到的心得和体会,等等。经过这样多维度、纵深式的复盘总结分析,就能总结出其中的规律,积累宝贵的经验,形成具有指导性的理性认识。毛泽东有句名言:"我是靠总结经验吃饭的。"打胜仗靠总结,做好即兴讲话同样离不开善于总结的态度和头脑。

二是标杆学习。要想提高水平,就要知道自己的目标是什么,希望达到什么样的水平,而这样的目标往往定位在人格化的对象身上,也就是我们可以学习和效仿的榜样与标杆。古话说:取法上上,得乎其上;取法乎上,得乎其中。要找学习的标杆,就一定要找最好的,而不能坐井观天,被视野限制了自己的想象力。如果身边有水平很高的高手,可以就近借鉴学习,如果身边没有这样的人,就要扩大视野,到更大的范围去寻找合适的学习对象,而不能把学习的目标定得过低,限制了学习所能达到的高度。

三是刻意训练。任何一种技能的学习，要想取得好的效果，都离不开刻意训练。刻意训练就是有目的、有计划、有针对性地在舒适区之外反复练习，只有这样，才能逐渐提高，熟能生巧，并且把逐步提升的技能水平内化为自己的思维和习惯，直至变成肌肉记忆，实现由难到会的跨越。

例如，前面我们提到的，训练自己在短时间内针对任意一个话题给出三个以上观点的能力；还如，给出一些规定的情境，或者给出一些图片的提示，在观察和构思后做即兴演讲。通过这样有意识的反复练习，可以找出快速思维的线路图：先观察，接着抓话题，然后定语点，进一步扩展语点，排列语序，最后根据前面的构思加以表达。

我们还可以训练自己针对某个话题进行逻辑构思，步骤是：提出一个新问题，证明自己在思考，能够有的放矢；有一个自己悟到的新思想，可以看出对这个问题的独到理解；有几个自己精心挑选的事例，证明经过了调查研究，能够从理论与实践的结合上说明新问题；有几个合适的比喻、典故或数据，说明已吃透了这个问题，能够深入浅出；有自己独特的表述或阐释新问题的语言，说明不是在照搬文件、人云亦云。经常性地按照这样的思路进行思考和表达，就能增强自己思维的完整性、系统性和逻辑性，遇到某些具体话题时，就能找到解决问题的钥匙。

四是善用工具。在帮助我们构思和表达时，有一些有用的思维工具可以供我们使用，来提高工作的成效。除了前面提到的金字塔法之外，我们还可以使用常用的思维导图法，来帮助拓展灵感、梳理观点和构思内容，其实质是拓展思维的广度和深度，增强思维的系统性和条理性。除此之外，还有数据分析法、MECE（相互独立、完全穷尽）原则、系统循环图、沙盘推演、对比分析、图表分析等众多方法和工具，可以供我们从中选择合适的，来帮助我们在快速思维时作为思考的"拐杖"。

下面这篇例文是在智能文传系统项目组的启动会上的讲话，可以与前面的一篇同一个项目在更大范围的启动会讲话进行对比。

智能文传系统项目组内部启动会讲话

首先和大家交流，为什么要启动这个项目？为什么要现在启动这个项目？

我想这是工作的需要，是用户的需要，是时代的需要，是办公厅工作提质增效的需要，也是我们每个人成长的需要，不做就会落后于时代，就无法支撑高质量发展。

现在来做是因为具备了天时地利人和的条件。领导对此非常重视，公司经营效益回升，可以考虑这件事情的上马，办公厅和信息化部两个部门前期做了非常多的沟通，大家的意识都更强烈了。大家在这个过程中表现出的专业素质、创新精神、敬业态度，也给了我们做好这个项目的信心。

从内心来说，我对这个项目有三点期望。一是项目上线能极大地提升工作效率、质量和管理水平，这是工作的目标。二是所有用户都能有切实的获得感，这是项目成功的核心。三是每个参与的人能得到锻炼和提高，对工作的认识进一步加深，成为既懂业务又懂技术的复合型人才。这是项目顺利实施的保障，也是期望的结果。

对下一步工作我有几点建议。

一是思想上高度重视，全情投入。意识到位，行动才会到位。只有参与的每个人各司其职，恪尽职守，项目才能成功。所以大家

要真正融入进去,增强担当,沟通协调各方,引导大家与传统习惯作战,让所有关联方都能从思想上真正重视。

二是方法上要科学合理,把握需求。一定要解决痛点需求,一定要有获得感,一定要真正提高工作质量和效率。项目建设不追求高大上,但要确保实用、好用、管用,挖掘最大的潜能,释放最大的边际效应,这就需要做好内外部调研、与业务用户深度访谈等基础工作,结合需求做好功能设计。要在规划建设之初就统筹考虑、强化协同,做到长短兼顾、上下联动、开放兼容、集成高效,高起点建设、高质量把控,努力打破数据孤岛和信息壁垒。

三是合作上要精诚团结,无缝衔接。坚持一个团队、一个目标的理念,既有各自明确的职责,又能通力合作,不分彼此。过程中会有一些分歧和冲突,也可能遇到不配合的情形,但一定要少抱怨,多提建设性建议,多换位思考,多想办法把事情做好。

四是管理上要合法合规,规范有序。项目组虽然是一个松散组织,但也要有相应的工作机制,做到工作责任明确、进度清楚,重点事项及时沟通报告,形成报告制度、议事制度和工作协调机制。按照程序和制度规范做好采办等工作,保存好项目文件和档案,要注重降本增效,尽可能用少的钱办更多的事。过程中要加强资料的保密,守好安全、合规的保密底线。

将这篇讲话与前一篇启动会讲话对比,可以发现,二者在篇幅上、结构上、重点上都有很大差异,但在观点上、表述上有很多相似之处。某种程度上,可以将前一篇讲话视为这一篇讲话的改进版。二者的不同主要在于,第一,在谈到项目建设的必要性时,这里只是一笔带过,而前一篇用了主要的篇幅来论述。这主要在于两次的受众不一样,面对项目组人员,重要性无须多说,而面对其他更多人,需要充分阐述才能统一思想。第二,在提出工作建议时,这里用了较大篇幅来提要求,而前一篇只是点了点题。这不难理解,对项目组人员,需要在认识上、方法上、合作上、管理上明确要求,形成共识,而对不是深度参与项目的人而言,不需过多的赘述,也没必要再重复强调。第三,在谈到对项目的期望时,两篇基本保持了一致。因为这无论是对项目组人员还是对全体参与人员,都是适用的,而且本身篇幅也不长,所以在两个场合都予以讲述。

下面两篇例文是就同一个主题即公文培训,在先后两个年度所做的讲话。

2017年公文培训班讲话

很高兴参加这个会,我讲几点意见。

第一,表示感谢。每个同志在自己的岗位上,认真负责、默默无闻地做好了工作,保证了所在单位、部门工作的正常进行,汇聚起来保障了公司办公行政系统的良性运转。没有这些,公司的生产经营、改革发展会受影响,政令传递、信息沟通会受阻碍,最终会影响到公司,影响到每一个人,而有了这些,我们的各项工作才能有序进行。办公厅(室)发挥着中枢、纽带、窗口作用,每一个人的工作看似微小,但放到一起来看,就能发挥很大作用,就很有价值。请容许我对你们表示感谢和敬意。

第二,谈谈自己的一些想法和感受,供大家参考研讨,抛砖引玉。我认为,做好公文处理工作,素质能力是基础,制度机制是保障,责任心是关键,三者缺一不可。那么要着重从几个方面来提升我们的工作。

一是抓素质能力，打牢基础。做到业务学习经常化，业务知识系统化，业务处理专家化。

二是抓制度机制，提供保障。要使工作更加规范有序，有章可循，做到管理制度化、制度流程化、流程信息化，重点是建立和完善清晰的工作责任机制，实现公文处理可监控、可督察、可追溯、可评价；建立全面的质量控制机制，办公厅（室）系统要实行公文起草提前介入机制，提高初始质量；建立重要公文联合会商机制，不合格的退回重拟，把好政策关、法律关、行文关、程序关、内容关、文字关、格式关、时效关；建立高效的工作运行机制，有明确的办文流程和时限要求，讲求效率，紧急公文随到随办，非紧急公文也要有明确的办结时限。

三是抓队伍和人员的责任心。坚持问题导向，解决公文处理中存在的问题，包括公文制定中存在的问题，核心是减量，杜绝文山会海。不要片面理解减公文，我们不是为了减而减，而是因为公文需要人拟定、处理、流转、阅读，如果不重要的事情也发公文，就是对公司管理资源的浪费。如果可以用邮件等方式传递信息，就不一定非得发红头文件增加权威性。今后完善前置审核程序，对发文数量进行公示，改变被动接受的局面，尽可能把公文数量减下来。减量还包括篇幅瘦身，简洁一点，把事情说清楚就行。工作的主线就是六个字，"减量、提质、增效"，这不仅靠制度机制，更要靠人的责任心，因为事情都是人做的。

四是表示希望和祝愿。祝愿大家通过今天的培训交流能有所收获、有所启示，回去以后能在工作中取得更大成绩。希望这一路工作的同志多加强沟通交流，相互学习借鉴，取长补短，共同提高，不但在业务上有所提升，还能增进彼此的友谊。最后祝愿培训圆满成功，大家工作顺利，身体健康。

2018年公文培训致辞

欢迎大家来参加这次培训。本来今天上午我要参加集团公司每周的例会，但因为有这个培训，我请假过来了，主要是为了看望大家，和大家交流，把咱们一年一次的培训工作做好。我想和大家交流三个方面。

一、举办培训的意义

在这么忙的情况下，我们还是坚持一年至少要培训一次，说明在我们心里，公文的培训是很重要的，这种重要性至少体现在以下五个方面。

一是由公文的性质特点决定的。公文对于公司的政令畅通和有效运转非常重要，上传下达、联系左右、沟通内外都离不开它。好的公文发挥着以文辅政的作用，贯彻党和国家的战略部署，落实公司战略规划，推动各项工作进展。同时，公文具有法定效力，具有强制性、规范性和权威性，有严格的格式要求。更重要的是，公文具有政治性和政策性，要符合大政方针和领导的施政意图，这些都要通过培训来加以提高。

二是由办公厅（室）系统的基本职责决定的。办公厅（室）承担着办文办会办事的基本职责，对公文拟制和流转进行归口管理，这项工作做得不好，办公厅（室）的部门形象会受影响，工作成效也会打折扣。所以要不断提高业务能力，履行好基本职能。

三是由公文处理的现状和队伍现状决定的。当前我们的公文工作面临减量、提质、增效的突出任务，一段时间以来，公司在这些方面取得了长足成效，但依然存在诸多问题和不足，所以我们要坚持目标导向、问题导向和结果导向，把工作推向深入。同时我们的队伍也不断有新同志加入，所以要通过培训明确要求，让大家掌握

要领，更进一步提高公文处理的质量。

四是由公文处理的新要求决定的。中央三令五申要转变文风，提倡短、实、新的文风，我们要深刻认识转变文风的意义，文风的背后是党风和作风，要通过我们的工作，切实贯彻转变文风的要求。除了短、实、新之外，现在对公文还特别强调规范，开始实施退回制度，就是将不合格的公文直接打回原单位。这无形中是一种压力，大家试想如果我们拟制的公文被上级退回，公司的形象何在？领导的颜面何存？所以我们首先要保证不出错，各级把好关；其次追求高质量，实现一流水平。

五是关系到每个人的成长和发展。我们每个同志在公文岗位上工作，都要努力成为公文处理的行家里手，不但自己把握好公文的要求，还能指导别人的工作，成为每个单位这一路工作的专家。所以要不断加深对业务的了解，做工作中的有心人。除了处理公文，还要学习掌握一定的写作能力，获得职业发展的核心竞争力，而不能满足于一直做简单重复的工作。随着人工智能的发展，这些工作会逐步被机器所取代，有位科学家说，我们不怕机器像人一样思考，怕的是人像机器一样思考。所以我们要不断往岗位价值的高端提升，提高工作的含金量，培养和增长机器所取代不了的能力，才能让自己在职业生涯中不断成长。

二、强调几个重点问题

一是精简文风。我们反复强调短、实、新的文风，可现实中为什么还是无法做到呢？特别是写短文，很多单位和部门落实不了，写长文的习惯还是屡禁不止。我分析了一下，这种情况出现主要有几方面原因：第一，形式主义作祟。总觉得文章篇幅短了，显不出对工作的重视。第二，认识存在误区。觉得文章写得长才显出水平，其实恰恰相反，写得长不需要水平，写得短，在更小的篇幅中容纳

第十章 没有最好，只有更好

更多的信息量，才更需要认识水平和文字驾驭能力。第三，不善于归纳概括。第四，低估了读者的理解力。针对这些原因，我们也要对症下药，从思想上、认识上、能力上加以转变和改进，核心是杜绝形式主义。我们说，篇幅是形式的范畴，要说的事是内容的范畴，形式一定要符合内容的需要。过去说，有话则长，无话则短。如果按新的标准，这句话是有问题的，应该是无话不说，有话才不会长。我们写的很多公文都是呈给领导看的，领导的时间是很宝贵的，用长而无当的文章去折磨和消耗领导的时间，就是对公司宝贵管理资源的浪费。我们原来的总经理，看到交上来的报告，如果第一页看完还没看出核心意思，就直接放一边不看了。大家可能听说过朱元璋怒打茹太素的故事，大臣茹太素写的奏章每次都太啰唆，让朱元璋不厌其烦。有一次，茹太素又写了个一万多字的奏章，朱元璋看了半天还没进入正题，怒不可遏之下让人把茹太素叫来痛打了一顿。封建时代都如此强调公文要简洁，何况我们新时代呢？现在从中央到各级，对公文都有篇幅限制，综合报告不超过5 000字，专项报告不超过3 000字，其实也是通过字数的限制来倒逼文风的简洁。所以一定要贯彻好写短文、发短文的要求。

二是保密。很多公文带有一定的密级，公文处理环节是保密的重点部位。现在保密要求越来越多，越来越严格，稍有不慎就可能出问题。所以大家要牢固树立保密意识，掌握保密方面应知应会的知识，强化保密的责任感，坚持涉密不上网、上网不涉密，严格执行好保密文件管理的流程和要求，一定不能在公文这个领域出现保密方面的问题，这既是为了筑牢公司保密防线，更是对我们每个同志自身的保护。

三是用好智能文传系统。为了推进办公厅（室）办文办事办会一体化，加速智能化建设进程，我们花了很大气力建设智能文传系

统,其中公文是最核心和最基础的模块,以公文为纽带,实现上下贯通、业务协同和智能互联,将极大提升工作的效率和质量。公司上下对系统的推广应用充满期待,作为公文一路的工作者,我们更是责无旁贷,也希望通过这个培训,更好掌握系统应用的要求,回去之后能够带头示范、应用、推广好这个系统,使它发挥应有的价值和效力。

三、对培训提几点希望

一是要集中精力,珍惜机会。一天半的培训非常紧凑,内容非常丰富,而且邀请了高规格的师资,又把大家集中到了这样一个静谧优美的环境中,希望大家珍惜这样难得的机会,集中精力,排除干扰,精神饱满地全身心投入培训当中,真正学有所获。

二是加强交流,互相学习。大家都在同一条战线上,但平时各忙各的工作,借这次培训的机会可以相互切磋交流,互通有无。不管是各个单位之间,新同志和老同志之间,都可以学习探讨,取长补短,共同提高。

三是转化运用,学用相长。在课堂上学到的知识只有到实践中运用,才能起到作用,才能转变和内化为自己的技能与本领。所以希望大家既要认真听讲,更要努力实践,学以致用,学用结合,以学促用,以用践学,在各自岗位上取得更大的业绩。

这两篇讲话都是在公文培训班上做的,但比较起来不难看出,前一篇结构相对简单,内容相对单薄,除了礼节性的表述外,重点围绕素质能力、制度机制和责任心三方面做了一些阐述,分析了公文减量的必要性和具体要求。而后一篇讲话从内容厚度、认识深度、结构复杂度以及对工作的指导性等方面,都有进一步的提升,例如讲到公文培训的重要性,其实也是公文工作的重要

第十章　没有最好，只有更好

性，从五个方面加以系统分析，对人工智能发展带来的影响分析值得人思考。强调的几个问题中，特别是关于文风的问题，有现状描述，有问题剖析，有故事案例，有具体要求，对一个话题阐述得全面而深入。这些都说明，随着时间的推移，对同一个问题认识上的加深、思想上的递进，最终体现在讲话内容的改进上。

因为出版了一系列写作方面的书籍,并且广受读者欢迎,所以接到了清华大学出版社的这一邀请。或许在很多人看来,写和说是一体的,有相通之处。但我的第一反应是惶恐:敝人何德何能,敢忝列讲席,教人说话?

作为从小沉默少语,甚至被贴上不善言辞标签的人,何曾想过有一天会写作出版一本即兴讲话的书。这或许充分说明了人生的无限可能性。

生命令人惊奇之处,在于你常常于浑然不觉中成为一个陌生的他者,走到本以为不会行经之处。当然,这一路走来,其中的酸甜苦辣,亦如人饮水,冷暖自知。

感谢清华大学出版社的垂青,刘洋老师促成了这一选题,宋亚敏老师付出了辛勤的编辑之功。

感谢我的几位不在此处具名的同事,他们整理了我的几篇讲话,收入本书当中。

感谢每一位读者,你们选择这本书,也证明我付出这次并不轻松的行动是对的。

如果说在做即兴讲话和写作本书当中有什么感受,我想说的是:第一,古人所说的"修辞立乎诚"。不管说什么,真诚的态度是非常重要的。第二,古人的另一句话"言之无文,行而不远"。

后 记

表达需要一定的形式和修饰，才能吸引人，才能传播。第三，歌德说的，"内容人人看得见，形式对大多数人是一个秘密，含义只有有心人得之"。任何表达，最重要的还是思想内容，有新意、有见地、有价值，真正给人以启迪，给自我以提升。

希望每一位读者在读这本书时，都能是这样的有心人，也能成为工作和生活中的有心人。

辛丑年冬于北京